Johann Wolfgang von Goethe

Goethes Faust

Zweiter Teil

Johann Wolfgang von Goethe

Goethes Faust
Zweiter Teil

ISBN/EAN: 9783744721875

Hergestellt in Europa, USA, Kanada, Australien, Japan

Cover: Foto ©Thomas Meinert / pixelio.de

Weitere Bücher finden Sie auf **www.hansebooks.com**

Goethes Faust

Herausgegeben

im

Auftrage der Großherzogin Sophie von Sachsen

von

Erich Schmidt

Zweiter Theil
Zweite Abtheilung

Weimar
Hermann Böhlaus Nachfolger
1899.

Inhalt.

Seite

Drucke   3

Handschriften   4

Lesarten   10
    1. Act 10.   2. Act 37.   3. Act 65.   (Die „Helena"
    von 1800 72.)   4. Act 132.   5. Act 147.   Aus dem
    Nachlass 170.

Paralipomena und Schemata   171
    Älteste Phase 173.   Späteres 189.   1. Act 191.
    2. Act 198.   Vorspiel zur „Helena" 224.   3. Act
    227.   4. Act 236.   5. Act 243.

—

Lesarten

zu

Faust

Zweiter Theil.

Der von Erich Schmidt bearbeitete 15. Band ent-
spricht dem einundvierzigsten, beziehungsweise Partien des
vierten und zwölften der Ausgabe letzter Hand.

Drucke.

$C^1$4 : der dritte Act als Helena klaſſiſch-romantiſche Phantasmagorie. Zwiſchenſpiel zu Fauſt. in Goethe's Werke. Vollſtändige Ausgabe letzter Hand. Vierter Band. Unter des durchlauchtigſten deutſchen Bundes ſchützenden Privilegien. Stuttgart
und Tübingen, in der J. G. Cotta'ſchen Buchhandlung. 1827.
16° (Bogennorm kl. 8°) S 229—307 zwischen „Nausikaa"
und „Zahmen Xenien". Vgl. „Kunst und Alterthum" VI 1,
200 ff. und Paralip. Nr. 123. Auf dieser Taschenausgabe beruht
C4 : in dem in Titel und sonstiger Einrichtung entsprechenden vierten Bande der Cottaschen Octavausgabe
letzter Hand 1828 S 223—291.

$C^1$12 : Abdruck des 1. Actes bis 6036 mit Vorsetzblatt
Fauſt. Zweyter Theil. und der Schlussnote (Iſt fortzuſetzen.)
in Goethe's Werke. Vollſtändige Ausgabe letzter Hand. Zwölfter
Band. Unter des durchlauchtigſten deutſchen Bundes ſchützenden
Privilegien. Stuttgart und Tübingen, in der J. G. Cotta'ſchen
Buchhandlung. 1828. 16° (Bogennorm kl. 8°) S 249—313
nach dem ersten Theile „Faust". Darauf beruht
C12 : in dem in Titel und sonstiger Einrichtung entsprechenden zwölften Bande der Cottaschen Octavausgabe
letzter Hand 1829 S 235—295.

1*

Weitere vorläufige Mittheilung lehnte der Dichter ab, an Cotta den 9. Juli 1830: Auch habe ich die fernere Bearbeitung des Faufts durchgesehen, ob irgend eine anmuthende Stelle sich daraus [für den „Taschenkalender“] absondern ließe; aber auch hier hat alles nur im Zusammenhang einige Geltung, Charakter und Ton des Einzelnen würde dorthin gleichfalls [wie die ungedruckten verfänglichen Xenien] nicht passen.

$C^{1}41$: Abdruck des Ganzen, unter Riemers — und nebenher Eckermanns? — Redaction, im einundvierzigsten Bande der Cottaschen Taschenausgabe letzter Hand 1832 (Untertitel Goethe's nachgelaffene Werke. Erster Band. Stuttgart und Tübingen, in der J. G. Cotta'schen Buchhandlung. 1832.) als Fauft. Der Tragödie zweyter Theil in fünf Acten. (Vollendet im Sommer 1831.). Wiederholt

$C41$: in dem entsprechenden Bande der Octavausgabe 1833.

Die Einzeldrucke seit 1833, sowie die von Cotta 1834 eröffneten Separatausgaben des ganzen „Faust“ sind für uns ohne Bedeutung. Wir geben keine Nachgeschichte der Vulgata $C41$. Zu erwähnen ist nur

Q : Goethe's poetische und prosaische Werke in zwei Bänden. Stuttgart und Tübingen. Verlag der J. G. Cotta'schen Buchhandlung 1836 und 1837. 4° (Lexikonoctav) I 2, 108 ff. wegen gelegentlicher Correctur nach der Handschrift und des ersten, 1842 im siebzehnten Nachlassbande (C 57, 252 ff.) mit kleinen Ergänzungen wiederholten, Abdrucks zahlreicher Paralipomena I 2, 178 ff.

Handschriften.

Der Handschriftenbestand des Goethe-Archivs ist in den zwischen dem Tode Goethes und der Volljährigkeit seiner Enkel liegenden Jahren nicht bloss in arge Verwirrung und Verwahrlosung gerathen, sondern auch mannigfach geschmälert worden; doch ist die Zahl der heute auswärts zu suchenden Manuscripte immerhin verschwindend klein gegen die ungemein reiche Masse, welche dem Archiv gehört. Eine Übersicht dieser Masse wird hier von Act zu Act gegeben, und die Hss. sind an der Spitze der Acte je nach dem Vers aufgezählt mit dem sie einsetzen, was bei der sprunghaften Arbeitsmethode, die sehr häufig getrennte Partien auf dasselbe Blatt warf, keine streng chronologische Folge ergiebt; doch rücken die Lesarten im Apparat chronologisch auf. Eine andere Anordnung liess sich nicht gewinnen; Durchzählung der Hss. durch das ganze Werk wurde durch äussere Gründe verhindert, da nach der Sammlung und Sichtung aller in den Bündeln des Archivs zerstreuten Blätter des öfteren Nachschübe aus dem Goethehaus einzureihen waren und so die Bezifferung wiederholte Verschiebungen erlitt. Ja, die Bonner Helena-Blätter kamen erst Ende Juli 1888 an's Licht und wurden mir durch die Güte der Herren Schaarschmidt und Wilmanns vorgelegt. Die auswärtigen Hss. habe ich von den $H^1 H^2$ u. s. f. bezeichneten weimarischen durch eine Buchstabensignatur $H^a H^b$ u. s. f. abheben müssen. Abschrift und Dictat sind selten klar zu scheiden. In der Beschreibung der Hss. war Sparsamkeit geboten, doch ist die Untersuchung über engere Zusammengehörigkeit von Blättern und die Stellung verschiedener Reihen auf demselben Papier nirgend versäumt worden. Dass die älteren eigenhändigen Niederschriften meist der Interpunction entbehren und sehr häufig zum Zeichen der Erledigung durch neuere Copie oder endgiltiges Mundum diagonal durchstrichen, dass Bleistiftcorrecturen oft nachträglich mit Tinte überzogen sind, sowie dass die Bleistiftentwürfe grossentheils durch Verwischung sehr gelitten haben, sei hier ein für alle Mal gesagt. Wo eine Hs. dieselbe Stelle doppelt bietet, wird die ältere Fassung durch ein zur Siglenziffer gesetztes a (H^{1a}) unterschieden. Die „Helena" von 1800 erscheint nicht bloss in die Lesarten

aufgelöst, sondern auch in fortlaufender Folge voran. Völlig
abweichende Versreihen mussten öfters, zumal bei den Chören,
ganz abgedruckt werden; ihnen folgen, damit so die all-
mälige Entwicklung des Textes sich aufrolle, die kleineren
Einzelvarianten. Unterbrechung der strengen Folge wird
durch Einschliessung der vorangestellten Lesarten in * *
bezeichnet. In eckigen Klammern erscheinen innerhalb
Goethischer Worte Ergänzungen und Bemerkungen des
Herausgebers.

Benutzt sind, fast überall unmittelbar durch eigene
Einsicht oder neue freundlichst für unsern Zweck vorge-
nommene Vergleichung anderer (R. von Gerold, R. Kögel,
G. von Loeper. C. Ruland, B. Suphan, A. von Weilen). Hss.
im Besitze der Frau Rosa von Gerold, der Herren Rudolf
Brockhaus, G. von Loeper, C. Meinert, A. Berger, J. von
Weilen und aus den Sammlungen S. Hirzel, Culemann,
Mertens, Mendelssohn-Bartholdy, der Herren Gebrüder Castan,
des British Museum, des Goethe-Nationalmuseums, der Bonner
Universitätsbibliothek.

Bei besonders schwierigen Stellen habe ich oft die be-
währte Hilfe meines Freundes Dr. J. Wahle angerufen, zur
Beruhigung und zur Förderung.

H : die Haupthandschrift, den gesammten zweiten Theil
„Faust" enthaltend. Ein Foliant in Pappdeckeln, aussen
(John) Fauſt. Zweyter Theil 1831; Titelblatt Fauſt. Der Tra=
gödie zweyter Theil in fünf Acten (1831) — die Jahreszahl
nachträglich von Eckermann. Das Titelblatt bildet mit
den drei bis 4727 reichenden Bll. einen Vorstoss von zwei
— späteren — Bogen; auf dem fünften setzt Goethische
Bleistiftpaginirung. oder auch Foliirung. mit 1 ein, die aber
nicht durchgeführt ist. Mit Ausnahme des von Schuchardt
geschriebenen dritten Actes rührt dieses von Goethe mehr-
fach revidirte Mundum, in dem auch Eckermann, Riemer,
Göttling Spuren ihrer Mitwirkung hinterlassen haben, von

John her. Stützerbacher Conceptpapier Nr. 3 mit dem
sächsischen Wappen (3. Act kleiner, grünlich). *H* umfasst,
ohne Geklebtes und Angestecktes, 187 beschriebene Foliobll.:
1 Titel, 2—52 erster Act, 53—98 zweiter Act (die 𝔊𝔩𝔞𝔣𝔣𝔦𝔰𝔠𝔥𝔢
𝔚𝔞𝔩𝔭𝔲𝔯𝔤𝔦𝔰𝔫𝔞𝔠𝔥𝔱 beginnt 64, vorher sind drei Bll. aus-
geschnitten und 63^2 leer, die Goethische Foliirung der
𝔚𝔞𝔩𝔭𝔲𝔯𝔤𝔦𝔰𝔫𝔞𝔠𝔱 setzt mit der Ziffer 2 ein), 99—141 dritter
Act, 142—164 vierter Act, 165—187 fünfter Act.

*C*12 beruht auf einer Copie von *H* (*III*^{14} Rest), *C*4 unmittelbar auf *H* (worin zwei zu $C^1$4 stimmende Paginaver-
merke der Augsburger Druckerei). Wo *C*12 *C*4 von *H* abweicht, ist eine dazwischenliegende Correctur, in einigen
Fällen eine Corruptel anzunehmen; vereinzelt hat Goethe,
nachdem *C*12 schon gedruckt war, in *H* geändert. und dann
giebt *H* gegen *C*12 den Ausschlag. Hier erscheint der
1. Act bis 6036 nach *C*12, der 3. nach *C*4, mit den gebotenen
Änderungen; alles Übrige nach *H*. *C*41, nach *C*12 *C*4 (mit
neuer Einsicht von *H*) und nach *H* angefertigt, hat als ein
ohne Goethes Betheiligung und ohne jede andere als die
uns erhaltene Grundlage hergestellter Druck nur die Bedeutung, dass dieser Text über ein halbes Jahrhundert als
Vulgata diente und ausser einer hie und da bequemeren,
aber nicht Goethischen Interpunction mannigfache Versehen
und eine Reihe eigenwilliger Textänderungen Riemers aus-
breitete. Streng genommen könnte *C*41 gänzlich von den
Lesarten ausgeschlossen werden. Ich lasse die principlose
Behandlung vollerer oder synkopirter (jel'ge) Formen aus
dem Spiele, merke aber Wortvertauschungen und alles den
Sinn Berührende aus der Vulgata an, *Q* nur heranziehend
wo es nicht zu *C*41 stimmt. *C* gilt überall, wo nicht das
Gegentheil angegeben ist, auch für C^1. Obwohl *H* auch
auf Orthographie und Interpunction hin vom Dichter wieder
und wieder gemustert worden ist und jede Seite von diesem
Bemühen zeugt, haben wir doch bloss in *C*12 und *C*4 wirklich

einen Abschluss letzter Hand. Auch den nur handschriftlich
hinterlassenen Partien gegenüber war ein streng conser-
vatives Verfahren geboten, das lediglich erkannte Fehler
ausbessert, der Interpunction nur nachhilft wo dem Verständniss Schwierigkeiten drohn oder der allgemeine Brauch
Goethes widerspricht, allein das normirt was unbedingt
normirt werden muss und in die auch für $C12$ und $C4$ einiger-
massen geltende Regellosigkeit der verkürzten und unver-
kürzten Formen (verworrenen — verworrnen, jeligen — jel'gen)
bloss da eingreift, wo eine eigenhändige Hs., besonders eine
zweifellose Vorlage (auch von John selbst), zeigt, dass wir
den Schreiber, nicht den Dichter corrigiren. Es bleiben
also z. B. die gleitenden Alexandrinerreime im 4. Act als
metrische Eigenthümlichkeiten des Goethischen Alters oder
Formen wie wanblet bauren, die in C überhaupt wohl sehr
zusammengestrichen aber doch nicht ganz ausgetrieben sind.
Die kleinen Änderungen der Orthographie nach den Normen
der gesammten Ausgabe und die ebendaher fliessende Regelung der Interpunction an Stellen, wo der Sinn nicht im
mindesten berührt wird, sind vom Apparat, der sehr um-
fangreich gerathen ist, ausgeschlossen.

Die Verszählung knüpft an den ersten Theil an und ist
selbstverständlich, ausser bei 5979 wo alle Hss. gegen die
vorgeschlagene Theilung zeugen und ein kleines Spatium
den inneren Reim genügend hervorhebt. Neu eingefügt
erscheint 10524.

Alles was irgendwie zur Chronologie dienen kann, auch
der terminus a quo durch Theaterzettel oder Poststempel
u. dgl., ist vermerkt. Briefconcepte u. s. f. in den Hss.
waren häufig nicht zu bestimmen, doch werden die Anfänge
mitgetheilt. Zur Entstehungsgeschichte vgl. die Tagebuch-
auszüge im Anhang zu „Goethes Faust in ursprünglicher
Gestalt nach der Göchhausenschen Abschrift herausgegeben
von Erich Schmidt. Weimar, Böhlau 1887“. Folgende
ungedruckte Bemerkungen sind mir bekannt geworden. In

einem Fascikel „Goethe über Helena“ lag ein Eckermannsches
Blatt: „Tagebuch. . Sonntag d. 10. Januar [1830]. Scene
wo Faust zu den Müttern geht. Sonntag d. 17. Januar.
Mephistopheles bey den Greifen und Sphynxen. Mittwoch
d. 20. Januar. Fernere Scene, wo Faust nach der Helena
fragt und der Berg entsteht“. An seinen Sohn schreibt
Goethe den 25. Juni 1830, er möge Eckermann sagen, die
Walpurgisnacht sey völlig abgeschlossen und wegen des fernerhin
und weiter Nöthigen sey die beste Hoffnung; und an Eckermann selbst den 9. August 1830: Wir haben wenig zu erzählen, und hätten viel zu sagen, wovon ich nur soviel vermelde,
daß die Classische Walpurgisnacht zu Stande gekommen oder vielmehr ins Gränzenlose ausgelaufen ist. Vgl. Eckermann ⁴ 2, 155.

Die reichen Paralipomena sind im Anschluss an den
ersten Theil nummerirt und Sammelblätter, wenn sie den
Text nicht berühren, bei der ersten Nummer, auf welche
dann bei den folgenden zurückverwiesen wird, beschrieben.
Ich habe die alte Gruppe vorangestellt.

g : eigenhändig mit schwarzer Tinte, *g*¹ : Bleistift,
*g*² : Röthel, *g*³ : rother Tinte.

Cursivdruck : lateinische Lettern bei Fremdwörtern (sonst
ist auf deutsche oder lateinische Schrift Goethes im Druck
der Varianten keine Rücksicht genommen). Schwabacher :
Ausgestrichenes; in ( ): Gestrichenes innerhalb des Gestrichenen.

Wo im Apparat keine Siglen stehen, ist Übereinstim-
mung der ganzen in Frage kommenden Überlieferung anzunehmen.

Einige Corrigenda zu den Lesarten des 14. Bandes
finden hier am Schlusse Platz.

Lesarten.

1. Act.

H^1 Quartbl. g : 5061—5064 kalligraphisch als Spruch ohne
Überschrift, Rücks. 5144—5154 Riemer; quer g^1 kaum zum
„Faust" gehörig Feuriges Auges und Busens H^2 Quartbl. g
und g^3 : Scenar vor 5065, 5072—5080, 5106. 5107 H^3 Streifen g^3 :
5065—5071 H^4 Fol. g^1 : 5081—5087, 5092—5097, 5104—5107. 5158
—5165 H^5 Quartbl. g^1 : 5088—5091, 5096—5099; Rücks. Hafis.
Was in der Schenke Schuchardt (6, 212) H^6 Quartbl. gg^1 :
5088—5103; Rücks. *The Bijou and The Remember* fünf undeutliche Verse Als ... künftig Glück — Doch scharfes bleibt ver=
gessen H^7 Quartbl. g und g^1 : 5108—5119; Rücks. Müllers
Schlussstanze an König Ludwig I., 28. August 1827 H^8 Fol.
g^1 (Theaterzettel 15. October 1827) : 5120—5127 H^9 Fol. g
Reinschrift antiqua : 5120—5127+5136—5157 (fehlt 5150. 5151)
fortlaufend, unterzeichnet W. d. 8 Dez. 1827. G (dazu zwei
genaue Copien Johns mit Regelung der Überschriften) H^{10}
Streifen g und g^1 : 5166—5169, 5650—5653, 5685. 5686 H^{11} Fol.
g^1 : wirr 5170—5177 ohne Scenar; Rücks. Tagebuchconcept
Stadelmann 20.—22. December [1827]; oben Das wilde Heer vgl.
5801 H^{12} zwei Fol. g^1 : 5178—5198, 5305—5316 (einziger Inhalt
des einen Bl.), 5317—5332, 5333—5344 (die Parzenverse älter
als die der Mutter) H^{13} Fol. g : 5199—5214, Rücks. 6592—
6617); Tagebuchnotizen John 11. 12. [Januar 1828] H^{14} Fol.
John : 5199—5214, Rücks. 5215—5236, offenbar Abschrift von H
für C^1 12 H^{15} Fol. g^1 : 5215—5236; Rücks. Briefconcept
Schuchardt *Serenissimo* Indem ich für die mitgetheilten Werte
H^{16} Quartbl. John mit Correcturen g : 5295—5298 mit den
Scenaren H^{17} vier Fol. g : 5317—5392, 5423—5440, 5494—5569,

5582—5605 (fehlt 5588. 5589) H^{18} Fol. g^1 : 5407—5422, 5439—5456 skizzenhaft, 5520—5522, 5531—5535 probirē H^{19} Doppelfol. g^1: innen 5457—5471, 5484—5493 z. Th. dreifach, aussen Paralip. Nr. 108. H^{20} Fol. g : 5457—5493 H^{21} Fol. g^1 : 5494—5522, z. Th. doppelt H^{22} Fol. g : 5537—5559; Rücks. Briefconcept John An den Patriarchen von Venedig Vor einiger Zeit H^{23} Fol. g^1 : 5560—5562 skizzirt. Paralip. Nr. 109. 110. H^{24} Fol. g^1 : 5562—5565 (fehlt 5564), 5569—5587 (fehlt 5572, 5576—5581), 5590—5605, 5649—5665 (fehlt 5650—5653, 5662. 5663) H^{25} Fol. g und g^1 : 5606—5641 skizzenhaft H^{26} Fol. g : 5606—5629 (fehlt 5626. 5627); Rücks. John Bruchstück einer Abmachung über Druck des Goethe-Schillerschen Briefwechsels, Weimar 10. November 1827 H^{27} Fol. g zerschnitten : 5606—5639 H^{28} Fol. g zerschnitten : 5666—5679 skizzenhaft, unten verwischt Paralip. Nr. 112. H^{29} Fol. g und g^1 : 5675—5682, 5689. 5690, 5759. 5760, Paralip. Nr. 113. 114. H^{30} Fol. g : 5683—5688, 5739—5766 (fehlt 5751. 5752. 5759. 5760) H^{31} Fol. g^1 : 5689—5714 (fehlt 5703. 5704), 5977, vgl. zu Paralip. Nr. 113. H^{32} fünf Fol. John g^1 beziffert 33—37 mit Correcturen g und g^1 : 5689—5986 (fehlt 5715—5738, 5767—5804 resp. 5863 — Skizze —, 5872—5930), Paralip. Nr. 103, vgl. zu Nr. 113. H^{33} Fol. g und g^1 : 5715—5738, 5767—5778, zu 5805—5814, zu 5819 ff. H^{34} Quartbl. g^1 (Willemersches Adressbl. „Frankfurt 8. Dec. 1827" zu einer Sendung „Documente", vgl. Briefwechsel ^{2} S 231) : 5741—5766 (fehlt 5751. 5752. 5759. 5760) H^{35} Fol. g : 5797—5839 (fehlt 5811. 5813) H^{36} Doppelfol. g^1 : 5797—5814 (fehlt 5811. 5813), 5884—5935 (fehlt 5932. 5933) H^{37} Fol. John und g : zu 5801—5818, Rücks. 5864—5871 vgl. $H^{32}H^{38}$; ungedruckte Zahme Xenie C bleibe ruhigen Bezirken 4 Zeilen H^{38} Fol. g^1 : zu 5805 ff. (s. 5778), 5864—5871, 5962—5969, 5972—5977, 5987. 5988, 6001—6004, vgl. zu Paralip. Nr. 113. H^{39} Drittelfol. g und g^1 : zu 5805 ff. (s. 5758), nach Paralip. Nr. 115. H^{40} Quartbl. g und g^1 : 5805. 5806. 5815, 5981—5983 H^{41} Fol. g^1 : 5819—5863 (fehlt 5844. 5845) H^{42} Quartbl. g^1 : 5931—5943, 5958. 5960. Paralip. Nr. 116; vier Verse Und wenn sich wieder auf zum Licht [22. December 1827] Chaos 1829 1, 3 C 47, 203

Correspondence between Goethe and Carlyle 1887 S 47
H^{43} Halbfol. g und John, signirt g^1 ad 1 (aber keine alte
Signatur) : 5987—6002 (fehlt 5998), Rücks. älteres Schema vom
22. December [1827] vgl. zu Paralip. Nr. 104. H^{44} Fol. g
(Geschenk des Hrn. Paul v. Joukoffsky, dessen Vater das
Bl. am 16. September 1838 von Eckermann erhalten) : 6003
—6036 H^{45} Doppelfol. g^1 : 6005—6036, Paralip. Nr. 117. 118;
Neujahrsgedicht für Carl August 1828 Fehlt dir [so] gleich das
Neue Q I 1, 175, acht unbekannte Verse Wasserstrahlen reichsten
Schwalles wohl auf böhmische Bäder bezüglich, vier Verse
Wenn der Freund auf blankem Grunde an Mrs. Carlyle C 47, 186
Q I 1, 197 Correspondence S 46, etliche undatirte Agenda
H^{46} Doppelquartbl. g^1 : 6057—6080, 6097—6106 H^{47} drei Fol.
John mit Correcturen g : 6173—6306 H^{48} Doppelfol. g^1 6183—
6199 (fehlt 6193. 6195), 6207—6219 (fehlt 6215), 6549—6559, Paralip.
Nr. 119. H^{49} Fol. g : 6199—6202, 6218—6230, 6237. 6238, 6304
—6306 H^{50} Fol. g^1 : 6237. 6238, 6261. 6262, 6304—6306, 6479. 6480,
Paralip. Nr. 120. H^{51} Fol. g^1 (Riemersches Adressbl. o. D.) :
6307—6333 (fehlt 6311—6318, 6329), 6356—6358 H^{52} Halbfol. g^1
(Adresse an Riemer) : 6317—6342 (fehlt 6336) H^{53} Gross-
quartbl. g : 6317—6342 (fehlt 6336) H^{54} Streifen g und g^1 : 6343—
6355 (fehlt 6347, 6353); Rücks. Schreibübungen eines Enkels
und Concept Und so darf man wohl auch zu dem oben schon
Beobachteten nochmals H^{55} Fol. g^1 : 6343—6355 (fehlt 6353);
Rücks. Briefconcept eines Enkels H^{56} sechs Fol. g : 6415—
6472 (fehlt 6441—6448), 6487—6501, 6506—6524, 6541—6565 (fehlt
6550—6557), 2. Act 7080—7089. skizzenhaft 7117—7139 H^{57} Fol.
g^1 : 6427—6438; Rücks. Ein wahrhaft königliches Geschenk zu einem
diesmal für mich höchst ernsten Feste (an König Ludwig I.,
29. August 1829, vgl. H^{56} Fol. 5 Rücks. Allerhöchst Dieselben
haben mir ein wahrhaft königliches Geschenk gemacht) H^{58} Fol. g^1
signirt 4 : 6451—6460 (fehlt 6457. 6458) wirr, Paralip. Nr. 122.
H^{59} Quartbl. g^1 (Färbersche Quittung Jena 11. August 1829) :
6506—6515 H^{60} Fol. g^1 : 6549—6559; Tagebuchnotizen 28.—30.
[August 1829].

*H*ᵃ Fol. *g* im Besitz des Herrn Rudolf Brockhaus Leipzig (angekauft aus 'Eckermanns Nachlass) : 4772—4811 *H*ᵇ Stammbuchbl. für Caroline v. Egloffstein Weihnachten 1827 (nach v. Loeper) : 5120—5127 *H*ᶜ *H*ᵈ Stammbuch- oder Sendebll. Weihnachten 1825 (v. Loeper) : 5128—5131 *H*ᵉ Sendeblatt Weihnachten 1827 (v. Loeper) : 5144—5151 *H*ᶠ Sendebl. Weihnachten 1827 (v. Loeper) : 5152—5157 *H*ᵍ Foliobogen *g* (Reinschrift mit der Widmung Dem lieben jungen Freunde Felix Mendelson, kräftig-zartem Beherrscher des Pianos; zum freundlichen Andenken froher Maytage 1830 JW v Goethe) eingelegt im Stammbuch Felix Mendelssohn-Bartholdys Frankfurt : 5178—5198, 5393—5422, 5441—5456 *H*ʰ Fol. *g* Culemannsche Sammlung Hannover : 5215—5236 *H*ⁱ Fol. *g* im Besitz des Herrn Rudolf Brockhaus Leipzig : 5263—5294, Rücks. 2. Act 6644—6670 *H*ᵏ Fol. *g* Sammlung Mertens Hannover : 5640—5665 (fehlt 5650—5653). Paralip. Nr. 111. *H*ˡ Fol. *g* im Besitz des Herrn Joseph v. Weilen Wien („Handschrift des Vaters für Franz Grillparzer von Ottilie v. Goethe") : 5885 —5935 *H*ᵐ Fol. *g* im Besitz des Herrn Rudolf Brockhaus Leipzig : 5987—6002; quer weniges Unleserliche *g*¹ *H*ⁿ *g*¹ auf Quittung vom 3. September 1829 (v. Loeper) : 6239—6246. Paralip. Nr. 121.

Anmuthige Gegend.

Erster Act fehlt *C*12 vor 4634 ff. zu Strophenüberschriften *Sérénade*, *Notturno*, *Mattutino*, *Réveille* giebt K. Eberweins unklarer Bericht über Anweisungen für die Composition keinen Anlass, Europa. Chronik der gebildeten Welt. 1853 Nr. 64. 4. August S 506: „Im ersten Entwurfe von Goethes Hand [ist verschollen] haben folgende Strophen besondere Überschriften erhalten: *Serenade*: Wenn sich lau die Lüfte füllen usw. *Notturno*: Nacht ist schon hereingesunken usw. *Matutino*: Schon verloschen sind die Stunden usw. Die 4. Strophe endlich trägt die Überschrift *Reveille*". In diesen „Mittheilungen über den 2. Theil des Goethe'schen Faust", d. h.

über Eckermanns dreiactige Theaterbearbeitung „Faust am
Hofe des Kaisers", ist Eckermanns steifleinene Scene zwischen
Faust und Mephisto, zur Überleitung an Hof, vom Sommer
1835 abgedruckt; wiederholt Goethe-Jahrbuch 2, 466 ff. (vgl.
6, 394). nach 4665 Scenar unter (Die Sonne geht auf) Fauſt
erwacht *H* 4671 Welch aus Welche *H* 4677 Felſen, unter'ß]
Felſen unter'ß 4690 Zweig'] Zweig 4712 Schmerz;] Schmerz
4721 erſprießend] entſprießend *H*

Kaiſerliche Pfalz.

Saal des Thrones.

vor 4728 vor] ein *C 41* 4728 Getreuen,] getreuen *H* 4770
ging'] ging 4777 Volck es aus Volcke zu *H*a 4778 Menſchen=
geiſt über Geiſte der *H*a 4780 Staate über innern *H*a
4782—4786 aR *g*1. angeklebt *g*3 *H* 4785 zuerſt nach 4786 *H*a
4787—4811 als Fol. 5 mit leerer Vorderſeite vor 4 eingeheftet *H*
4790 mit unverletztem über vollkommnem *H*a 4791 Jetzt —
Kläger *g*3 aus Die Kläger drängen *H*a 4792 prunkt *g*3 über
ſitzt *H*a 4799 ſich — Welt *g*3 aus die Welt ſich ſelbſt *H*a
4803 Zuletzt über Und ſelbſt *H*a 4804 ſich] dem über
zum *H*a 4805 ſtrafen aus helfen *H*a 4807. 4808 nachträglich
nach 4811 *H*a 4808 unter Das Bild zu decken zög ich vor *H*a
4809 *g*3 *H*a 4815 Mauern] Mauren *H* 4817 auszubauern]
auszubauren *H* 4827 Toben wüthend hauſen] Toben, wüthend
Hauſen *C 41* 4830 ging'] ging *HC 12* irgend üdZ *g* *H* 4863
Berg'] Berg= *HC 12* 4877 Fragezeichen nach Ich von fremder
Hand *H* 4894 Gold] Geld Druckfehler *C 12* 4902 miß=
geſtaltet Zwittertind *g* über allerliebſtes Hurenkind *H* 4909
verworrner] verworrener *C 12* 4916 Reſt der S leer *H*
4918 eingeſchoben John 4943 Schafft'] Schafft *H C 41* kann
aber für *C 12* geändert ſein, wo viele Apoſtrophe gegen *H*
ergänzt; hier im Einklang mit wollte. 4949 Kreiſ'] Kreiß *H*
4965 Luna ſein] Jupiter *H* 4989. 4990 Wenn] Wem *H* 5011

Leimenwand *g* aus Leinewand *H*   5018 altverwahrten] allver=
wahrten *C* vgl. *C* 4, 197 Das alt=verborgene Gold.   5033 deinen]
an dem *H*   vor 5048 (wie oben) *g*[1] *II*   5064 Fol. 13[2] leer *H*

Weitläufiger Saal, Mummenschanz.

Der vorige Saal ausgeraumt, verziert usw. *H*[2] daraus geändert *g H*   5066 Teufels=Narrn *II*[3]   5072 Kahser — an aus
Kahser an den *II*[2]   5073 Erbat neben Erlangt über Gewann *II*[2]
5079 ähnlet über gleicht *II*[2]   ihn] ihn dem *H*[2]   5081 schaaren *g*[2]
über paaren *II*[4]   5082 sich nach Wie sie *II*[4]   5083 schließt
über drängt *II*[4]   5084 auch isolirt in der Fassung Nur immer
zu herein heraus *H*[4]   5087 einzig] einziger *II* einz'ger *C* 41   5088
zwei Bll. geklebt, auf Rückseite des ersten die 2. und
5. Strophe der Gärtnerinnen, die 1. und 2. der Gärtner *H*
5089 unter Sind wir aus der Ferne hier *II*[5]   5092 Ir angedeutet *H*[5]   5093 über Blumenkränze voller *H*[4]   heitern]
edlen *II*[4] holden *II*[a] heiteren *II*   Zier fehlt *II*[4]   5096 die
Strophe ist geordnet 5098. 5099. 5096. 5097 *II*[5] ebenso aber mit
Umzifferung *H*[6]   *H*[5] unter

> Ist es dächt ich doch verdienstlich
> Blühen euch das Jahr
> Unsere Blumen [Spat.] künstlich
> Ist doch das Bemühn verdienstlich

5106 Die Natur der schönen Frauen *H*[2]   5107 Ist — mit] Nah
ist sie der *II*[2]   so nach mit *II*[4]   5108 Laßt] Laß *C* 41   5112
—5113 doppelt nach 5119 *II*[7]   5112 Hier in Lauben, grünen
Gängen Eilig daß in Laubengängen Stutzet auf in grünen
Lauben *II*[7]   da nach 5137 Laubgängen steht, ist Schreibung
Laub= gegen *IIC* nicht geboten.   5114 Alles wird sich zu euch
drängen über Alle würdig sind die *II*[7]   sie *g* üdZ *II*   5117
findet] finde *II*[7] *IIC* 41, aber auch hier ist Änderung für *C* 12,
zum Ausdruck grösserer Bestimmtheit, möglich.   5118
sinnig kurzem] einem kurzen *H*[7]   vor 5120 keine Überschrift *H*[8]
5122 Mir — gegen über Weil es wider *H*[8]   5123 der Lande aus
des Landes *H*[8]   der] im *II*[b]   5124 zum — Unterpfande aus

des ſchönſten Unterpfandes H^b 5126 mir's] mir H^6 5127 ſchönes
unter Friedens H^6 folgt 5136 H^9 5128—5131 Halbverse $H^c H^d$
5133 Wunderflor] Blumenflor H^d 5137 Theophraſt nicht] ſelbſt
kein Humboldt H^9 5142 ſie — entſchließen g^1 aus ich es er=
reichen H^9 5143 g^1 aus Daß ſie mir den Buſen gönnte H^9
vor 5144 Roſenknoſpen H^9 Auſforderung g^1 über Roſenknoſpen
Johns 1. Copie Auſfoderung H^c C41   5144. 5145 eingeſchoben
g^1 H^9 5146 Wunderſeltſam g aus Bunt und ſeltſam H^9
Wunder ſeltſam C ſein] ſeyd H^c ſeyn aus ſey'd H^9 5149
reichen] brannen H^c Spatium worauf (ohne die erſt in Johns
1. Copie g^1 eingefügte Überſchrift Roſenknoſpen) 5152 folgt
H^9 5150. 5151 fehlt H^9 Doch ihr müßt uns zugeſtehn Wir
ſind auch im Wahren ſchön H^c ergänzt g H 5152—5157 Roſen=
knoſpen überſchrieben H^f 5152. 5153 die Reimworte ver-
tauſcht H^f 5153 Roſenknoſpe g^1 aus Und die Knospe H^9
nach 5157 Scenar fehlt H 5158 ſehet] mögen $H^4 H^c H$ 5160
für Früchte doch will man genießen H^4 wollen] ſollen $H^4 H^c H$
5161 für Und ſie ſollen nicht verführen H^4 mag] will $H^4 H^c H$
5163 Pfirſchen, Kirſchen für Apricoſen H^4 5165 Hält ſich unter
Iſt das H^4 5166. 5167 Wenn wir eine Fülle ſchichten Müßt ihr
euch behend erweiſen H^{10} 5168 Roſen] Bäume H^{10} 5169 Äpfel]
Früchte H^{10} *5170—5177 und Scenar — fehlt H^{11} — g auf
Fol. 16 H (16². 17 leer, die Strophen der Mutter angeklebt
16², Scenar für Geſpielinnen und Fiſcher angeſteckt 17¹)
5172. 5173 dreifach, oben Und wir putzen unſre Waare [für Und ſo
putzen wir gefällig] Neben euch als Nachbar auf unten Und wir
putzen [aus ſtellen] unſre Waare Auf zu nachbarlicher Schau H^{11*}
5172 reiſer über unſrer H^{11} 5175 geſchmückter aus gepußter für
der heitern H^{11} 5176 zugleich] alsdann H^{11} 5177 Blätter]
Blüte H^{11} nach 5177 und auszubieten Nachtrag g^1 H
5178 über einer geſtrichnen unleſerlichen Z H^{12} 5180 nur
mit D begonnen H^{12} 5181 nur angedeutet D... Leibchen H^{12}
5182 dich] ſie H C12   als nach getr[aut] H^{12} 5183 dem — an=
getraut] der ſchönſten dich Getraut H^{12} nach 5184 Spatium
dann Sieht es ſich ſchön ſeitwärts an Und ſie thut desgleichen H^{12}

5188 Schnell] Ist *H*¹² 5190 seinen] stillen über einen *H*¹²
stillen *Hg C* über stillen letzte Correctur *g H* 5192 Strophenspatium fehlt *C*12 5192—5195 sehr undeutliche Skizze *H*¹²:

Räzel Spiele Rathen Lamm

Alles war vergebens

Lange suchten wir den Stamm

Eines [Spat.] Lebens

Phillus [verschrieben für Phallus?] selbst der heilige
[oder den heiligen] Mann

5196—5198 neben voriger Skizze *H*¹² 5198 Aber halt ihn
feste *H*¹² nach 5198 Angeln] Angel vgl. auch Paralip. Nr. 102.
Wechselseitige *g* aus Die wechselseitigen *H* *5199—5214 Fol.
18 *H* Rückseite leer, nachträglich? 5199—5204 unter 5205
—5214 aber umgeziffert *H*¹³* vor 5199 Holzhauer (Gesangs
Begleitung Klapperstöcke) *H*¹³ treten ein *H*¹⁴*C* gegen derb, *H*
5202 krachen,] krachend unnöthige Emendation *C*41 5205 unserm]
unserem *H* 5206 dieß] es *H*¹³*H* über es *H*¹⁴ vor 5215
täppisch — läppisch fehlt *H*¹⁵*H*ʰ Nachtrag *g*¹ *H g H*¹⁴ 5220
aus Und Jacken Lappen *H*¹⁵ 5223 nach 5224 aber umgeziffert *H*¹⁵ Wir aus Und *H*¹⁵ 5227 unter Wir krähen *H*¹⁵
Gaffend nach Und *H*¹⁵ zu nachträglich *H*¹⁵ neben Als
Gaffer zu stehen (dies aus Und gaffend stehen) *H*ʰ 5229 Klänge
nach Zeichen *H*¹⁵ 5230 unter Herum zu schleichen Uns zu
versammlen *H*¹⁵ 5231 Uns durchzuschlüpfen *H*¹⁵ Aalgleich
vor Uns durch (darüber Niedlich) *H*ʰ 5232 Gesammt] Vereint *H*¹⁵ vor 5237 schmeichelnd lüstern Nachtrag *g*¹*H* vor
5263 unbewußt fehlt *H*ⁱ Nachtrag *g*¹ *H* 5265 Lust aus Luft
schwach corrigirt *g*¹ *H*ⁱ ebenso *g*¹ oder Riemer *H* Lust *C* Luft *Q*
5272 diesem aus diesen *g H* diesen *C* die Änderung *H* (= *H*ⁱ)
wird aber später als *C* sein vgl. 5282, die an sich mögliche
Construction mit dem Accusativ keine Rückänderung Goethes
für den Druck sondern Lässigkeit des Schreibers oder Setzers.
5282 borgt] kneipst (buhlst, drückst du der Magd etwas ab) *H*ⁱ
kneipt verderbt aus kneipst (kneipen = pumpen nicht nachzu-
weisen) *C*12 borgt über kneipt späte Besserung *g H* der *C*41

folgt. 5285 Jeder jedem nach Einer allen H^1 5294 Dem
ist's unterm Tisch gethan unter Denn um diesen ist's gethan H^1
g aus Dem ist's unterm Tisch gethan dann grosses Spatium H
5295—5298 angesteckt auf leerem (nur oben g^1 Ritterdichter)
Fol. 21¹ (auf der Rücks. dieses angesteckten Halbfol. 5931
—5943) H vor 5295 Hof= und Ritterliche, [und] Zärtliche und
Enthusiasten und andre treten auf der Reihe nach; keiner jedoch
läßt den andern zu Worte kommen, Einer [über Der Satyriker]
schleicht sich mit wenigen Worten vorbey H^{16} läßt g über wo=
bey H vorüber vor läßt H nach 5298 interessantesten über
angenehmen H^{16} frischerstandenen über neuentdeckten H^{16} aus
neuerstandenen John H muß — lassen aus läßt es gelten H^{16}
indessen nach die H^{16} die — verliert fehlt H^{16} Zusatz g H
5299—5304 Fol. 21² halbe S leer H vor 5305 Die Parzen
fehlt H^{12} 5310 aus Hab ich feinsten Flachs gewählt (über genommen) H^{12} 5312 Wird aus Ist H^{12} schlichten aus? H^{12}
5313 Wolltet [darüber — zufällig? — Heute] ihr bey [euren
ohne Ersatzwort] Tänzen H^{12} 5314 üppig über eitel H^{12} 5316
er — reißen aus ihn zu zerreißen H^{12} vor 5317 Klotho geklebt
auf Lachesis H 5317 Wißt] Doch H^{12} 5318 Ward] Ist aus
War H^{12} darunter Deine Scheere mir vertraut H^{12} 5321
Zerrt neben Läßt über Die H^{12} Gespinnste aus Gespinnstes H^{12}
5322 Lange sie aus Läßt sie lang H^{12} 5323 herrlichster Gewinnste
aus herrlichsten Gewinnstes H^{12} 5324 Schneidend sie schleppt
in die Gruft H^{12} 5326 schon hundertmal aus wol tausend=
mal H^{12} 5328 Schob man sie ins Futteral H^{12} steckt]
stickt $H^{17}$$H$ 5331 diesen] solchen über diesen H^{12} freyen
über neuen H^{12} 5332 aus Schwatzt und tollt nur immer fort H^{12}
immer] sicher H^{12} *Zum folgenden bietet H^{12} unter Denn
wenn ich nicht zählt und mäße [darunter Mancher bunte vgl.
5187] die Skizze: Wenn ich nicht weiste
Wo gäb es Stränge
Wenn ich nicht mäße
Wenn ich nicht zählte
Wer wollte weben*

5334 Ordnen über Weisen H^{12} 5335 Weise] Weise C 12
5337—5340 nach 5344 H^{12} 5338 über Wie [darüber Was] auch
das Gespinnste sey H^{12} 5339 aus Seitwärts laß ich keinen
schweifen H^{12} 5340 unter Wie die andern füg er sich Füg er
sich den andern an H^{12} 5343 Jahre] Tage H^{12} nach 5344
$^1/_3$ S leer H vor 5357 Die Furien fehlt C Nachtrag g H
5360 lang] lange $H^{17}H$ vor 5361 Strophenspatium fehlt C 12
5361 in] an H^{17} g über an H vor 5369 Megäre H^{17} 5370
allen über manchen H^{17} 5373 niemand über mancher H^{17}
5374 Erwünschterem] Erwünschteren H^{17} aus Erwünschteren H
5388 beging'] beging $H^{17}H$ Der Sinn deutlicher in C 12: wie
er es auch beginge, nicht: so wie er es beging. Die Hss.
sind in der Apostrophirung nachlässig.   5407 Dunstige]
Dunst der über Schrecklich H^{18} Durstige C 12 (C 12^1 Dunstige)
5408 durchs unter uns H^{18} 5410 Bannt unter Hält H^{18}
5411—5414 nach 5418 aber umgeziffert H^{18} 5415 Hier ein
über Dieser H^{18} 5417 Jener] Dieser H^{18} wollte über möchte
H^{18} 5418 entdeckt aus erkannt H^{18} 5420 ich fehlt H^{19}
5421 Nur die Furcht vor der Vernichtung H^{18} 5434 handlen
(5433 wandeln) H^{17} 5439 Und ich weis es wird was bessers H^{18}
für die drei Strophen 5445—5456 nur die Skizze H^{18}:

> Klugheit führet den Colossen [nach Elephanten]
> Der an [aus sich] sichern Tritt [aus Tritts] gewohnt
> Hinter uns auf ihrem Throne
> Waltet hohe Thätigkeit

vor 5457 keine Überschrift H^{19} 5458 allzusammen] aber
alle H^{19} 5459 was] wen H^{19} 5466 Es mich] Mich das H^{19}
5469 Das] So H^{19} aus So H^{20} macht mich] bin ich H^{19}
5471 isolirt H^{19} So] Ich H^{19} *vor 5484 keine Überschrift
H^{19} wo auch Skizze — 5493:

> Gem[urmel]
> Ist das Auge doch verletzt
> Sind wir doch in Furcht versetzt
> 5486. 5487
> Zwar ist es hinweg gescheucht
> Doch [abgebrochen]

und zweite Skizze:

>   Ist auch keiner schon [über das Auge doch] verletzt
>   Sind wir doch in Furcht gesetzt
>   5486. 5587
>   Zwar ist es hinweg gescheucht
>   Seht ihr wie es fliegt und kreucht
>   Und die Bestien wissen das
>   5484. 5485*

5490 Keiner — uns] Ist auch keiner schon H^{19} 5491 Alle] Sind wir H^{19} 5492 Ganz] Und H^{19} 5493 wollten] wissen H^{19} 5497 hier am über an dem H^{21} 5498 erschleiche nach ergreife H^{17} 5503 Wüßt'] Weis H^{21} 5504 Diese waren schon verdächtig H^{21} Grazien waren schon verdächtig H^{17} geklebt g auf Grazien waren schon verdächtig H 5505 Nun vor Aber H^{21} dorthinten aus dorten H^{21} hinten aus hinter H 5508 nicht — begreifen] ich nicht [darüber zu] begreife H^{21} aus ich nicht begreife H^{17} 5509 auch nicht] nicht euch H^{21} " euch nicht H^{21} 5510 Seht ihrs auch? Mich zu belehren H^{21} "   5511 Sagt — durch die Menge streifen (so) H^{21} " ihr's] ihr H^{21} 5512 ein nach der H^{21} " über den H^{20} 5516. 5517 nach Überstrahlet Näh und Ferne Wie in magischer Laterne (5518) H^{21} 5517 unter Wie die magische Laterne H^{17} 5519 Schnaubt $H^{21} C$ 12 Schnaubt's $H^{17} HC$ 41   Sturmgewalt] Geists Gewalt H^{21} 5520 schaudert's] schaudert H^{21} Scenar 5520 Euphor H^{21} Euphorion als Wagenlenker $H^{17} H^{18}$ Knabe vor Lenker geklebt g auf Euphorion H 5527 Bewundrer aus Bewunderer H 5528 auf! nach aus nun auf H^{17} 5533 Wüßte] Wüßt ich H^{18} vor 5535 Euph H^{18} Knabe Lenker nach Euph H^{17} vor 5541 Euph H^{22} Knabe Lenker über Euphorion H^{17} 5543 Der — Blitz aus Die schwarzen Augen H^{22} die — Locken] die [schwarzen] Locken H^{22} 5544 Erheitert] Umwunden H^{22} über Umwunden H^{17} 5545 welch — zierliches aus dieses zierliche H^{22} 5546 dir von] von den H^{22} aus von den H^{17} 5547 Glitzertand] Flittertand H^{22} vor 5552 Euph H^{22} Knabe Lenker nach Euphorion H^{17} 5552 aus Was sagst du mir vom Prachtgebilde H^{22} 5553 aus Der

auf dem Wagenthrone ſitzt H^{22} 5554 ſcheint ein] ſcheinet H^{22}
5557 ſehlte] fehle H^{22} 5558 reine üdZ H^{22} 5559 als nach
noch H^{22} Beſitz über ſein H^{22} und fehlt H^{22} vor 5560
Lenker fehlt $H^{17}H$ 5560—5562 ſkizzirt H^{23}:

Euph
Das haſt du Herold gut getroffen
Beſchreib ihn die Geſtalt iſt offen

Herold
Das [aus Es] iſt nicht nöthig alle ſingt
Er

5563 Doch ſchau ich an ſein Mondgeſicht H^{24} 5564 fehlt H^{24}
5565 Das unterm Turban glänzt und funkelt H^{24} 5566 Falten=
kleid] vollen Kleid H^{17} über vollen Kleid H reich über voll H^{17}
vor 5569 keine Überſchrift H^{24} Knabe H Knabe Plutus pp
und ein Ergänzungszeichen ohne directen Anſchluſs, vielmehr
folgt mit anderem Zeichen 5582 ff. H^{17} 5571 Der hohe] Euer
hoher H^{24} 5572 fehlt, Spat. H^{24} in Spat. nachgetragen g H
vor 5573 keine Überſchrift H^{24} Knabe H 5573 Ich aber bin
die Poeſie H^{24} . 5574 der ſich fehlt, Spat. H^{24} 5575 Und
wenn der Gott ſein Gut verſchwendet H^{24} eigenſt g über Hab
und H 5576—5581 fehlt H^{24} vor 5582 keine Überſchrift
H^{24} Knabe $H^{17}H$ 5582 mich nur] ich darf H^{24} 5583 Schon]
Da H^{24} Schon — glitzert's aus Da glänzt es glitzert H^{17} vor
5585 Scenar fehlt H^{24} nachgetragen g^{1} H^{17} 5585 Nehmt]
Da H^{24} über Da H^{17} 5586 Da [Spat.] ohne Fehl H^{24} 5587
Und Ringe mit und ohne Juwel H^{24} 5588. 5589 fehlt $H^{24}H^{17}$
nachträglich in Paralip. Nr. 104. ſowie John H 5592 ein
undeutlich $H^{24}H^{17}$ in verſchrieben H im gegen den ſchönen Sinn $C41$ 5593 unter Und macht H^{24} Und alles] Die
Menge H^{24} 5595 Was der und jener ängſtlich griffe [aus auch
ergriffe] H^{24} 5596 Deß aus Das H^{24} 5597 unter Als
K[äfer] H^{24} 5598 neben Statt H^{24} 5599 krabbeln] krabeln
$H^{24}H^{17}H$ *5602 — 5605 ſkizzirt H^{24}:

Das ist die Münze der Poeten
Die Fülle jedermann verheißt
Und selten Gold [nach noch] so sehr es gleißt

Plutus herabsteigend

Die andern statt der [Spat.] Dinge
Erhaschten nichts als Schmetterlinge
Sie stehen ....
Wie eine Wolcke füllts den Saal
Versteh ich nicht
Ich verspreche*

5602 solider aus solide *H*   5603 frevle über nichts als *H*[17]
5605 nur über nichts *H*[17]   vor 5606 keine Überschrift *H*[27]
Knabe *H*[25] Leucler *H*[26]   5607 der Schale] das *H*[25] aus das *H*[26]
5608. 5609 fehlt *H*[25]   5608 Ist eines Herolds Gabe nicht *H*[26]
aus Ist eines Herolds Gabe nicht *H*[27]   5611 Frag' und]
meine *H*[25]—*H*   Scenar fehlt *H*[25]—*H*[27] nachträglich *g H*
5612—5619 fehlt *H*[25]   5612 nicht] doch *H*[26]   5614. 5615 (5615.
5614 aber umgeziffert) nach 5621 *H*[26]   5616—5619 unten nachgetragen *H*[26]   5618 Wie — auch aus Hab ich nicht oft *H*[26]
5620 Den Lorbeer den du herrlich trägst *H*[25] für Den Lorbeer
der dein Haupt umfängt (unten umstrahlt) *H*[26] nachträglich
John *H*   5622 dir — leiste] dir gebe (so) *H*[25]   5623 fehlt *H*[26]
5624 nach] in *H*[25] *H*[26]   Sinn nach hohen *H*[25]   5625 als nach
noch *H*[25]   ich] ich es *H*[25]   5626. 5627 fehlt *H*[26]   5626 deinen
Dienst über dich   5628. 5629 vgl. Paralip. Nr. 104.   5628 Dies
wahre Wort verkünd ich allen aus Die Wahrheit ists und ich verkünd es allen *H*[25]   Dies wahre *H*[26]   Ein wahres aus Dies wahre
H[27]   vor 5630 Knabe *H*[25]   5630 Die größten] Doch größre *H*[26]
aus Doch größre *H*[27]   5635 An] Auf *H*[25]   diesem über einem *H*[25]
dem ent über jenem *H*[25]   5636. 5637 fehlt *H*[25]   5638 eh'] ehe *C*12
(eh *C*[1] 12)   vor 5610 Scenar über Gemurmel von Weibern *H*[k]
5642 Seht [über Denn] hinten drauf gelaubt [üdZ] sitzt [über das
ist] Hanswurst *H*[k] aus Seht hintendrauf gelaubt Hanswurst *H*
5643 Doch abgezehrt aus Und zwar verzehrt *H*[k]   5646 Mir

[über Geh] aus dem Wege Weibsgeschlecht *H*k Vom — etles *g*
über Mir aus dem Wege *H*   5648 die Frau über ein Weib *H*k
den Herd] das Haus *H*k über das Haus *g H*   5649 ich]
er *H*24 über es *H*k   5650—5653 fehlt *H*24*H*k doppelt mit
Ergänzungszeichen auf Streifen *H*10 angeklebt *H*   5651 und
nichts] nicht viel *H*10 aus nicht viel *g H*   5652 eiferte für aus
hielte fest auf *H*10   5654. 5655 unten nachgetragen *H*24
5654 als] wie *H*24 über wie *H*k   5656 Und sie wie jeder
schlimme Zahler *H*24   5658 bleibt — Manne] hat der Mann
gar *H*24 aus hat der Mann gar *H*k   5662. 5663 fehlt *H*24
5664 Für Männer hat das Gold den Reiz *H*24   5665 Bin —
Geschlechts,] Deswegen sagt man deutsch: *H*24   Geschlecht *H*k
5671 bräun] dräuen aus bräun *H*28 bräun *g* aus dräuen *H*   5672
scheun] scheuen *H*28 aus scheuen *H*   5674 Frisch] nach Nur *H*28 an
üdZ aus auf *H*24   *5677—5679 Die Drachen seh ich wie im Traum
Wie [vor Da] sie im rasch gewonnenen Raum und unten Seht
die Verzauberten Gestalten Wie sie im usw. *H*29 Skizze *H*28:

　　　Seht hier fürwahr es ist kein Traum
　　　Das Doppel=Flügelpaar entfalten
　　　Wie sie das
　　　Und feuerspeiend sich erheben
　　　Schon machten sie sich vollen Raum
　　　Schon seh ich im gewonnenen Raum
　　　Das doppelt Flügelpaar entfalten
　　　Und [abgebrochen]*

5677 wie — Unge über die bezauberten Ge *g H*   5678 Bewegt] Wie
sie *H*29 *g* über Wie sie *H*   5681 unter Und feuerspeiende Rachen
lüften *H*29   Umschuppte für Umpanzert *H*29   5683 skizzirt
Nun heben Tragen sie den Schatz Die Eisenkiste Und setzen sie am
Boden nieder *H*10 woraus natürlich kein Beweis erwächst für
die von Düntzer zu 5685 vorgeschlagne Änderung heben gegen
haben (*H*30*HC*)   5688 ist — wie's] ists wie es *H*30 für ists wie
es *g* auf Rasur *H*   vor 5689 kein Scenar *H*29   zum Lenker
fehlt *H*31   5689. 5690 Nun bist du los der unbequemen Last
Bist [über Nun] leicht und frey wie dus am Liebsten hast *H*29

allzuläſtigen über offengelaſſenem Spatium H^{31} nun friſch
über nun friſchauf H^{31} 5693 wo] wenn H^{31} g über wenn
H^{32} holde üdZ H^{31} 5695 Dort wo das Schöne Gute nur
[nach dir] gefällt aus älterer unleserlicher Fassung H^{31} g aus
Dort wo das Schöne Gute H^{32} 5696 ſchaffe deine unter wirke
für die H^{31} 5697 werthen über deinen H^{31} 5698 nächſten An=
verwandten aus meinen nächſt verwandten H^{31} 5701 widerſinnigen
über offengelaſſenem Spatium H^{31} 5703. 5704 fehlt H^{31} nach=
getragen g in offengelaſſenem Spatium H^{32} 5705 vollführ über
verricht H^{31} 5708 liſple leiſ] liſple nur über mußt du liſpl[en] H^{31}
leiſ' g^1 über nur H^{32} nach 5708 Scenar fehlt H^{31} (ab) g^1 H^{32}
Nachtrag g H 5711 Es] Sie nach Sich H^{31} 5713 Kronen
— Ringen] Ketten [Spat.] Ringen H^{31} 5714 Es] Sie H^{31} über
Sie (aber 5711 Es) H^{32} 5717. 5718 unter Die [Und? über
Zu] goldnen Stangen ſchmelzen [über wälzt es] ſich und 5719
H^{33} 5720 unter Sie regen mir den H^{33} 5721 unter Das
regt wahrlich mein Begehr H^{33} 5725 andern über aber H^{33}
5726 Wir nehmen unter Und nehmt H^{33} 5728 Es über Das
H^{33} 5730 geb'] gäb H^{33} gab H 5731 Sind — euch aus Es
ſind fürwahr H^{33} 5735 Was — Dumpfen unter Ihr flicht hier
doch abſurden H^{33} 5736 Packt] Faßt H^{33} 5738 Schlag'
dieſes] O ſchlag das H^{33} 5741 Und und] dieſe H^{34} über offen=
gelaſſenem Spatium H^{30} 5743 platzt und Funken über glüht
wonach Spatium gelaſſen war H^{34} 5744 ſchon — angeglüht
über er glüht H^{34} 5745 herangedrängt] hierher gedrängt H^{34}
5746 Iſt] Wird H^{34} vor 5748 Überſchrift nur angedeutet G H^{34}
5751. 5752 fehlt H^{34} H^{30} nachgetragen g^1 quer aR H^{32} 5752 glü=
henden] heißen H^{32} g über heißen H über 5753 eingeſchoben
Es droht ein glühendes Metall H^{30} 5754 du] zu C 41   vor
5757 Plutus fehlt H^{34} 5759. 5760 fehlt H^{34} H^{30} nachgetragen
unten g^1 H^{32} 5761. 5762 Zieh ich ein [über Doch ſey ein] un=
ſichtbares [aus Verſehen geſtrichen] Band Doch ſolcher Ordnung
Unterpfand Sey dieſer Ordnung Unterpfand (so) H^{34} 5765 Mein
edler Freund nur noch Geduld H^{34} 5766 droht] naht H^{34}
noch] uns über noch H^{30} 5767—5804 fehlt H^{32} wo auf Fol. 2²

Zettel angeklebt Der Geiz der einen goldnen Becher aus dem
Schatze nahm geht in dem Kreise umher und neckt sich mit den
Frauen nicht auf die schicklichste Weise; er hört nicht auf die
Warnungen des Herolds wird aber zuletzt vom einbrechenden
wilden Heer überstürmt und an den Kasten zurückgetrieben. 5768
Vergnüglich — Kreis] Den weiten Kreis umher H^{33} g über Den
weiten Kreis umher H 5769 sind nach stehn H^{33} 5775 unter
An diesem plauderhaften Orte H^{33} 5776 jedem Chr] jedermann H^{33} aus jedermann H 5777 Versuch' — soll] Bemüh ich
mich es wird H^{33} flug und g neben witzig über und ich H
5778 deutlich üdZ H^{33} *auf 5778 folgt H^{33} (vgl. 5815 ff., 5805—5814):

> Der Faunen Tanz
> Im grünen Kranz
> Belebt die Nacht
> Nur Platz gemacht
> >H[erold?]
> Ich kenne dich du großer Pan
> Du kommst [oder kamst] mir ganz erwünscht heran
> Schon weiß ich was nicht jeder weiß
> Und öffne diesen Zauberkreis
> >Leere Klammern.
> Das Wunderlichste kann geschehn
> Sie haben sich nicht vorgesehn.

Entsprechend H^{32} Quartbl. angeklebt Fol. 3¹ wo ursprünglich notirt g^1 Faunen Chor (dasselbe mit Überschrift Pan,
und Faunen H^{38}):

> Der Faunentanz
> In Laub und Kranz [Im Lauben [über wilden] K. H^{35}]
> Aus Waldes Nacht
> Nur Platz gemacht.
> fortlaufend 5815—5818 [5817 hohem über derbem $H^{3?}$
> >in] und]
> Und wissen doch was keiner weiß [Wir H^{38}]
> Und bringen in den leeren Kreis. [Und sprengen diesen
> >Zauberkreis H^{36}]

Plutus

Ich kenne dich vermummter Pan [über du alter H³⁶]
Hast einen kühnen Schritt gethan
Sie dringen ein wie wirds ergehn [was wird geschehn H³⁸]
Sie haben sich nicht vorgesehn

dann Lücke bis 5863.   H³⁹:

Der Faunen Kranz
Im wilden Tanz
5815—5818 [5817 hohem aus frohem   in] und]
Wir brechen durch den Zauberkreis
Wir wissen was das keiner weis

Wilder Gesang von Ferne

Der Faunentanz [daneben g¹ Das wilde Heer]
In Laub und Kranz [daneben g¹ Von Berges Höhn und
                                              dunckelm Wald]
Aus Waldes Nacht
Nur Platz gemacht

Plutus [daneben g¹ Wildes Heer]

Ich kenne dich du großer Pan
Du kommst mir ganz erwünscht heran
Schon weis ich was nicht jeder weis
Und öffne diesen Zauber Kreis.

Faunen.

5815—5818 in Halbversen [5817 in] Und]
Wir wissen doch was keiner weis
Und dringen in den leeren Kreis.

Plutus

(Ich kenne dich vermummter Pan
Du hast einen kühnen Schritt gethan
Sie dringen ein wie wirds ergehn
Doch wunderlichstes kann geschehn
Sie haben sich nicht vorgesehn.)*

5779 — vor 5783 Herold g nachgetragen in offengelassnem
Spatium H 5781 behandeln] behandlen H 5782 wandeln]
wandlen H 5788 Bleibt's] 's g H 5793 ergetzt] ergötzt H usf.
5797 ahnet] ahnt $H^{36}H^{35}$ g^3 aus ahnt H uns fehlt $H^{36}H^{35}$ Zu=
satz g^3 H 5798 die] das $H^{36}H^{35}$ g^3 über das H theidung]
wesen $H^{36}H^{35}$ über wesen g^3 H 5799 unter dem hier isolirten
gestrichnen 5801 H^{36} 5801 ff. s. o. zu 5778. Überschrift Ge=
sang] Ungesang über Gesang H^{35} Ungesang H also beim Druck
beseitigt. 5803 Im feyerlichen Schritt heran darüber nur Un=
widerstehlich H^{36} 5805 Sie — was] Wir usw. H^{40} Sie wissen
wol was darüber Geheimnißvoll H^{36} leer gelassen H^{35} g^3 in
Spatium H 5806 leeren] Zauber H^{40} folgt Plutus Sie
bringen ein. wie wird es gehn und 5815 darauf Erblicken den
Schatz der immer noch siedet und ausquillt Stehe Alter Pan
Feuer Quelle H^{40} 5807 großen fehlt $H^{36}H^{35}$ g^3 üdZ H
5808 zusammen — ihr] Ihr habt einen $H^{36}H^{35}$ g^3 aus Ihr habt
einen H 5809 Ich — gut] Auch weis ich aus Ich weis H^{36}
recht gut fehlt $H^{36}H^{35}$ üdZ g^3 H 5810 Eröffne aus Und öffne H^{36}
schuldig fehlt $H^{36}H^{35}$ üdZ g^3 H engen] strengen $H^{36}H^{35}H$
5811. 5813 fehlt $H^{36}H^{35}$ eingeschoben g^3 H nach 5814 nur
undeutliche Überschrift Faunen (Laufend) H^{36} 5815 Interpunction nach HC, besser vielleicht Geputztes Volk, du Flitter=
schau! die älteren Hss. kein Komma, du Flitterschau ein Halb=
vers H^{37} 5817 in] und H^{35} s. o. 5819. 5820 über Der
Faunen Tanz s. o. H^{41} 5824 dem] den H 5825 ein breit]
im H^{41} g^3 über im H^{35} 5828 Versagt die Schöne unleserliches Wort und quer Versagt sich keine Schöne leicht H^{41} vor
5829 keine Überschrift, fortlaufend H^{41} Satyr aus Satyren H^{35}
5829 nun] eng (oder auch) H^{41} drein über her H^{35} 5831 Ihm
sollen sie] Sie dürfen H^{41} aus Sie sollen H^{35} 5834. 5835 Er=
quickt sich seiner Freyheit dann Und spottet über Weib und
Mann H^{41} unten für Erquickt er sich in Freiheit dann Und
spottet über Weib und Mann H^{35} 5836 tief in] in des H^{41}
aus in des H^{36} Dampf] Dunst H^{41} 5838 rein] frey H^{41} vor
5840 Gnomen fehlt H^{41} 5840 trippelt ein über kommt herein

H^{41} 5810—5847 auf Rücks. nach 5848—5863, keine Überschrift H^{41} 5842 Mit Ampeln Lämplein glizzernd hell H^{41}
mit g^3 über und H 5844. 5845 fehlt H^{41} 5847 Kreuz aus
Breit H^{41} 5848 Den — Gütchen] Den Gütchen sind wir H^{41}
5851 vollen] tiefsten H^{41} 5854 wohl über gut H^{41} 5855
Freund'] Freund   5856 Doch] Correctur So getilgt H^{41}
5860 veracht't] veracht $H^{41}H$ 5861 auch — andern] auß der
andern auch nichts H^{41} 5863 Drum habt] Nun übt H^{41} 5864—
5871 angeklebt Fol. 3¹ H^{32}.   vor 5864 Riesen fehlt $H^{38}H^{37}H^{32}$
5864 sind s' nach Goethischer Vorschrift für sind's   5865 Am
Harzgebirge] Auf harten Thalern $H^{38}H^{32}$ Auf Harz und Gulden
H^{37} 5866 nackt] hier $H^{38}H^{37}H^{32}$ g^3 über hier H aller]
alter unnöthige Änderung C 41 gegen 4 Hss. und C 12   5867
sämmtlich] alle H^{38} 5868 rechter über jeder H^{38} 5869 um [nach
als Und fehlt] den Leib [über um den Gang?] ein Blätter
Band H^{38} wulstig] grünes H^{32} *5870. 5871 Ein reicher Gurt
von Zweig und Blat Leibwache wie kein Fürst sie hat aus Ein
reicher Gurt von Blat und Zweig Leibwache wie ihr keine gleich]
[dazwischen ein Ersatz-Vers — 5866? — skizziert All [Spat.]
rüstig] H^{38}*   5870 Den derbsten Schurz] Ein reicher Wulst H^{32}
Den nach Ein H^{37} 5871 der — nicht] sie niemand $H^{37}H^{32}$
5873 er — und] der Ernste H 5886 Gesunder] Und aller H^{36}
5890 Doch wer mit Frechheit abgebrochen H^{36} 5891 Stimm'
erschallt] Stimme schallt H^{36} 5893 noch] wo $H^{36}H^{1}$ 5894 Zerstreut — Heer] Ein tapfres Heer zerstreut H^{36} tapfres] tapfers H
5898—5919 enger H 5900 unter Und der H^{36} 5901 Seine
Labyrinthe] Sich nach allen Seiten H^{36} 5902 dunklen] düstren H^{36}
dumpfen $H^{1}H$ 5904 an] in H^{36} 5909 kaum — war unter so schwer
zu schaffen war H^{36} 5910 nur zu vollenden H^{36} Dies über dn H^{1}
du über es H^{1} 5912 nur in deinen Händen H^{36} vor 5914 Scenar
fehlt   5914 im — Sinne über zusammen H^{36} 5915 Und] Denn
über Und H^{36} getrost] muß man üdZ H^{36} 5916 ja sonst üdZ H^{36}
5917 nach 5918 aber umgeziffert H^{36} Nun] Es H^{36} gleich]
bald H^{36} ein fehlt H^{36} über das H^{1} 5918 Hartnäckig — es]
Wenn hier über Doch H^{36} läugnen] euch verläugnen über wird

es H^{36} vor 5920 Scenar fehlt H^{36} 5921 Feuerquelle facht]
Wunderquelle still H^{36} 5922. 5923 unten für Sie öffnet sich zum
[über vom] weiten Schlund Es siedet auf vom tiefsten Grund H^{36}
5923 hinab] herab H^{36} 5924 Und W[ie] über Und H^{36} 5925 Nun
wallt es auf im frischen Sud unter Nun schäumts herauf H^{36}
Wallt nach Nun H^1 Gluth — Sud] Sud und Glut H 5926
unter Mir ist das ein H^{36} 5929 Wie neben Doch unter Und
H^{36} solchem] solchen HC 5930 bückt — tief] hört nicht auf H^{36}
tief] gar $H^{32}H^1$ g^1 über gar H 5931—5943 Rücks. des an
Fol. 21 angehefteten Halbfol. H'' vgl. zu 5295 5931 Der Bart
des Gaffers fällt [stürzt H^{42} fliegt H''] hinein $H^{36}H^{42}H''H^{32}$
5932. 5933 fehlt H^{36} 5934 Nun] Da H^{36} 5935 Der Bart abgebrochen H^{36} 5937 sich die] alle — a aus s[ich] — H^{42} 5942 Und
so verworren und .. eingeschoben H^{42} (unten abgebrochne
Zeilen Doch .... ruft Den da dr[innen?] Und so verworren)
5943 Maßen g über Menschen H'' 5951 keine Anführungszeichen (hier zu stärkerer Auszeichnung) $H^{32}H$ Der nicht
gesperrt $H^{32}H$ Kaiser] Kaiser, C 5955 g in offengelassnem
Spatium H^{32} harzig g^1 über fichten H^{32} sich] ihn $H^{32}H$
5958 nur D — Jugend H^{42} 5960 nur D — Hoheit H^{42} *5962—
5969 Zettel John unten angeklebt auf Fol. 4 H^{32}, Rücks. des
Zettels Paralip. Nr. 103., 5970—5986 geklebt auf derselben Vers-
reihe H^{32}''* 5962 Schon — Wald aus Der Wald er geht H^{38}
5963 Sie über Die H^{38} züngeln] züngeln H^{38} leckend spitz] spitz
und leckend über zum Gewölck [Gebälck?] H^{38} 5967 g eingeschoben H^{32} 5968 Ein] Als aus Ein H^{38} 5969 skizzirt
Morgen all die ganze all die reiche H^{38} 5970. 5971 g^1 H^{32}
nach 5971 (er stößt den Heroldstab auf die Erde) H^{32}'' 5972—
5973 fehlt H^{32}'' 5972 heil'gen] heilgen aus heiteren H^{32} heiligen H
5973 bebt für wieder H^{38} und fehlt H^{38} 5976 Zieht heran]
Steigt hervor H^{32}'' 5977 Nebelhüllen [aus Nebelwolcken] dunstige
Streifen isolirt H^{31} schwangre] kühle g^1 über feuchte H^{32}''
5979 habe ich inneren Reim durch kleines Spatium angedeutet, eine Theilung aber allen Hss. und C gegenüber nicht
vornehmen wollen. unter 5980 Ringet nach wohlthätigen Ziel

H^{32} die Folge 5980. 5982. 5981. 5983. 5985 umgeziffert g^1 H^{32}
5982. 5981. 5983 H^{40} 5982. 5983 fehlt H^{32a} 5982 die lindern=
den] die milden ihr über flammende oder flackernde H^{40}
5984 Solcher] Dieser H^{32a} Flamme] Flammen H^{32a} 5985 drohen g^1
über Wollen H^{32a} zu über be H^{32a} schädigen] schädgen H^{32a}
5986 Muß der Zauber sich bethätigen (bethätgen H^{32a}) H^{32} g unter
Muß der Zauber sich bethätigen H folgt leeres Bl. $H^{32}H$

Luftgarten.

Scenar fehlt H^{38} nur Fauft H^{43} Luftgarten, Morgen=
sonne für Der selbige Saal reinlich und klar H^m Hofleute]
dessen Hofstaat, Männer und Frauen $H^m H C 41$ vor 5983 Scenar
fehlt $H^{38} H^{43}$ Aufstehn] Aufstehen $H^m H$ 5988 Scherze] Scherz
noch $H^{38} H^{43}$ folgt 6001—6004 H^{38} 5989—6000 g in offen-
gelassenem Spatium H^{43} 5989 glühnder] glühender $H^m H$
unsicher H^{43} 5990 ob über wenn H^{43} 5991 Aus — und]
Von schwarzen H^{43} über Von schwarzen H^m lag ein üdZ H^{43}
Felsengrund vor umher H^{43} 5992 Dem — jenem] dann aus
jedem H^{43} 5993 Auf über Dann H^{43} viel] sich H^{43} 5995 nach
5996 aber umgeziffert H^{43} züngelt'] regt H^{43} züngelt $H^m H C$
es] es sich H^{43} 5996 Der über Das H^{43} 5997 Durch
fernen. Und durch den H^{43} aus Und durch den H^m 5998 fehlt
H^{43} 5998—6000 unten nachgetragen H^m 5999 für Sah ich
ein Heer von Dienern [darüber der Diener Drang] strömend
heulen H^m der Völker über der Diener H^m 6001 ein=] ein
6002 auch isolirt Ein Salamander Fürst und Ich Fürft von Sala=
mandern sey H^{38} schien] stand H^{38} über stand $H^{43} H^m$ ein]
als H^{38} der über als H^{43} 6004 Doch seinen Herrn und Herr=
scher [darunter eingeklammert Majestät] anerkennt H^{38} 6009
Siehst nach Du H^{45} lichtgrüne schwanke] grüne Lichte H^{45}
6010 zur schönsten] zu schönster $H^{45} H^{44} H C 41$ 6012 aus Wo du
dich regst geht das Gebäude mit H^{45} 6013 des Lebens] im
Leben H^{45} 6014 Wenn Fische wimmelnd hin und wieder
schweben H^{44} 6015 Meerwunder — sich aus Es drängt sich
alles H^{45} zum — Schein] zum Schein nach nach dem H^{45}

milden üdZ H^{44} 6017 unter 6018 H^{45} 6018 unter Be-
zahnte Rachen H^{45} 6017. 6018 auf zwei älteren Versen von
denen der 1. verdeckt, der 2. = 6030 Und so zum Schluß die
Erde haft du schon H^{45} 6020 ein solch] solch ein H^{45} 6021 aus
Doch nicht allein auch von der Welt geschieden H^{45} 6023 Sie
nähern sich der Wohnung ewiger Frische H^{45} prächt'gen]
prächtigen $H^{45}H^{44}H$ ew'gen] ewigen $H^{45}H^{44}H$ 6024 jüngsten
über scheusten H^{45} 6025—6030 zerstreut H^{45} 6025 spätern]
alten H^{45} 6026 reicht — und unter Thetis dar den (so) H^{45}
6027—6029 nachträglich auf Rücks. H^{44} 6027 aus Auf dem
Olymp ein luftigstes Revier H^{45} 6028 aus Die Luftgestade
diesmal die erlaß ich dir H^{45} luft'gen] luftigen $H^{45}H^{44}H$
6030 Und — Herr] s. o. zu 6018 (Und so zum Schluß $H^{45\alpha}$) Und
wohl bedacht über Vollkommen Recht H^{45} 6033 für Als Meisterin
erkennst du Scherazaden H^{45} 6034 Versichr'] Versichre H
6035 eure Tageswelt aus uns die Welt H^{45} eure über verschriebenem es der H^{44} 6036 widerlichst] widerlich H^{45}
$C12$ schliesst ab (Ist fortzusetzen).

6038 Verkündung John aus Verkündigung H 6052 Befrage
diese g aus Befrag die Männer H 6061 Und unerschöpflich
dient der reiche Schatz unter Gräbt man ihn aus so d[ient] H^{46}
6062 biene] reichlich H^{46} 6066. 6067 Erinnre dich du standst als
großer Pan Erst abgebrochen H^{46} Erinere g^1 corrigirt H
6068 Daß … es trat an dich heran H^{46} 6069—6072 nur Skizze
Du kanntest die Vertrauten [Spatium] Nacht Durch große Künste
schnell v[ertausendfacht] Denn jeder weiß die Schätze liegen da H^{46}
*6073—6078 unten nach Zusatz zu 6106, 6079. 6080 an Stelle von
6101. 6102 H^{46}*   6073 Damit nach Und H^{46} 6077 Sonst
schien die Stadt im halben Tod verschimmelt H^{46} 6079 Ob-
schon] Und ob H^{46} längst] gleich H^{46} 6080 so — angeblickt]
mit größrer Lust erblickt H^{46} vor 6086 Marschalf g über Schatz-
meister H 6096 klappert] klappert's $C41$ *6097—6106 Skizze
H^{46}:   Ein schönes Kind mit seinem Pfauenwedel
         Es schmunzt uns an [Spat.]
    6079. 6080 für 6101. 6102

Was soll man sich ... schlagen
[Lücke] tragen
Der Pfaffe steckts [unter trägts] bequemlich ins [Brevier]
Und ein Gebetbuch das man uns verehrt
Ist ins geheim schon hundert Kronen werth*

6099 vom stolzen g^1 aus der stolze H nach 6142 Scenar g^1 H
vor 6146. 6148. 6150 andrer] Andrer   vor 6155 herbeikommend
fehlt H, richtig — da die Narrenrolle auf episodisches Erscheinen beschränkt ist — ergänzt $C41$; könnte nach 6052
auch heissen der sich einsindet oder ähnlich.   6156 wieder,]
wieder? $C41$ 6160. 6171. 6172 Scenaria g^1 H

Finstere Galerie.

Überschrift (Local nach Personen) — 6182 geklebt; darunter Überschrift und oben g^1 Meph. Was zerrst du H^{47}
die Scene begann ursprünglich 6183.   6185 so] wie H^{48}
g^1 über und H^{47} 6186 deutlichen — er] deutlicher Gestalt will
er sie H^{48} aus deutlicher Gestalt er will sie H^{47} 6188 isolirt
oben H^{48} Unsinnig über Einfältig H^{48} 6192 sollen über
müssen H^{48} 6193 fehlt H^{48} 6194 Hier] Da H^{48} steilern]
andern H^{48} 6195 fehlt H^{48} 6196 frevelhaft über noch H^{48}
6199—6202 fortlaufend zwischen 6218—6221 und 6222—6230 H^{49}
6199 Mit Hexen Feyen 2c abgebrochen H^{48} 6201 Doch —
auch] Selbst meine Hexchen, freylich H^{49} Teufels g über
Hexen H^{47} wenn auch über freylich H^{47} 6207 weiß ich]
fehlt H^{48} 6208 Wie — sie] Ich weiß es schon du bringst sie
gleich H^{48} 6209 nichts g^1 H^{48} $C41$ nicht John H^{47} H 6212 höheres
über das H^{48} 6213 thronen — in] wohnen in der H^{48} g aus
wohnen in der H^{47} 6214 Um sie unter Da ist?H^{48} 6215 fehlt
H^{48} g eingeschoben H^{47} 6216 aufgeschreckt fehlt H^{48} g eingeschoben H^{47} 6218 Die Mütter! — hast den Nahmen nie
gekannt [über gehört] H^{49} Göttinnen über die Mütter H^{48}
6219 Auch von uns selbst sind sie usw. H^{49} unter Auch von uns
selbst H^{49} 6228—6238 John geklebt auf 6228—6230, wonach
also grade die für besonders alt angesprochene Stelle ein

spätes Einschiebsel ist. 6228 Du nach Meyn ich H^{49} dächt ich üdZ H^{49} 6230 aus Das dacht ich wär vergangne Zeit H^{49} 6236 das ungewohnte Wilderniß hat John H^{47} Wildeniß H Wildemiß verschrieben, corrigirt g^1 6237. 6238 Und um nicht ganz allein zu seyn Dem Teufel mußt ich mich ergeben H^{50} g^3 H^{49} 6240 Gränzenlose] Gränzlos-einsame H^n 6241 Du sähst doch Well auf Welle schauernd kommen H^n 6242 Berghaft bewegt auf dich herangegraut H^n 6243 wohl — Grüne] auch wohl im Grü= nen H^n g aus wohl auch im Grünen H^{47} 6246 Von allem diesem Nichts in grauer Dämmerferne H^n folgt Paralip. Nr. 121.

sehn] sehen H^{47} g^1 aus sehen H 6250 treue udZ H^{47} 6253. 6254 aR nachgetragen H^{47} 6267—6282 Quartbl. g^1 angesteckt H^{47} 6277 Reiche] Räume $H^{44}HC41$ emendirt von Sanders 1856.

vor 6281 begeistert fehlt H^{47} Zusatz g^1 H 6301 Behandeln] Behandlen (aber 6302 wandeln) H^{47} aus Behandlen H nach 6304 Scenar fehlt H^{50} stampft und üdZ g H^{47} 6306 $3^1{}_2$ S leer H

Hell erleuchtete Säle.

Scenar Hof Zusatz g H vor 6307 Überschrift C[äm= merer] nach M[arschalf] H^{51} vor 6309 M nach C H^{51} Mar= schall gegen sonstige Norm H 6310 Ihr!] Und H^{51} g über Und H vor 6317 Marschall H vor 6319 D[ame] H^{51} Blonde nach Da[me] H^{52} zu Mephistopheles fehlt H^{51}—H^{53} Zusatz g H 6320 leidigen fehlt H^{51} 6321 bräunlich fehlt H^{51} 6323 leuch= tend] weißes H^{51} klares H^{52} 6324 dreimal H^{51} einmal fehlt Panther eure] euere g aus euer wie John gegen H^{51}—H^{53} verschrieben H 6325 Nehmt fehlt H^{51} 6326 Mit Sorgfalt dann bey vollem Mond filtrirt H^{51} distillirt unter durch= filtrirt H^{52} 6327 reinlich] sorglich H^{51} 6328 Das Übel ist als dann von Grund gewichen H^{51} Frühling — Tupfen] May ist da, die Flecken H^{52} die fehlt H^{53} vor 6329 D[ame] der Vers fehlt H^{51} *6330—6337 Skizze Frostbeulen hindern mich an Gehn und Tanz Helft mir davon Erlaubet meinem Fuß Den Euren treten H^{51*} 6330 Ein Mittel bitt ich Ende abge-

schnitten H^{52} 6335 Größres] großes oder größres H^{52} vieles
H^{53} g über vieles II 6336 fehlt $H^{52}H^{53}$ g eingeschoben H
6337 isolirt II^{52} 6338 Heran — Acht] Gebt nach H^{52} vor
6339 schreiend fehlt $H^{52}H^{53}$ Zusatz g H 6339 Das brennt!
Weh Weh als [abgeschnitten] es war ein harter Tritt H^{52} folgt
Wie ist es nun. Der Fuß wehrt es [ergänze nicht mehr] II^{52}
6341. 6342 für Geht hin und tanzt und füßelt mit [dem Lieben]
II^{52} 6342 schwelgend unter sitzend H^{52} vor 6343 Scenar
fehlt H^{54} nur Dame H^{55} 6344 Sie Sieben [über wühlen] auf
und ab im tiefen Herzen H^{54} nach wühlen üdZ tief und für
tiefsten H^{55} 6345 Biß nach Noch (aus Er) H^{54} sucht']
sucht   6347 fehlt H^{54} eingeschoben H^{55} 6348 brücken]
drucken aus drücken H^{54} drucken H^{55} vgl. zu 6352.   6349 streich']
mach $H^{54}H^{55}$ auf Rasur II 6350 Mantel, Schulter] Schulter
Mantel $H^{54}H^{55}$ macht über findet H^{54} 6351 nach Alsbald
ist er II^{54} holden Reuestich] einen holden Stich $H^{54}H^{55}$ 6352
Allein die Kohle mußt du gleich verschlucken H^{54} verschlingen]
verschlucken H^{55} 6353 fehlt $H^{54}H^{55}$ 6354 über Er ist für
dich auf immer gleich entzündet H^{54} Thür noch] Thüre undeutlich H^{54} Thüre H^{55} g aus Thüre H heute] diese über
heute H^{55} 6355 entrüstet fehlt $H^{54}H^{55}$ 6358 emsiger an-
geschürt] fleißiger geschürt H^{54} 6359. 6360 Eckermann am
Ende der S. auf der folgenden oben l. in umgekehrter Ordnung gestrichen H vor 6361 Scenar Eckermann nach
Meph H 6374 Eck] Eck   6376 Rücks. leer H

Rittersaal.

6384 bequemlichsten] bequemlich sich C 41 vgl. zu 6488.   6385
Hier g über Auch H nun g über schon H 6394 vom auf
Rasur H 6398 eingeschoben John, Und war g^1 markirt H
vor 6421 herauf fehlt H^{56} 6421 bekränzt, ein] seh ich den H^{56}
6422 vollbringt] vollführt H^{56} vor 6427 großartig fehlt $II^{57}H^{56}$
6430 regsam über alt doch H^{57} 6431 unter Was war was ist
was kommt H^{57} 6432 Unwandelbar [unter Und doch ver-
schwindets] und es will ewig seyn unter Es wogt einher als

wollt es ewig seyn H^{56} 6433 allgewaltige] allgewaltge H^{57}
6434 aus verschmiertem Zieht lichter hinauf und uns [oder nur]
die alten Nächte H^{57} 6436 der — Magier] getrost der Dichter
H^{57} Magier über Dichter H^{56} 6437. 6438 Der spendet nun
den Weyrauch voll Vertrauen Was jeder will das Schöne läßt
er schauen H^{57} nach dieser gestrichnen Fassung (den Weyrauch
fehlt, Spat.) H^{56} 6438 Wunderwürdige] Wundernswürdige H^{56}
6440 dunstiger Nebel] Wolckenwirbel H^{56} 6441—6448 fehlt H^{56}
6442 Geballt, gedehnt umgeziffert H 6443 Und nun g über
Daran H 6449 Das — sich] Nun senkt er sich und H^{56}
6450 im Tact] behend H^{56} 6451 Hier — ihn] Da schweig ich
nun den brauch ich H^{58} 6452 sollte] würde H^{58} vor 6453
Paris hervortretend fehlt, vgl. vor 6479.   6453 C] Ah H^{53} auf=
blühender fehlt, Spat. H^{58} auf blühnder C 41   6455 gezognen g H^{56}
gebognen H^{58} gezogenen H 6457. 6458 fehlt H^{58} 6459 Läßt
doch der Tölpel gleich den Schäfer Knecht spüren H^{58} vor
6466 Überschrift nach Andrer He[rr] H^{56} Kämmrer gegen die
Norm H vor 6468 Derselbe nach Ritter H^{56} 6468 hin=
räckeln nur veraltete Schreibung wie eckel u. dgl. H 6472 natür=
lich ist's] dann ist das Stück H^{56} nach 6472 $1{\normalsize\!}_2$ S leer dann
folgt mit Scenar (vgl. vor 6479) 6487 ff. H^{56} vor 6479 her=
vortretend g über tritt auf H 6479. 6480 ohne Überschrift laß
mich in Ruh Es ist wohl schön doch sagt es mir nicht zu H^{50}
6487 sich — im] ein innrer H^{56} 6488 reichlichstens] vollen Stroms
C 41 vgl. zu 6384.   6490 unerschlossen aus ungenossen H^{56}
6493 nach 6494 aber umgeziffert, dann gestrichen 6494 (Wenn]
Wie) H^{56} 6495 voreinst üdZ H^{56} 6496 In Zauberspiegelung
aus Im Zauberspiegel dort H^{56} 6500 Wahnsinn üdZ H^{56}
vor 6501 (hinter ihm) nach (leise), folgt g^1 Astrolog Sie kehrt
zurück vgl. 6520 und Faust Eifersüchtig vgl. 6514 H^{56} vor 6506
Ritter H^{59} 6506 listig über hold H^{59} 6507 Wie wird [nach
scheint] sie häßlich neben dem Gebild H^{59} reinem über lichtem H^{56}
vor 6508 Ritter H^{59} vor 6509 S[chöne?] H^{59} vor 6510 Der=
selbe fehlt H^{59} 6511 sich über fehlt H^{59} 6512 aus Beneidens=
werther Knabe H^{59} vor 6513 D[ame] H^{59} Duenna nach Dame

H^{56} 6513 Rücks. leer H 6524 Laßt mir fie am Seitenende
abgebrochen H^{56} 6541 schloss sich gewiss ursprünglich an
6515 oder die 1. Fassung 6512 an.   6549 springt zu 6558 Was
Raub! — Ihr Mütter! Mütter! Müßt's gewähren aus Ihr
Mütter! Mütter! Müßt mir das gewähren mit Benutzung des
schon einmal darüber isolirt stehenden Was Raub H^{56}
6550 Führ ich umsonst den Schlüssel H^{60} 6552 her] hier H^{48}
Strand auf den ersten Blick nicht ganz deutlich H^{48} eiliges
Stnd H^{60} Stand HC 41. Strand emendirten schon Lucae und
Koch, Beilage zur Allgemeinen Zeitung 1882 Nr. 294.
6555 aus Und sich das große Doppelreich bereiten H^{60} 6558 müßt's]
müßt H^{48} vgl. zu 6549.   6559 unter 6558. 6559 wo in verwischter
Bleistiftskizze nur noch zu lesen Ein Räuber ists   entbehren H^{56}
erkannt undeutlich $H^{48}H^{60}$ (erst geschaut? H^{80}) H^{58} erkennt
unnütze Änderung C41   der darf] er kann H^{60} der kann $H^{48}H^{66}$
nach 6559 (Bliz und Schlag) H^{48} verwischt etwa Dämmerschein
der Dinge tritt ein H^{60} nach 6563 gehen] gehn H^{56} 6564. 6565
auch g^1 unter dem letzten Scenar ausgewischt H^{56} 6565 dem
Teufel] uns H^{56} g über uns H nach 6565 Johns Ende des
ersten Acts durch gewöhnlichen Schlussschnörkel g ersetzt H

2. Act.

H^1 g^1 auf Couvert (Stempel Gotha 12. September 1827):
6570—6576 H^2 Streifen g (eines Zettels zum „Freischütz"):
6578. 6579, darüber Paralip. Nr. 127.; zwei andre Streifen angesteckt: Paralip. Nr. 128. g^3, auf undatirter Declaration
Beuths Paralip. Nr. 129. g^1 H^3 Fol. g und g^1: 6710—6720, 6744
—6757; Rücks. Trauerreglement des Hofmarschalls v. Spiegel
9. November 1827 und Briefconcept Indem ich nun dieſer
hohen Gnade dancke H^4 Streifen g: 6791. 6792, von mir ab-
gelöst aus Abgesandten Briefen 1827 Fol. 158, darunter Paralip.
Nr. 130. H^5: 6883. 6884 später Eintrag g auf dem alten
Quartbl. g, weimarisches Conceptpapier mit Wasserzeichen
der Krone, enthaltend die frühen Paralip. Nr. 86.—89.
H^6 Fol. g^1: 6989—7000 mit Einordnungszeichen oben, Paralip.
Nr. 133.—139. und dritthalb Z lyrisches Fragment Wenn ich
froh und guter Dinge H^7 Fol. John: 7005—7043 H^8 Doppelfol. John: 7080—7165 (fehlt 7113—7115, 7121, 7124—7129); 7140—
7151 auch auf eingelegtem Quartbl. John $H^{8\,a}$ H^9 Fol. g^1
(Theaterzettel 28. November 1829): 7090—7111 (fehlt 7098.
7099) H^{10} Fol. g^1: 7090—7123 (fehlt 7095, 7097—7099, 7112—7115,
7121) H^{11} Fol. g^1: 7112—7131 (fehlt 7124), 7200. 7201, oben g
Wie leicht als Stichwort 7112, Rücks. Stymphaliden Fauſt
und Chiron vgl. 7199 ff.; dabei ein Streifen g^1 $H^{11\,a}$: 7119. 7120,
7122. 7123 H^{12} abgeschnittner Streifen g^1: 7119—7123 (fehlt 7121)
H^{13} abgeschnittnes Halbfol. g und g^1: 7122—7142 (fehlt 7124), 7239
—7242, zu 7249 ff. H^{14} Fol. g (Theaterzettel 21. Januar 1829):
7140—7148, oben gestrichen Scenar zu 6377 H^{15} Fol. g und g^1
(Theaterzettel 26. December 1829): 7152—7155, 7559—7565,
7843—7846, Paralip. Nr. 133. H^{16} Fol. John und g: 7156—7165,

7185—7190 *g*, 7341—7344 *g* *H*¹⁷ Fol. John und *gg*¹*g*³: 7181—7201,
zu 7249—7252, 7263—7270. 7495—7498 *H*¹⁸ Fol. *g* und *g*¹: 7191—
7198 (fehlt 7195), 7221—7228 (7220—7228 auch skizzirt *H*¹⁸ᵃ), 7551—7573
*H*¹⁹ Streifen *g* und *g*¹: 7202—7209, Rücks. 8106 *H*²⁰ Fol. *g*¹: 7214—
7228, 7337. 7338, 7342. 7343, 7726—7728, Rücks. Scenar vor 7004
*H*²¹ Octavbl. *g*: 7229—7238 *H*²² Fol. *g* und *g*¹: 7239—7248 doppelt
(fehlt 7240—7242), 8034—8041, 8076. 8077, 8275 *H*²³ Fol. *g*: 7239—
7248 (fehlt 7240—7242) und nach zwei weitern Sphinxversen
fortlaufend 7797; 7574—7606 (fehlt 7582—7585) *H*²⁴ Fol. John und
*g*¹: 7239—7248 (fehlt 7240—7242) und nach zwei weitern Sphinxversen fortlaufend 7797—7800; 7831—7846 *g*¹ (fehlt 7842, 7844)
*H*²⁵ Fol. John beziffert 2 (die Skizze 1): Skizze zu 7249 ff.;
7263—7270. zu 7271 ff., 7495—7498, 8034—8041, 8076. 8077, 8275 *H*²⁶
Quartbl. *g*: 7325—7335, 7341—7344, einige verwischte Z *g*¹ wohl
zur Ergänzung s. 7334 *H*²⁷ anderthalb Fol. *g* und *g*¹: 7325—7352
*H*²⁸ Fol. John: 7325—7352 (7345—7352 auch älter *g*¹ *H*²⁸ᵃ) *H*²⁹
Fol *g*²: 7381—7394 *H*³⁰ Fol. *g*²: 7381—7394, Skizze s. zu 7395
*H*³¹ Fol. *g*¹: 7381—7394, Skizze s. zu 7395, aR 7415—7419 *H*³²
Fol. *g*¹: 7434—7460 *H*³³ Quartbl. *g*¹ (Rücks. einer Nürnberger
Ankündigung 20. Februar 1830): 7461—7470 (fehlt 7467. 7468)
*H*³⁴ Quartbl. *g*¹ schöne lateinische Schrift: 7461—7470, Rücks.
7491. 7492 die *H*³⁵*H*³⁶ fehlen; Amtliches *g*¹ Daß ich achtzig Jahr
schon ... um nur einigermaßen zu wissen was zu thun sey
*H*³⁵ Fol. *g*¹ schöne lateinische Schrift: 7471—7494 (fehlt 7491.
7492) *H*³⁶ Fol. Johns Copie von *H*³⁵ mit Correcturen *g*¹:
7471—7494 (fehlt 7491. 7492) *H*³⁷ Streifen *g*: 7511—7513 *H*³⁸
Streifen *g*¹: 7550—7557, 7566—7569 *H*³⁹ Fol. John: 7550—7573,
7606—7621 *H*⁴⁰ Fol. *g* und *g*¹: 7574—7605 (fehlt 7578—7585) *H*⁴¹
Fol. John: 7574—7601 (fehlt 7578—7585) *H*⁴² Quartbl. *g*¹: 7606—
7621, Rücks. Seismos Von Scotusa bis an den Peneus *H*⁴³ Fol. *g*¹:
7676—7695 *H*⁴⁴ Fol. *g*: 7676—7695 *H*⁴⁵ Quartbl. *g*¹: zu 7797—
7800: Rücks. John Artistisches *H*⁴⁶ Doppelfol. *g*¹ (alter
Umschlag Zur Abschrift): zu 7801—7818, Paralip. Nr. 151.
*H*⁴⁷ Fol. *g*: 7801—7979 in kurzer Skizze von 7824 zu 7965
springend, Rücks. 7984. 7985, 7988—7995 *H*⁴⁸ Fol. *g*¹: 7857—

7860, 7973—7979, Paralip. Nr. 152; einiges ganz Unleserliche
H^{49} Fol. g und g^1: 7865—7868, 7965—7969, 8000. 8001, 8023, 8026,
Paralip. Nr. 153. H^{50} Quartbl. John: 7890—7895 H^{51} ab-
geschnittnes Quartbl. John: 7966—7977 H^{52} Streifen g^1 und
g: 7984—7999 (fehlt 7986. 7987), zu 8014—8017 H^{53} abgeschnittner
Streifen g: 8022—8025, 8030. 8031 H^{53} Streifen John: 8034—8042
H^{55} Fol. g^1 und John: 8082—8093, Rücks. John 8331—8333,
Paralip. Nr. 154. 155.; ausgewischtes Briefconcept H^{56}
Fol. g^1: 8094—8123, Paralip. Nr. 156. H^{57} Quartbl. g^1: 8094—
8134 (fehlt 8111—8127) H^{58} Quartbl. g^1: 8110—8127 H^{59} Fol.
John: 8246—8264 (g 8255—8258) H^{60} Streifen g^1: 8265. 8266, 8277
—8284 H^{61} Streifen g^1: 8267—8274 (fehlt 8271. 8272) H^{62}
Quartbl. g^1: 8267—8274 H^{63} Fol. g: 8285—8288 doppelt H^{64}
—H^{66} Quartbll. g^1: 8289—8302 (fehlt 8291. 8292) H^{67} Quartbl.
g^1: 8291. 8292, 8315—8332 H^{68} Streifen g^1: 8303—8312 H^{69}
zwei mit der Nadel befestigte Fol. g^1 (John 8424—8426, 8438—
8443): 8347—8354, 8355—8358, 8370—8378, 8424—8426, 8438—8443, 8426
—8431 und 8432—8444 g^1 später, 8445—8455, 8470—8483, kreuz und
quer, einiges doppelt H^{70} vier Fol. und Quarto John: 8347—
8457 (fehlt 8376, 8402. 8403) H^{71} Fol. g^1 (Theaterzettel 12. Juni
1830): 8359—8378 (8359—8361 doppelt, fehlt 8369, 8376) H^{72}
Fol. g^1: wirr 8424—8426, 8434—8443 (fehlt 8440. 8441), 8466—8469
H^{73} zwei Fol. John Mundum: 8424—8487 H^{74} Heft von 31
beschriebenen Fol. John mit Correcturen g und g^1 z. Th.
paginirt, auf dem Umschlag g Claſſiſche Walpurgisnacht erſtes
Mundum: 7005—8338 (fehlt 7395—7495 Überschrift, 7509—7518
s. u.. 7676—7695, 7813—7816 s. u., 8198. 8199), Paralip. Nr. 150.

H^a Streifen g im Besitz der Frau Rosa v. Gerold Wien:
zu 6983—6987, Paralip. Nr. 131. 132. H^b Sedezbl. g mit
Klebefalzen aus H^{74} im Besitz des Herrn v. Loeper Berlin:
7509—7518, vgl. G. Weisstein, Allerlei von Goethe 1877 Privat-
druck. H^c Streifen g mit Ergänzungszeichen aus H^{74}
S. Hirzels Sammlung Universitätsbibliothek Leipzig: 7811—7816

Hochgewölbtes Zimmer.

6569 so auf Rasur *H*   6570—6576 skizzirt *H*¹:

Noch sind ich alles unversehrt
Die bunten [üdZ] Fenster sind ein wenig trüber [aus
                                        dumpfer [?] vor worden]
Die Spinneweben haben sich vermehrt
Und schau ich nun [?] hinauf hier und hinunter [über
                                        herum herunter]
Die Tinte starrt vergilbt ist das Papier
Erstarrte [nach Die] Tinte [abgebrochen]
Wenn alles auch am Platz geblieben
Doch liegt sogar die Feder hier

6578. 6579 in umgekehrter Folge *H*² als *H*   6579 Vertrocknet
[unter Ein wenig   Tropfen   Restchen] Blut das ich ihm ab=
gelockt *H*²   6587 Rauchwarme] s. Grimms Deutsches Wörterbuch 8², 241 ff. Rauhwarme wohl gemäss im rauhen Vließ 6716
C 41   vor 6592 Er — Pelz und fahren heraus fehlt *I* Act *H*¹³
6592—6603 Langzeilen *IH*¹³   6599 Vater für summend *IH*¹³
6602. 6603 corrigirt aus Im Pelze das Läuschen enthüllet sich ehr
unter Die Laus in dem Pelze sie findet sich ehr *IH*¹³,   vor
6604 kein Name *IH*¹³   6604 junge [über neue] üdZ *IH*¹³
6605 man — Zeit aus so erntet man gewiß *IH*¹³   6606 schüttle
nach noch *IH*¹³   6607 flattert aus fliegt *IH*¹³   hier aus da
*IH*¹³   6609 ihr Liebchen über zuhaufen *IH*¹³   6610—6613
unten nachgetragen *IH*¹³   vor 6612 Skizze *IH*¹³:

Die Last des Alten war [über ist] zu gros
Lebendiges [vor Das Neue] windet sich nicht los
In dieses holen [üdZ Schädel Augenhöle
In staubigen [über diesen] Scherben alter Töpfe
Den Augen Höhlen dieser Köpfe
Im Hohlraum jener [unter Im Augengrund der] Todten·
                                                    köpfe

vor 6616 nimmt den Pelz an *IH*¹³   6644 Den Ersten aus Der
Erste *IH*¹   6647 All über Und *IH*¹   6645 Versammeln]

Verjammlen *IH*[i] 6649 aus Wie leuchtet er dort [üdZ] vom
[aus von dem] Catheder *IH*[i] 6654 Selbſt Fauſtus] Des Meiſters
IH[i] Eckermann über Des Meiſters *H* 6676 Lebt' aus
Lebt *H* 6681 jedem aus jeden *H* 6683 verneinen? *C*41 ver=
neinen, *H* 6688 Rückseite leer *H* 6711 Wie? —] Doch *H*[3]
6713 Spatium fehlt *H* 6716 Noch gehüllt] Eingehüllt *H*[3]
6717 ſchien — zwar] war er ſchon *H*[3] ſchien über war und zwar
über ſchon Eckermann *H* 6718 Als — noch] Ob ich gleich ihn
H[3] corrigirt Eckermann *H* 6719 nichts] nicht *H*[3] 6753 Bald —
zu] Und ſpricht doch nur zu uns als *H*[3] 6756 manchen über
vielen *H*[3] einigen] manchen über vielen *H*[3] *6758—6765, 6770 —
Scenar zu 6772 auch auf der Rückseite, verklebt, mit Ergänzungszeichen nach 6765 *H** 6766 verborgen=goldnem *g* aus
verborgnem *H* 6767 trug über fand aber nicht etwa fort
aus dort *H* vor 6770 gemüthlich fehlt *H*" Zusatz *g H*
vor 6772 zum Parterre Zusatz *g H*" 6785 Gewiß!] Gewiß *H*
6790 hier *g* auf Rasur *H* 6791 darf] muß *H*[4] vor 6792 Scenar
fehlt *H*[4] abſeits Nachtrag Eckermann (auf *g*[1]) *H* *6793—6800
geklebt auf 6793. 6794 und den dann durch 6799. 6800 ersetzten
Versen Und mir verdankt ihr jede Lebenspracht Des Tages Auf-
ruf, das Vertrauen [so] der Nacht *H** 6797 der Tag *g* über
die Welt *H* 6801 Wer — mir *g* über Und ich zuerſt *H* 6814
e'] n' (besser wenigstens 'nen) *C*41 'n *Q* das e' ganz unzweideutig *H* Warum soll Mephisto nicht einmal frank-
furtisch reden?

Laboratorium.

Vor 6819 am Herde Zusatz *g H* 6827 Verſtrahlend] nd
g auf Rasur, aus Verſtrahlet? *H* vor 6832 ängſtlich Zusatz *g H*
6837 's auf Rasur dann kleines Spatium, ursprünglich wohl
in euer *H* 6847 höhern, höhern] Riemer schreibt aR höhern?
verweist aber selbst auf 6856 wahrer, wahrer und fälscht
trotzdem reinern, höhern *C*41 vor 6855 Zum] Wieder zum
unnöthige Erweiterung *C*41 6859 ſie auf Rasur *H* 6863
ſchon,] ſelbſt *H*[5] vor 6903 erſtaunt Zusatz *g H* 6904 Fraun

g aus Frauen *H*   *6910—6920 geklebt auf 6910 (aus Kühlt sich in
diamantbewegter Welle corrigirt *g*[1] folgt Und Ruhe waltet über See
und Spiegel.) — 6912 (Flügel?) und Ein [*g*[1] über Beym] Schwanen:
flug bestürmt die glatte Stille [*g*[1] über Fläche] *H**   6917 Zudring:
lichzahm nachträglich verbunden *H*   6927 reimlos vor Pause
6947 echt gegen ächt normirt.   6950 Nordwestlich *g* aus Nord:
oestlich *H*   6952 fließt — frei *g* über fließt ein reicher Fluß *H*
6954 Gedankenstrich *C* 41 missverständlich aus dem n-Haken
6955 *H*   6955 Pharsalus. — neu *g* aus das alte Pharsalus *H*
6962 heißt's *g* aus heißt *H*   6973 Sinnen:Spiel *g* aus Sinne:
Spiel *H*   vor 6979 lüstern Zusatz *g H*   6983 Versuch! Zusatz
g H   Ten nach Nun auf! *H* *Die Stelle skizzirt *H*ᵃ:

H[omunculus].

Du darfst dich nur bequemen
Mir hinten[nach] den nächsten Weg zu nehmen
Ich schwebe vor [üdZ] du packe diesen ein
Der alte [über leichte] Mantel mag das Flugwerck seyn*
6986 dem] den radirt aus dem was *g*[1] wiederhergestellt *H* nicht
zu übersehen da ja nach älterer Skizze Wagner mitfahren
sollte.   6991 eins — andre unter an einander *H*⁶   6994 Entdeck']
Ersatz *H*⁶   *6994—6998 erst skizzirt *H*⁶ᶜ:

Gold Überfluß, lang gesundes Leben
Und [nach Und Tu] will uns Gott auch Tugend [geben]
Ich setze dir das Tüpfchen auf das i
Da ist ein Buchstab und uns fehlt es nie
6995—6998 oben nachgetragen *H*⁶*   6998 Gedankenstrich üdZ
g H   6999 betrübt fehlt *H*⁶   7001 Nun — Pencios *g* mit
Rasur aus Und nun zum Peneus *H*   7004 Rückseite leer *H*

Classische Walpurgisnacht.

Pharsalische Felder.

Vor 7005 (Erichtho] Erichto usf. Hss.   Isolirtes Scenar Die
Pharsalische Ebne Mond und Sternhelle Nacht Erichto Zelte Bi:

vonaes als Nachgesicht (vgl. 7011) H^{20} 7005 Schauderfeste] Trauer=
feste $H^{74}H^7$ aus Trauerfeste Rasur H 7008 die Puncte einge=
fügt g H^7 usf.   7012 wiederholt' ist als sinnvolles Praeteritum
nicht mit C^1 in wiederholt zu ändern.   7019 Gewaltigerem]
Gewaltigstem g aus Gewaltigem H^{74} Gewaltigstem H^7 aus Ge=
waltigstem g H 7022 Blüthentag] tag g über kranz H^{74}
7023 Dem — lauschend g aus Ausschlag des Zünglins forschend
H^{74} 7025 Wachfeuer g^1 aus Wachtfeuer H^7 7026 Wider=
schein gegen Wiederschein normirt.   7027 von] vom verschrieben
H^{74} nach 7039 Entfernt sich Zusatz g^1 H^{74} 7042 in g aus
im H^{74} 7044 Fenster] Fenster,   7045 Graus,] Graus   7049 vor]
von H^{74} 7052 schreiten!] ziehn, und H^{74} über ziehn, und g H
7058 eh' es] ehs H^{74} über ehs g H 7063 Doch — nicht] Doch
besser wünscht ich nichts H^{74} corrigirt g H 7065 sein g üdZ H^{74}
     Abentheuer gegen Abenteuer normirt.   nach 7069 Ab fehlt
7077 ein Antäus] nun ein Antens H^{74} corrigirt g H nach 7079
Entfernt sich Zusatz g halbe S leer H^{74} vor 7080 umherspürend
Zusatz g H^{74} 7080 diese — durchschweife] spürend [g über auch
so IH^{56}] hin und wieder schweife $IH^{56}H^8$ corrigirt g H^{74}
7083 Sphinxe] Sphynxe öfters corrigirt H unter 7083 Er=
gänzungszeichen für die einzuschiebenden aber wieder ver=
worfenen Verse (doppelt: g^1 ausgewischt und g) Paralip.
Nr. 158. H^{74} 7085 die Puncte erst H^{74} usf.   7090 Ein widrig]
Verfluchtes H^9 mich'S] mich H^9 nicht fehlt durch Versehen H^{10}
7091 Als fremder Gast sie freundlich zu begrüßen H^9 7092 Glück=
zu aus Glück zu g H Fraun] Frauen H^9H^8 aus Frauen g H^{74}
     den fehlt H^9 vor 7093 schnarrend fehlt H^9H^{10} 7093 hört]
hat H^8H^9 hort H^{10} g über hat H^{74} 7094—7099 grössten=
theils g H^8 7094 Jedem — klingt fehlt H^9 7095—7097 un=
deutlich H^9 7095 fehlt H^{10} 7096 griesgram fehlt H^{10}
üdZ g^3 H^8 7097—7099 fehlt H^{10} 7097 g aus Etymologisch
klar auf gleiche Weise H^8 7098. 7099 fehlt H^9 7098 uns g^3
über gleich H^8 7099 das g über euch H^8 im über dr[inn?]
H^8 vor 7100 keine Überschrift H^9 wie — fort fehlt
$H^{10}H^8$ Zusatz g (so fort über fort) H^{74} 7100 skizzirt Denn

gewiß [Spat.] ist erprobt H^9 Natürlich!] Sehr gern denn H^{10}
corrigirt H^n 7101 mehr jedoch] meistens doch H^9 7102 Johns
Vertauschung Kronen, Mädchen corrigirt g H^8 7103 Greifenden
— meist] Greifen manchmal ist undeutlich H^9 vor 7104 Am.
kolossal H^9 Ameise[n] kolossale H^{10} 7104 wir hatten] ich hatte H^9
ich hatte aus ich habe H^{10} hatten aus haben H^8 7105 Und
zwischen Felsen und [üdZ] Hölen [üdZ] eingerammelt H^9 Fels=]
Fels H^9 7106 Das — hat's] Der Arimasp dort hat es $H^9 H^{10}$
hat's aus dort hat es H^8 7107 Und weiß ich nicht wohin
geführt H^9 Mit seinem Volk weis nicht wohin geführt H^{10}
vor 7108 Greife neben Chor der Arimaspe H^{10} 7108 sie] ihn
$H^9 H^{10}$ vor 7109 Arimaspe im Chor H^{10} 7109 Nur heute
nicht in freyer Jubelnacht H^9 Nicht heute zur frohen Jubelnacht
aus Nur heute nicht zur Jubelnacht H^{10} zur freien mit Rücksicht auf 7109 wegen möglichen Missverständnisses in freier
geändert C 41   7110 ist's fehlt H^{10} ist H^9 alles durchge=
bracht] schon weit hinweg gebracht $H^9 H^{10}$ weiter weggebracht H^8
aus weiter weg gebracht H^{74} 7111 Ich dencke diesmal soll es
doch gelingen H^9 *7112—7115 fehlt H^{10} nur die Überschrift
und flüchtig g^1 7112 H^{8*} vor 7112 Sich zwischen die Sphinxe
setzend H^{11} 7112 Leicht werd ich mich hierher gewöhnen H^8
daraus — fehlt und gern — H^{11} 7116 Sag deinen Namen
daß wir dich erkennen H^{10} g^1 unter Wie nennst du dich wenn
wir dich auch nicht kennen g Sag deinen Namen daß wir dich
erkennen John H^8 Jetzt] So $H^{11} H^8$ bis] eh H^{11} *7117—
7132 (7133—7139 s. u.) fortlaufend (auf einem beiliegenden
Streifen g^1 7119. 7120 und in Fassung von IH^{56} 7122. 7123) III^{36}:

In welcher Sprache weis doch selbst nicht wie
Sind Britten hier sie reisen sonst so viel
Mag seyn jedoch [üdZ g^1] In ihrem [ältsten] Bühnenspiel
Im ältsten tret ich auf [g^1 über Erschein ich ich oft] als *old
Iniquity*

Sphynx
Du brauchst fürwahr dich nicht zu übersetzen
Als alten Schalck weiß man dich wohl zu schätzen.

Meph
Gebt mir ein Räthsel, aus dem tiefsten Schrein

Sphynx
Sprich nur dich selbst [üdZ *g*] das wird [ein] Räthsel seyn*

7117 undeutlich *H*[11] Weis auch [über doch] ein Sphinx nicht alles
zu benennen *H*[10] über letzterer Lesart undeutlich *g*[1] Man ist
gewöhnt vielartig mich zu nennen *H*[8]   7118 Sie] die *H*[10]*H*[11]
7119 Schlachtfelder auszuspüren, aber Wasserfällen *H*[10]   7120 Ge=
stürzten vor Verfallnen *H*[10]   7121 fehlt *H*[10]*H*[12]*H*[8] nach 7122
aber umgeziffert *H*[11]   für — Ziel] ein Spas für sie *H*[11]
*7122. 7123 aus ganz verwischter älterer Fassung *H*[11] Mag seyn
jedoch in ihrem Bühnenspiel Im ältsten tret ich auf als *old ini-*
quity H[12]*   7122 Sie — Im] In ihrem *H*[10]*H*[8]   7123 Saß —
dort] Da tret ich auf *H*[10]*H*[8]   7124—7129 fehlt *H*[8]   7124 fehlt
H[11]*H*[13] Zusatz *g H*[74]   7125 Mag sein fehlt *H*[11]   7126 ge=
genwärt'gen] ernsten nach Zauber *H*[11]   vor 7127 aufschauend
fehlt *H*[11]*H*[13] Zusatz *g H*[74]   7127 unter Der Mond scheint hell
und 1¹₂ ausgewischte Z *H*[11]   Stern, beschnittner] Stern der *H*[11]
Sternen voller *H*[13] daraus corrigirt *g H*[74]   7128 trauten
fehlt *H*[11] über warmen *H*[13]   *7130. 7131 nachträglich *g*[1] mit
Ergänzungszeichen in der Lücke (s. o. zu 7124) Vernünftig
reden Liebchen wäre Schade Gib nur ein Räthsel allenfalls Cha=
rade *H*[8]*   7130 Hinauf fehlt *H*[11]   wär' — Schaden] wäre Schade
H[11] corrigirt *H*[13]   7131 Gib du ein Räthsel wär es auch Cha=
rade *H*[11]   gib über wohl *H*[13]   7132 reimlos, unten Dreireim
Sprich nur ꝛc abgebrochen *H*[13]   schon üdZ *g H*[8]   7133 ein=
mal] es nur *III*[56] *g* über es nur *H*[8]   7135 *g* nach Gefecht zu
exerciren *III*[56]   ein aus einen *III*[56]   7138 Den — nicht] Was
will er [über uns] hier [über der] John *III*[56]   vor 7140 kein
Scenar *H*[18]   brutal fehlt *H*[8] Zusatz *g H*[74]   7142 milde fehlt
H[14]*H*[8] Zusatz *g H*[74]   7143 dich'ß] dich *H*[14]   doch] nicht *H*[14]
7146 appetitlich] hübsch von *H*[14]   7147 mir Grauen] mir grauen *H*[14]
aus mich grauen *g H*[8]"   7148 Du Falscher abgebrochen *H*[14]
zu deiner *g*[1] aus zur *H*[8]"   7149 Tatzen *g* über Klauen *H*[8]"

7150 Dir — verſchrumpftem] Mit dem verſchrumpften ($H^{8\,\text{"}}$ aus
Ein Ritter mit dem) $H^{8\,\text{"}}H^{8}H^{74}$ corrigirt g^{1} H 7151 Gehörſt
du nicht in unſern Bund aus Verträgt ſich nicht mit unſerm
Bund $H^{8\,\text{"}}$ es] dirs $H^{8}H^{74}$ über dirs g^{1} H unſerem $H^{8}H^{74}H$
folgt Sirenen Sphinxe $H^{8\,\text{"}}$ vor 7152 Sirenen — oben fehlt
$H^{15}H^{8}H^{74}$ eingeſchoben g H 7152—7155 g H^{8} 7153 Des
Pappelſtromes] Der Peneus Pappeln (oder Peneuspappeln)
$H^{15}H^{8}H^{74}$ daraus g H unnütz emendirt Der Stromes=
Pappeln C 41 7155 ſolch — Sang aR für ſchon der [oder das]
Sch H^{16} ſchon fehlt H^{15} 7160 geziemet es g^{1} aus ge=
ziemt es den H^{16} *7161—7180 eingelegtes Bl., auf dem näch=
ſten oben geſtrichen 7160—7165 H^{74}* vor 7161 ſie — Melodie
fehlt $H^{16}H^{8}$ in — Melodie fehlt H^{74} Zuſatz g H 7171 Will=
kommnen] Willkommenen H^{74} Willkommen C 41 (nicht $C^{1}Q$)
7172—7174 nach 7177 aber umgeziffert g H^{74} 7179 Ein —
verſchrumpfter g aus Vom ledernen verſchrumpften H^{74} 7180 dir
g über euch H^{74} vor 7181 herantretend fehlt H^{17} g (heran
über auf) H^{74} 7181 das Anſchaun aus der Anblick H^{17}
7183. 7184 g H^{17} nach 7184 Auf — bezüglich uſf. fehlt H^{16}
g^{3} (im Folgenden ohne bezüglich) H^{17} Auf die Sphinxe deutend
uſf. C 41 7186 hänſnen fehlt H^{16} g üdZ H^{17} 7191—7194 die
Mephiſtorede gehörte nach H^{18} und da 7191 ſich dort un=
mittelbar an 7190 anſchlieſſt auch nach H^{17} dem Fauſt. H^{18}:

Solch Ungeheuer hätt ich verflucht
Das Unvernünftige ſcheint unmöglich
Da wo man die Geliebte ſucht
Selbſt Ungeheuer ſind erträglich

vor 7195 keine Überſchrift $H^{18}H^{17}$ 7195 fehlt H^{18} 7196
doppelt H^{18} eins — Euren] feins der Euren $H^{5\,\text{"}}$ aus Eurer
keines H^{16} 7198 letzteſten hat aus letzten hat noch H^{18} er=
ſchlagen über verfolgt H^{18} 7200. 7201 iſolirt H^{11} wo Rücks.
Stymphaliden Fauſt und Chiron 7202—7213 angeklebt H^{74}
7202 auch] gar H^{19} g über gar H^{74} 7203 Wie über Denn H^{19}
7205 dir's g aus dir H vieles] manches H^{19} 7207 du über
dich H^{19} zu unſern] in unſre H^{19} 7208 Dich ans über An

das H^{19} vor 7214 verdrießlich fehlt H^{20} 7214 krächzt]
jauzt H^{20} g aus kräht H^{74} 7213—7220 nachträglich H^{20}
7219 kaum] nur H^{20} g über nur H^{74} 7220—7228 ungefähr
6 Verse ganz verwischt Rücks. vor 7221 ff. H^{18a} 7220 raschen]
wilden üdZ H^{19} 7221 fehlt H^{18a} Sie meinenz gut mit [Spat.]
Gruß H^{18} neben Es ist H^{20} 7222 und fehlt H^{18} 7223 Sie
— gern] Gar gerne möchten sie $H^{18} H^{20} H^{74}$ corrigirt g H
7224 erweisen] beweisen $H^{18} H^{20}$ vor 7225 wie verschüchtert fehlt
$H^{18} H^{20}$ 7225 skizzirt Auch anderz Zeug stammvermandt H^{18}
andrez] ander H^{20} zischt über stimmt H^{20} drein] ein H^{20}
brinn C 41 (drein Q) 7226 skizzirt Diese laß [darüber sey]
dich nicht bange H^{18} 7227 Ez — Köpfe] Die Köpfe sind ez H^{19}
7228 Getrennt vom Leibe [Leibe fehlt H^{20}] glauben sie waz zu seyn
$H^{18} H^{20}$ 7229 waz — nur aus mir waz soll H^{21} 7231 Be=
gebt über So macht H^{21} 7233 Wendehalz] Windehalz $H^{21} H^{74}$
aus Windehalz g H 7236 von John übersprungen, eingeschoben g H 7238 unter Mit Pferdefuß läßt sich dort alles
wagen H^{21} *7239—7248 (7239—7242 isolirt H^{13}) ohne 7240—7242
hatte nach H^{22}—H^{24} ursprünglich andre Stelle, nach Me-
phistos Rückkehr, verbunden mit 7797—7800. H^{23} bietet
(H^{22} geht mit bis 7248):

Meph
Ihr seyd noch hier? [sitzt H^{22a}]

Sph
Daz ist nun unsre Lage
So gleichen wir die Mond und Sonnentage [zählen M. u.]
 ewog H^{22a}]
Sitzen vor den Pyramiden
Zu der Völcker Hochgericht
Überschwemmung Krieg und Frieden
Und verziehen kein Gesicht. [Nicht verziehn wir daz
 G. unter Und verz H^{22}]
Sehr eilig hast du dich benommen
Und bist wohl übel angekommen

Meph.

Ich gieng — Ihr laßt euch nicht belügen
Mich ein Momentchen zu vergnügen
Doch hinter holden Maskenzügen
Sah ich Gesichter daß mich's schauerte
Gar gerne ließ ich mich belügen
Wenn es nur länger dauerte.

Diese Fassung H^{23} ist copirt H^{24} (aber Ihr seyd noch hier
gestrichen Und respectirt vor Das ist nun aus nur regeln
über gleichen Ich — belügen gestrichen Mich — vergnügen
geändert Das war ein allzukurz Vergnügen Bald über Doch
womit also die spätere Anordnung herbeigeführt wird H^{24})
vgl. u. 7797 H^{43*} vor 7240 Sphinxe] Sphinx HC41 ungenügende
Auflösung des früheren Sph denn es ist von 7245 an Chor.
7240 Mische dich] geh nur hin H^{13} 7241 längst] schon H^{13}
7242 unsereins in] unsre Tazze H^{13} 7248 Rücks. leer H^{74}
    Vor 7249 Peneios auf Riemers Vorschlag normirt für
Peneus H Peneus und [die] Nymphen g H^{74} 7249—7252
skizzirt — als Scenar? — g und g^1 Schilf und Rohr Gelispel
Säußeln der Weidengesträuche der Pappelgezweige (isolirt Die
Büsche rechts [?] des Peneus) $H^{17}H^{23}$ Das Schilf und Rohr Gelispel Das Säuseln der Weiden und Pappel Zweige H^{13} dazu
verwischt Faust am Peneios Was will es helfen Das alles
hat einst .... Sch. wie die Welt .. Göttl. Ursprung Ledas
Traum H^{13} 7260 menschenähnlichs] menschlichähnlichs über-
sehener Schreibfehler Johns H gegen die Vorlage H^{74}
7263—7270 Langzeilen $H^{17}H^{25}$ 7263 geschäh'] geschieht H^{25}
aus wär es H^{17} 7265 Kühlen] Rohr aus Rohre H^{17} 7266 Die
ermüdeten [über schmachtenden] Glieder H^{17} 7267 immer] ewig
H^{17} 7268 Dich meidenden] entbehrtesten H^{17} 7269 säuseln] säus-
len H^{17} 7271 — vergl. o. H^{13} — Skizze H^{25} Faust (am
Peneus) Noch ist ihm nicht geholfen Alles hat nicht an sie
herangereicht Deutet auf eine wichtige Vorwelt Sie aber tritt in
ein gebildetes Zeitalter Göttlichen Ursprungs Lebhafte Erinnerung
Leda und die Schwäne 7287 watend] wadend H^{74} 7309 regem

aus regen H^{74} 7312 Nur — die g aus Und nur an H^{74}
7313—7324 nachträglich Rücks. fol. 10 H^{74} 7315 mir'z $C41$
mir $H^{74}H$ 7317 nur g über doch H^{74} 7319 dröhnt'] dröhnt $C41$
7325 Da kommt ein Reuter [Reiter H^{27}] hergetrabt $H^{26}H^{27}H^{28}$
corrigirt g H^{74} 7326 Geist und über hohem H^{26} 7327 Vom
blendend=weißen H^{26} 7329 Philyra] Phylira H^{26} aus Phylira
H^{27} 7332 bitte] bitt ich $H^{27}H^{28}$ g aus bitt ich H^{74} 7333
kann ich] kannst du $H^{26}H^{27}$ g aus kannst du H^{28} 7334 fehlt,
aber an der Spitze der verwischten Zeilen g^1 H^{26} 7335
durch g üdZ H vor 7336 aufsitzend fehlt $H^{27}H^{28}$ Zusatz g
H^{74} 7338 Der soviel Helden seinem Ruhm erzog H^{20} 7341
Daz — wir aus Wir lassen daz H^{16} 7342 Der Paedagog
kommt nie zu ehren H^{16} Als Mentor kommt Minerva nicht
zu Ehren $H^{20}H^{27}$ Als Mentor kommt selbst Pallaz [s. P. g
über Minerva] nicht zu Ehren H^{28} daraus g^1 H^{74} 7343
Am Ende abgebrochen H^{20} 7344 nicht] darüber g^1 un
H^{74} 7345—7348 g^1 überschrieben Faust (will ihm alz Arzt
schmeicheln) H^{28}"   7346 Der Wurzeln Kraft am allertiefsten
kennt H^{27} Der Wurzeln Kraft inz Tiefste kennt H^{28}"   7347 Dez
Sehers Geist der vor und rückwärts strebt [nicht schafft] H^{27}
Den Seher Geist der innre Kräfte schafft H^{28}" Lindrung] Lin=
derung H^{28} 7348 Umfaß ich hier in seiner höchsten Kraft
$H^{27}H^{28}$"   7352 Wurzelweibern] alten Weibern H^{27} nach
7352 grosses Spatium, unten g^1 Biz zu Manto H^{28} 7357—7380
eingeklammert (Johns Schrift, Klammern g) H^{74} 7383—
7386 unten H^{30} 7383 nie] nur H^{30} 7384 Noch] Auch H^{30}
Arez] Mars und $H^{29}H^{30}$ Mars noch $H^{31}H^{74}$ g über Mars,
noch H 7389 Dem ältern aus Nur seinem H^{29} 7390 Und
auch über So wie H^{31} Fraun aus Frauen H^{74} 7391 Die
Erde bringt ihn so nicht wieder $H^{29}H^{30}$ nach Skizzen Die
Erde bringt ihn so nicht wieder Olymp [Spat., darüber das
Gleiche] ein $+$ 7393. 7394 $+$ Nicht Gäa zeugt sich solche wieder
Zum Himmel hebt H^{31} Gäa] Änderung Gaia annullirt H
7392 So der [nach keinen H^{30}] Olymp nicht wieder ein H^{29} und
undeutlich aus So zum Olymp geht keiner ein H^{30} 7393. 7394

nach gestrichner undeutlicher Fassung II[29]   7393 müſſen
ſich] preiſen ihn II[29]"   *7395 — Scenar Am obern Peneios
wie zuvor vor 7495 fehlt II[74] (über 1½ S leer); beabsichtigt
war nach II[30]II[31] (vgl. II[32] 7460) raſche Ankunft bei Manto;
II[30] (Rücks., vorn nachträglich Halt unter 7394):

    C[hiron]
     Halt

        F[auſt]
         Halt warum [Ergänzungszeichen]
           C[hiron]
           Halt hier nicht weiter
        Hier ſuchet euch was andres aus
II[31]: C[hiron].
     Halt
        Fauſt
        Warum Halt?
           C[hiron].
           Ein Wort in größter Eile
       Nie ſtreif ich an dieſem Platz vorüber [aus
                       verweile]
    So halt ich an. Hier hier

dazu ebenda eine Skizze Halt Und warum? [denn halt] [Ein
Wort in Eile] Ein Einzig Wort Hier wo ich wegen des Rückwegs
eile So oft [Spat.]] jederzeit ſverweile Der Unglückſeligen zur
größten Zeit und In der größten Eile Daß [?] ich an dieſem
Platz verweile vgl. 7449 ff. Aber II[31] verräth ſchon die Erweiterung
über das vorläufige Mundum hinaus, da es 7416—7419
enthält.*   7416 Räuberfauſt] Räuber Hand H[21] g aus Räuberhauf
II   7418 ſtürmten] eilten II[31] [7424 lieblich-flug] = g II
7426 zehen] ſieben IIC41 aber dieſe Lesart ſteht und fällt mit
8850, wo für C4 Göttlings Änderung ſiebenjährig durchgedrungen
war; Goethes Widerruf bei Eckermann (ſ. u.) trifft
auch unſre Stelle, die der Dichter im Gegenſatz zu 6530 mit

Rücksicht auf Göttling abgefasst hat; verwischt wird
höchstens eine im allgemeinen Spott enthaltene esoterische
Neckerei gegen Göttling in Chirons Antwort über die
Philologen. Die Streitfrage kannte Goethe schon aus Hede-
richs Lexicon Mythologicum, seinem Handbuch. ſeh',] ſeh
Philologen] Philologen, g¹ und Eckermann aus Mythologen
II 7433 G'nug g aus Genug *II* 7436. 7437 oben nachgetragen
*II*³² 7436 Selbſt über Auch *II*³² 7437 corrigirt aus ? *II*³²
Errungen] Endsilbe undeutlich *H*³² Erungene verschrieben
John *II* 7438 ſehnſüchtigſter aus ſehnſüchtiger *II*³² 7440 ewige
über einz[ige] *II*³² 7441 hehr über gros *H*³² 7442 heut
über jetzt *II*³² 7443 Dir ſchien ſie reizend mir erſcheint ſie
ſchön dazu verwiſchte Andeutung unſerer Lesart *II*³² 7444
ſtreng] ſo *II*³² 7447 wohl] doch üdZ *II*³² 7448 Nun vor
Doch *H*³² Glücke] Glück *II*³² vgl. zu 7449 7449 wenig über
einen *II*³² Augenblicke] eigentlich Augenblick *H*³² 7450 vor-
zutreten] anzutreten *II*³² 7453 über Die einzige Sybille s. u. *H*³²
7455 Die — aus] Mir einzig lieb aus über Die einzige von *II*³²
Sibyllen] Sybillen *II*³² 7456 wohlthätig] menſchlich *II*³²
7457 Ihr — wohl] Es [aus Da] findet ſich *II*³² 7458 Mit
Wurzelkräften] Wohl eine Wurzel *II*³² von Grund udZ· *H*³²
nach 7460 C[hiron] Halt *II*³² vgl. 7462 und 7395. 7464 g unter
In weit und breit Gewäſſer mich gebracht *II*³³ 7465 trotzten]
ſtoßen über kämpften *II*³³ unten Hier Rom und Griechenland im letzten Streite *II*³³ 7466 Peneios — links] Am [vor
7465 ſkizzirt Den *II*³³] untern Penens *II*³³*II*³⁴ corrigirt g *II*
7467. 7468 fehlt *II*³³ 7470 ewige] klare über helle *H*³³ vor
7471 inwendig fehlt *II*³⁵ Zusatz g¹ *H*³⁶ Schreibfehler Bewegung
corrigirt g *II* 7475 Nur — Augen] Die Augen nur *H*³⁵ corrigirt g¹ *II*³⁶ vor 7476 erwachend fehlt *II*³⁵ Zusatz g¹ *H*³⁶
7476 Willkommen] Wilkomm *H*³⁵ 7480 zu — erfreut aus ich
kreiſend mich erfreue *H*³⁵ 7486 wo vor zu *II*³⁵ 7488 Den —
der aus Ich liebe wer *II*³³ nach 7488 iſt nach ab *II*³⁵ weg]
entfernt *II*³⁵ vor 7489 Manto (zu Fauſt) *II*³⁵*II*³⁶ nach 7490
Strich g² *II*³⁶ 7491. 7492 fehlt *II*³⁵*H*³⁶ 7492 geheim aus

geheimem H^{34} nach 7494 Sie — hinab fehlt $H^{35}H^{80}$ Zusatz
g H $^3/_4$ S leer H

Am obern Peneios.

Neben 7495, 7523, 7550, 7574, 7602, 7626, 7654, 7696 g^1 die
Ziffern 1—8 H^{74} (stimmt zu den S in H)   vor 7495
Scenar fehlt H^{17} Am — zuvor fehlt H^{25} Zusatz g als
Parenthese neben Sirenen, aber hinaufgezogen, vgl. zu 7295
H^{74} 7495 Peneios] des Peneus $H^{17}H^{25}H^{74}$ g corrigirt H
7496 Da noch gilt es plätschernd schwimmen H^{17} aus Da noch
ziemt es plätschernd schwimmen H^{25} 7497 unseligen] unzähligen
(zweimal da g auf g^1) H^{17} g aus unzähligen H^{25} unter 7497
Erdbeben s. u. H^{17} 7502 Würd' g aus Wird H^{74} 7505 Grund
erbebt] Bebt der Grund H^{74} daraus g gemäss Riemers Vorschlag
aR H *7509—7518 fehlt H^{74} aber man sieht Spuren angeklebter Ergänzung, gewiss: H^b 7511—7513 aufgeklebt
auf Fassung H^a John H^* 7511 Blinkend] Blizend H^b
7512 An das Ufer spielend schwellen H^bH^a 7513 Da] Ja H^b
aus Ja H^a 7514 Uns auch $C^1$41 Q Und C 41   7516 Erde-
Beben] Erde Beben aus Erdebeben (nicht Erderbeben) H^b vor
7519 brummend g über bauend H^{74} 7519 Einmal noch g aus
Noch einmal H^{74} 7526 Wider aus Wieder H 7534 Kreißen-
den] Kreisenden $H^{74}H$ wir führen der Klarheit zu Liebe die
üblichere Schreibung durch.   7546 Koloſſal-Karyatide C 41
7551—7573 unten mit Zeichen nachgetragen H^{18} 7554 eure]
diese H^{38} 7555 In — reinem aus Im prächtigen H^{18} *7559
—7565 Skizze H^{15}:

Ahnen
Wenn wir die Gegend umgewühlt
Mit Pelion und Oſſa Ball geſpielt
Und übermüthig mit Titanen
[Spatium]
Und ſetzten ſie wie eine Mütze
Dem grämlichen Olympus auf*
7559 betrug] gefühlt $H^{18}H^{39}$ 7561 als — ſchlug] wie [über

als] mit Ball geſpielt *H*¹⁸ Ball [nach wie mit] geſpielt *H*³⁹
*7562—7565 *H*¹⁸*H*³⁹:

Die Alten lächelten vom düſtren Sitze
Da [über Als *H*¹⁸] nach dem heißen Spiel zuletzt
Wie frevelhaft als eine Doppelmütze
Sie dem Parnaſſus aufgeſetzt.*

7563 noch *g* über ganz *H*⁷⁴   7566—7569 *H*³⁵:

Nun Thronen ſie auf ihren Sitzen
Apoll mit ſeiner Muſen Chor
Selbſt Jupitern mit ſeinen Blitzen
Schob ich den Seſſel hoch empor

7569 Hob *g*³ aus Schob *H*¹⁸   7570 Jetzt] Und *H*¹⁸*H*³⁹   7572
fordre *g* *H*¹⁸ fordere gegen dieſe Vorlage John *H*³⁹*H*⁷⁴*H*
7574. 7575 über Uralt ſey das Gebürgte *H*⁴⁰   7577 dem Boden
aus der Erde *H*⁴⁰*H*²³   *7578—7581 (Seitenende) nachträglich
unter 7605 mit Überſchrift Sphinx *H*²³   7578—7585 fehlt *H*⁴⁰
fehlt — aber Zeichen *g*¹ unter 7577 — *H*⁴¹*   7579 drängt]
bringt *H*⁷⁴   7580 aus Darnach wird ſich ein Sphinx nicht kehren *H*²³
7581 uns — heiligen aus uns an unſerm (erſt geändert unſern
heiligen) *H*²³   7582.—7585 fehlt *H*²³   7586 Wie über Schnell
*H*⁴⁰   7589 über So ſeyd ihr droben *H*⁴⁰   7590 neben Nur
eilig *H*⁴⁰   7591 ſolchen] dieſen *H*⁴⁰*H*⁴¹*H*²³   7592 jedes Bröſelein]
auch ein Bröſelein über doch das Wenigſte *H*⁴⁰   7593 Werth]
Werth's *H*⁴⁰   7598 ſchon geſtrichen nach 7595 *H*²³   All über
Sehr *H*⁴⁰   müßt] ſollt *H*²³"   7604 Sind aus Die *H*⁴⁰   7613 der
über ein *H*⁴²   7614 Zwerg] Zwerg' *H*C41   raſch zum] gleich im
*H*⁴²   7616 ob — gleicher] obs auf gleiche *H*⁴²*H*³⁹ corrigirt *g* *H*⁷⁴
unter 7621 *g*¹ Kraniche (s. 7661) *H*³⁹   7622—7625 *g* angeklebt
*H*⁷⁴   7649 von John überſprungen, *g* aR *H*   nach 7675 Zer=
ſtreuen — Lüften fehlt *H*⁷⁴ Zuſatz *g* *H*   *7676—7695 *H*⁴³*H*⁴⁴
fehlt *H*⁷⁴   ſammt der Überſchrift zu 7696 nachträglich eingeſchoben Fol. 80 (80² leer) mit Vermerk *g*³ auf Bl. 79² *NB*
Gegenüberſtehendes gehört voran *H**   vor 7676 in — Ebne
fehlt *H*⁴³ verlegen *H*⁴⁴ Zuſatz *g*³ gemäſs der alten Überſchrift
zu 7696 *H*   7676 unter Die Hexen wußt ich wohl zu meiſtern

Mir ists nicht recht mit solchen fremden Geistern H^{43} nor-
dischen] nordischen H^{43} 7677 just] recht H^{43} diesen neben den
über solchen H^{43} 7678 aus Auch ist der Blocksberg ein bequem
Local H^{43} Änderung g^1 Mir bleibt der Blocksberg ein b. s.
wieder ausgewischt H 7679 man] es H^{43} über es H^{44}
7682 schnauzen] schnarchen H^{43} 7683 unter Doch uns zur Last
ist schon genug getahn Doch hier man weis nicht wo man
steht H^{43} unter Doch eben so ist uns genug gethan H^{44}
7684 Wer — nur] Wer aber hier weiß aus Hier aber weiß man
H^{43} er über man H^{43} 7686 lustig] lüstern H^{43} über
lüstern H^{44} 7688 zwar — nennen] ich möcht ihn gern den
zweyten Blocksberg nennen ohne Ersatz H^{43} zwar über
Doch H^{44} 7689 jedoch fehlt H^{43} üdZ H^{44} 7690 Hier abwärts brennen manche Feuer H^{43} zuckt über brennt H^{44}
7691 Versuchen wir das Abenteuer H^{43} 7692 lockend, weichend]
immer H^{43} weichend über immer H^{44} 7693 gaukelnd fehlt H^{43}
der aus das H^{43} 7694 drauf] zu H^{43} über zu H^{44} Allzu
fehlt H^{43} üdZ H^{44} 7695 Wo — man] Man läßt es nicht und
unter Sucht unser eins H^{43} vor 7696 Mephistopheles] den
Mephisto H^{74} nach] in der Ebene nach H^{74} nach in der Ebene H
s. oben zu 7676. 7702 ziehen,] ziehen; C 41 7703 Punct fehlt
C 41 vor 7710 stillestehend H^{74} 7716 erwidern normirt.
7722 Nur zu] Hör auf H^{74} g über Hör auf H vor 7726
keine Überschrift H^{20} 7726 auffällige Assonanz für Reim.
Man hat sogar Quatrains herstellen wollen, während Sauppe,
Goethiana. Gottingae 1870 p. 17 um ihn mit Scherzen vermuthet, ebenso Düntzer. 7729 bei ungewissen] mit un-
gewissen H^{74} 7741 leider g aus lauter H^{74} 7743 biß —
immer] zum Peneus immer H^{74} g geklebt H 7746 hab' ich g^1
über seht mir H^{74} 7750 eräugnen] ereignen C 41 7771
Puncte g üdZ H^{74} H 7775 g aus Die Schlange nach des
glatten Zopfs H^{74} 7777 pack aus packt H^{74} 7778 als —
Kopf g aus statt des Kopfs H^{74} 7785 schwebet] schwebet!
C 41 7786 Blitzartig über Dem Blitz gleich H^{74} Flugs]
Flngs, C 41 7787 eingedrungnen] eingedrungenen John H

gegen H^{74} vor 7791 ſich ſchüttlend fehlt H^{74} Zuſatz g H
7795. 7796 g aR H^{74} 7797—7800 vgl. zu 7239 die Varianten
H^{22}—H^{24} H^{45}:

S[phinx]

Sehr eilig habt ihr euch benommen
Ihr ſeyd wohl übel angekommen

M[ephiſtopheles]

Ich ging ihr laßt euch nicht belügen [undeutlich]
Doch hinter holden [über ihren] Maskenzügen
Sah ich Geſichter daß michs ſchauderte
Ich laſſe mich gar gern betrügen
Wenn es nur länger dauerte

*für 7801—7818 H^{46}:

Bin [ich] denn gar in fremden Landen
Iſt hier ein neuer Berg entſtanden

Creas

7811 Komm hier herauf mein Fels iſt alt
7812 Und von urſprünglicher Geſtalt
7817. 7818

7801—7995 H^{47} in folgender urſprünglicher, noch nicht inter-
polirter Faſſung (ſ. u. zu 7807):

Meph.

Bin ich denn gar in fremden Landen
Iſt hier ein neuer Berg entſtanden
7809 Das iſt ein friſcher Hexenritt
7810 Die bringen ſich die Berge mit

Creas

7811 Komm hier herauf mein Berg iſt alt
7812 Und von urſprünglicher Geſtalt
7817. 7818

M.

7821 Fürwahr dein alt ehrwürdig Haupt
7822—7824

7965 Doch sagt: was in der Höhle dort
7966 Bey schwachem Licht zu drey sich hingekauert

Creas
7967. 7968

M.

7970 Ich schleiche hin — und muß gestehn
7971 Dergleichen hab ich nie gesehn
[Spatium]
7978 Das wurzelt in der Schönheit Land
7979 Verehrend wirds antic genannt
Rücks. 7984. 7985, 7988—7995 s. u.

7805 — Überschrift zu 7811 geklebt auf älterer Fassung H^{a*}
7805 klettr'] kletter' g aus klettere H^{74} kletter' H g aus klettre H^{a}
für 7807. 7808 — s. o. zu 7801 — Bin ich denn hier [gar H^{a}] in
fremden Landen Ist hier [g ändert Hier ist H^{a}] ein neuer Berg
entstanden? [Fragezeichen gestrichen H^{a}] ... $H^{74}H^{a}$ 7810
bringen] bringt g^{1} aus bringen H^{a} ihren Blocksberg] sich die
Berge H^{74} sich ihren Blocksberg aus sich die Berge mit Ver-
werfung der Änderung darunter seinen Brocken H^{a} zu
7811. 7812 war ein Streifen geklebt H^{74}, gewiss: H^{c} vor
7811 vom Naturfels fehlt $H^{74}H^{c}$ Zusatz g^{1} H^{a} 7811 g aus
Komm hier herauf mein Fels ist alt H^{74} 7813—7816 fehlt, s. o.
aber Ergänzungszeichen H^{74} 7819 Mährchen g üdZ H^{74}
7821 g aus Geehrt ein alt ehrwürdig Haupt H^{74} 7831 Hom.
überschrieben Ich möchte gern [Spat.] entstehn H^{24} 7832 Voll
Ungeduld] Und bin bereit H^{23} 7834 undeutlich Ruft mich
nicht auf mich da hinein zu wagen H^{24} 7835 Doch das [? eins ?]
kann ich dir im Vertrauen sagen H^{24} 7837 Von unterschiedenster
Natur H^{24} 7838 Doch denk ich mich von ihnen nicht zu trennen
H^{24} 7840 wohl] doch H^{24} 7841 aller fehlt H^{24} 7842
fehlt H^{24} 7843 Denn wo Gespenster abgebrochen H^{24} Immer
da wo sich Gespenster häufen [oder hausen] H^{15} 7844 fehlt H^{24}
Da ist der Philosoph zu Hauff H^{15} 7845 Und daß man seiner
Gegenwart sich freue H^{15} Kunst und Gunst, Gegenwart H^{23} g

über Gegenwart H^{74} 7846 Erschafft — gleich] Er macht sogleich H^{15} neben 7851 g^1 Neue Seite H^{74} aber fortlaufend H 7852 Weitres] weiters H^{74} vor 7857 zwischen beiden fehlt H^{48} 7859 o — je fehlt H^{48} 7860 aus Schlamm fehlt H^{48} hervorgebracht] herauf gebracht H^{48} 7865 Hier — war's] Hier war es wo H^{40} 7866 skizzirt Aeolischen Dunst [oben g^1 Aeolischer Kraftwind wirk= sam ungeheuer] ausdehnend ungeheuer H^{49} 7867.7868 g für oben g^1 Durchbrochen dieses Bodens alte Kruste Daß allsogleich ein Berg entstehen mußte H^{49} 7872 geduldig g^1 über das dümmste H^{74} 7878 Einsiedlerisch=beschränkt] Einsiedlerisch, beschränkt H^{74} 7881 Will's] Kann's H^{74} g über Kann's H 7887 krallen Beinen] Krallen=Beinen $C41$ 7889 isolirt angeklebt H^{74} Ver= hängniß wetterleuchtet] Johns Schreibfehler Verhängnißwetter leuchtet obwohl g^1 corrigirt ging aus H in $C41$ über (ver= bessert Q) 7890—7899 aufgeklebt auf 7896—7899 H^{74} 7891 Um= stellend] Umstellte $H^{30}H^{74}$ aus Umstellte g H 7897 Was hilft der Trutz den guten Zwergen $H^{74\,c}$ 7898 bergen aus sich ver= bergen $H^{74\,c}$ vor 7900 nach — feierlich g über g feyerlich H^{74} 7906.7907 die = fehlen H^{74} g eingesetzt (nur nach im fehlend) H 7907 r g aus Majuskel g H nach 7950 Entfernen sich fehlt H^{74} Zusatz g H vor 7951 an — kletternd fehlt H^{74} Zusatz g H 7951—7964 aufgeklebt g auf leerem 1. Drittel des Bl., darunter nur g^1 Meph H^{74} 7965—7979 s. o. 7801. 7965 Meph. Try= aden sagt was in der Höle dort H^{49} 7966 Hat sich zu drey gar wunderlich gekauert H^{49} vor 7967 Tryas fehlt H^{49} g^1 nach Oreas H^{31} s. o. zu 7801. 7967 Phorkyaden vor sinds H^{49} 7969 Versuchen wirs ich rücke näher an ohne Über= schrift H^{49} 7969.7970 Ich schleiche hin — und muß gestehn über den 3 letzten Worten Ich staune staune g^1 H^{31} 7972 eingeschoben g^1 H^{31} Alraune aus Alraunen H^{74} 7975 dieß Treigethüm] das Gesicht⁺ Abgrundsding (über Spatium) H^{43} 7976—7978 unten nachgetragen H^{48} 7976 den Schwellen] der Schwelle $H^{48}H^{31}$ g aus der Schwelle H^{74} 7977 Zu unsrer grauenvollen [grauenvollsten H^{31}] Hölle $H^{48}H^{31}$ g corrigirt H^{74} 7978 s. o. zu 7801. Hier wurzelt's] Das duldet man H^{48} Hier

g über Nun H^{74} 7979 mit Ruhm] noch jetzt H^{48} vor 7982
Phorkyas] Eine spricht zu den Schwestern, also ist Phork. H
nicht Phorkyaden *C* 41 zu ergänzen sondern Phorkyas (vgl.
Sphinx nicht Eine der Sphinxe) wie der Singular bei Goethe
immer lautet. vgl. Creas Dryas.   7986. 7987 fehlt $H^{32}H^{47}$
angeklebt *g* H^{74} 7988 Ehrwürd'ge habe ich [Spat.] erblickt
H^{32} 7989 Ich habe mich vor Rhea [aus Ops] tief ge=
bückt H^{32} daraus corrigirt Vor Ops und Rhea tief mich hin
gebückt H^{47} 7990 des — eure] des alten Chaos (Chaos g^1
üdZ H^{47}) $H^{32}H^{47}$ *g* corrigirt H^{74} 7992. 7993 skizzirt Doch
so ein würdiges so ein von Grund So von Haus [aus Grund]
aus graues [?] hab ich nie erblickt Ich seh euch an und fühle
mich entzückt H^{32} 7993 nun] nur H^{47} 7995 nur angedeutet
durch Reimwort preißt über 7994 H^{32} 7996 Und] Doch H^{32}
7998. 7999 Nur [vor ewig] Juno Pallas Venus wie sie heißen
Ein Bildnis hört ich nach der andern preisen H^{32} 8000 Ver=
senkt in] Gewöhnt an H^{49} *8014—8017 skizzirt Mit Einem
Auge Einem Zahn Wollen [?].. ging es an Mir die Gestalt der
Dritten überlaß[en] H^{32}*   8015 ging'] ging   wohl auch aus
auch wohl H^{74} 8015 ging'] ging   8022 Drück abgebrochen H^{53}
*8023 † 8026 Viel Ehre thut ihr mir   Und einen Eckzahn mächtig
so wie wir H^{49}*   8023 Laß alsofort] Und laß alsdann H^{53} 8024
Und — Profil] Mit wenigem H^{53} 8025 vollkommen] genau H^{53}
zu gleichen] anzugleichen H^{53} 8030 nur Welche Schöne H^{53}
8031 unter Nur haben wir zwey Augen H^{53} vor 8032 Zu=
satz *g* (laut) H^{74} 8032. 8033 gestrichen, darunter John:

Ich 'eile nun und such im vollen Lauf
Der neusten Tage kühnsten Meisel auf
Mit Gott und Göttin laßt uns [aus euch] dann gefallen
Gesellt zu stehn in heiligen Tempelhallen.
                    (zum Parterre)
    8032. 8033 H^{74}

nach 8033 Ab fehlt H^{74} Zusatz g^1 H

Felsbuchten.

Vor 8034 Scenar fehlt H^{22} Buchten des Aegäischen Meeres
Zusatz g H^{25} Felsbuchten g unter Buchten H^{34} Aegäischen
aus aigeischen H Mond — verharrend fehlt $H^{25}H^{34}$ verharrend
Zusatz g H^{34} auf — singend fehlt H^{25} auf — Klippen fehlt
H^{34} (umher — singend) Zusatz g H^{34} 8034 ausser der Ausführung auch eine Skizze auf Rücks. H^{22}:

Sirenen

Halte still am Mittel Himmel
Und be[leuchte]
Scheine mildre das Gewimmel
Diese [aus Die?] Wasser Blitze leuchten
Diese Wellen [Spat.] feuchten
Denen die daraus entstehen
Schwebend auf und niedergehen

darunter Telchinen von Rhodus [vgl. zu 8275, also das Philo-
sophengespräch später] Kabiren von Samothrace Corybanten
von Cor [abgebrochen, Κορύβισσα Strabo X 473] 8039 Milde=
blitzend getrennt H^{25} g zusammengezogen H^{34} 8041 Nachtrag aR H^{22} den Wogen] der Woge $H^{22}.H^{25}$ g aus der Woge H^{34}
8042 Dir abgebrochen H^{34} vor 8044 als Meerwunder fehlt H^{74}
Zusatz g H 8052 Kron=] Kron' 8072 Verschwunden] Ver-
schwanden H^{74} 8075 Sind fehlt H^{74} Zusatz g H 8076.
8077 Götter die sich selbst erzeugen Und niemals [nicht H^{23}]
wissen was sie sind H^{22} ebenso mit Überschrift Kabiren H^{23}
vor 8082 am — Homunculus fehlt $H^{55}H^{74}$ Zusatz g H 8083
Von seiner Höhle sind wir gar [darüber zwar] nicht fern H^{55}
Von seiner Höhle sind wir zwar nicht fern umgeziffert g^1 H^{74}
8087 Griesgram] Poltrer H^{55} 8093 Es wird nicht gleich
[üdZ] sch[on? üdZ] Glas und Flamme kosten H^{55} 8096 Ge=
bilde, strebsam für Das Volk bestimmt selbst H^{56} 8098
Seit — Jahren] Manch Menschenalter H^{56} aus Manch Menschen=
alter H^{57} konnt — göttlich) unter läßt es mich nicht H^{56}
8100 Doch schaut ich auf [Spat.] nach vollbrachter Ihat H^{56}

ſchaut] blickt H^{57} 8105 Sie] Sieh verſchrieben (Dictat.
8121 Pinthus g^1 corrigirt) H^{74} radirt aus Sieh H 8106 iſolirt
H^{10} bei Menſchen] nur einem? über bei Menſchen H^{56} beym
Menſchen H^{74} 8107 Ein — Wort] Der beſte Rath $H^{50}H^{57}$
8110 Paris abgebrochen mit Lücke — 8127 H^{57} 8111 Eh' — Ge=
lüſt] Eh er mit Luſt aus Als ihn die Luſt nach fremdem H^{57}
8112 griechiſchen] griechſchen $H^{50}H^{58}$ 8113 Ihm — ich] Ich
ſchildert ihm H^{56} Ich tündet ihm H^{58} g aus Ich tündete ihm H^{74}
im Geiſte über vor Augen H^{56} 8114 Die abgebrochen H^{56}
8116 aus Und Ilions Gerichtstag dichteriſch beklagt H^{56} 8117
Jahrtauſenden aus Jahrhunderten H^{58} ſchrecklich] elend H^{56}
gekannt über ganz verwiſchtem Wort H^{56} 8118 Frechen]
Jüngling H^{56} 8119 Ilios] Ilion [über Troja H^{56}], aber $C\,4$
3. Act iſt Ilios ſtreng durchcorrigirt worden und gilt
als Norm für unſere geſammte Ausgabe. 8120 ſtarr nach
nach H^{56} 8121 Des — Adlern] Der Dichter ſchaar [nach
volck, vor ſchwarm] ein H^{56} aus Dem Dichtervolck ein H^{58}
willkommnes] willkommenes H^{74} 8123 Liſten aus Lüſten H
8126 nach 8127 aber umgeziffert H^{58} 8130 unter Und er ge=
währt doch andern mit Vergnügen H^{57} 8133 $^1{}_3$ S und Rückſ.
leer H^{74} 8134 $\mathfrak{B}$ abgebrochen H^{57} 8137 Meeres — Doriden g
aus Meers die Nereiden $H^{74}H$ 8144 Im Farbenſpiel g für
Doch in dem Glanz H^{74} 8145 Kommt g über Wird H^{74}
nun über her H^{74} 8146 Kypris g über Venus H^{74} 8155
Proteus] jenen H^{74} g über jenen H 8156 euch g aus auch H^{74}
8157 ſtaunen] Staunen vor 8160 auf] aus H^{74} 8163 Anzögen g
über Heranziehn H^{74} 8164. 8165 unten g^1 (von John über=
zogen) für Es ſind die hellen Leiber Verklärter [über Der
klaren] Meeresweiber H^{74} 8167 $^1{}_2$ S leer H^{74} 8170 Chelonen]
Chelonen's aber der Nominativ heiſst Chelone. 8184 Unwider=
ſtehbar] Unwiderſtehlich H^{74} g aus Unwiderſtehlich H 8194
Sind g mit Raſur aus Seid H 8198. 8199 fehlt H^{74} Zettel g
angeklebt H 8202—8205 g angeklebt H^{74} 8215. 8217 goldne]
goldene H^{74} vor 8225 unbemerkt g^1 H^{74} 8227 bald — fern]
nah und fern H^{74} corrigirt g H 8252 er] es H^{74} 8253.

8254. 8259 aufgeklebt auf 8259 Ich darf nicht lange mich be-
sinnen, 8255—8258 unten mit Einfügungszeichen H^{59} 8258 So
fehlt H^{59} Zusatz g H^{74} anlangt nach auch H^{59} 8268
Und immer wirds behäglicher H^{61} weiter hin über immer H^{62}
wird's viel] wird es aus wirb's H^{62} 8269 aus Auf dieser
Land und Felsen Zunge H^{61} 8270 Der — noch] Da buftets gar
H^{61} Da buftets noch H^{62} 8274 merkwürd'ger] merkwürdig
$H^{61}H^{62}$ merkwürdiger H^{74} unter 8274 g^1 Proteus (als Delphin
neben her schwimmend) H^{74}

8275 Neptunen] Neptunus (der Vers Telchinen überschrieben
isolirt zwischen 8077 und 7495) H^{25} 8277 Entfaltet — Donnrer
aus Entfaltet sich droben H^{60} Donnrer] Donnerer H^{74} 8278
greulichen gegen gräulichen normirt. 8279 auch über es H^{60}
es — erblitzt] ein zackiges blitzt H^{60} 8282 Tiefsten] Abend H^{60}
unter 8284 Er borgt ihn uns heute vgl. 8283 H^{60} *8285—8288
doppelt ohne Überschrift H^{63} nachgetragen John auf freiem
Raum der Nebenseite H^{74}* 8285 Euch — Helios] Ihr dem
Sonnenlicht H^{63} Euch g^1 über Ihr H^{74} Geweihten g^1 aus Ge-
weihte H^{74} 8286 Heitern] Heitren oder Heiteru undeutlich
H^{63} Heiteren H Gebenedeiten aus Gebenedeite H^{74} 8288 aus
Luna hochverehrend trägt [? könnte auch nennt sein] H^{63a}
vor 8289 keine Überschrift H^{64}—H^{60} 8289 All g^1 aus Aller
H^{74} Göttin] Gott und Schnörkel H^{64} Gottheit H^{65} 8290 aus
Du hörest den Bruder mit Freude beloben H^{64} 8291. 8292 H^{67}
fehlt $H^{64}H^{65}$ nur Ergänzungszeichen H^{66} 8293 nach 8294 H^{64}
ebenso doch umgeziffert H^{65} den — es] sein Tagwerck und hat
ers H^{64} die Tagfahrt aus das Tagwerck H^{65} es] sie über es
H^{65} aus er H^{66} 8294 Er] Der H^{65} blickt uns] blicket H^{64} aus
blicket H^{65} 8296 Sind lieblich dem Gotte drum hell und so
helle H^{64} 8298 Lüftchen, die Insel ohne Komma H^{64} ohne
Komma und Rhodus über die Insel H^{65} Lüftchen und Rhodus
H^{66} die Insel g^1 über und Rhodus H^{74} Lüftchen und die Insel H
doch lehrt die Textentwicklung, dass hier ein Versehen Johns
oder des dictirenden (s. zu 8352) Goethe vorliegt, der übersah
dass und gestrichen. 8299 Ihm stehen noch hundert und hundert

Gebilde H^{64} Ihm stehen da [über ihm] hundert und hundert
Gebilde [aus Gestalten] H^{65} unter Ihm stehen dann hundert
und hundert Gebilde H^{66} 8300 Als Jüngling [nach Mann
und] als Riese so herrlich als milde H^{64} diese Lesart (als) wie)
unvollkommen geändert des Jünglings als Riesen des herrlichen
wie milde H^{65} 8301 Göttergewalt] Gottes Gewalt H^{64} 8302
Aufstellten aus Aufstellend H^{65} würdiger] edelster $H^{64}H^{65}$
8304 aus Der heilgen Sonne fernen Strahlen H^{68} heiligen] heiligen H^{68} 8305 todte über ihre H^{68} 8306 Sie hauen, schmelzen
unverdrossen H^{68} 8312 Längst — sie aus Sind längst schon H^{68}
8323 unter Du steigst die fröhlicher hinauf H^{67} Zu — Wirken]
Nun fort zu wirken H^{67} g aus Zum ewigen Wirken H^{74} nach
8326 Scenar fehlt $H^{67}H^{74}$ eingeschoben g mit Nachtrag
Proteus= aR H 8327 in feuchte] ins H^{67} uns in die H^{74} g aus
uns in die H 8328 in] die H^{67} 8329 Recht so mein guter
bleibe hier unter Bleib hier H^{67} 8330 Nur] Und H^{67} 8331
Denn — erst] Bist du einmal $H^{55}H^{67}H^{74}$ g corrigirt H 8332
Dann] So H^{67} g^1 vor So H^{74} nach 8332 Paralip. Nr. 155.
H^{55} 8333 Nachdem — ist g aus Nicht immer! s Ist doch H^{55}
's ist aus ist's H^{74} 8334 wackrer g über weiser H^{55} vor
8335 Nereus g^1 über Proteus wieder verworfen H^{55} zu Thales g^1
Zusatz H^{55} 8337 bleichen Geisterschaaren g aus den Gespenster-
schaaren H^{55} 8338 schon] deutlich g unter schon H^{55} vielen]
viel g aus vielen H^{55} nach 8338 Sirenen g^1 Rest des Heftes
leer H^{74} Auf — Felsen g H den] dem $C41$ 8347 Nennte
über Schölte H^{69} 8351 Tauben — es] Es sind Tauben H^{69}
8352 Muschelfahrt H^{69} Muschelpfad Hörfehler Johns (wie 8350
Einsicht für einzig was g^1 corrigirt H^{70}) H^{70} danach $H\,C41$,
emendirt von Düntzer. 8353 nach 8354, 8354 nach unklarer
Skizze Angelernt [über Nach darunter Eingelernt] [der fehlt]
alten guten [nach besten] Art Wunderlust besondrer Art H^{69}
8356 wackern] wackren H^{70} 8357 Wenn verborgen still im Neste
aus Wenn im alten stillen Neste H^{69} 8358 ein Heiliges aus das
heilige H^{69} Heiliges lebend aus heiliges Leben H^{70} vor 8359
Scenar fehlt H^{71} Psyllen] Psellen Versehen gegen die Quelle

Plinius 7. 14 (erst Q corrigirt)   auf -- Widdern fehlt H^{69} auf
abgebrochen H^{70} g ergänzt H 8359 Eyperns] Enper H^{71a}
Cypren H^{71} rauhen] uralten H^{71a} Höhle-Grüften] Höhlen H^{71}
Grüften Zusatz g^1 zu Höhlen H^{70} g aus Höhlen Grüften H
8360 verschüttet] erschüttert H^{71} aus erschüttert H^{70} 8361 zer-
rüttet] zerrüttert H^{71} aus zerrüttert H^{70} 8362 nur Wob[er? in?]
H^{71} g^1 in Spatium eingeschoben H^{70} 8364 In] Im $H^{71}H^{74}$
still-bewußtem] stillen bewußten [üdZ] H^{71} aus stillen bewußten
H^{70} 8365 Cypriens über Deinen [?] H^{71} 8369 fehlt. das
Folgende quer Fractur H^{71} 8370 Wir üdZ H^{69} Geschäftigen]
geschäftig $H^{71}H^{69}$ Geschäftige aus geschäftig H^{70} g aus Geschäftige H 8371 geflügelten] geflüg der Vers abgebrochen H^{69}
geflügelte $H^{69}H^{70}$ g aus geflügelte H 8372 Noch Kreuz und
Halbmond H^{71} 8373 oben] droben H^{71} 8374 wegt und fehlt
H^{71} wegt g^1 H^{69} wägt John $H^{70}II(C41)$ regt nach trägt
(Hörfehler Johns) H^{70} 8375 Sich nachträglich H^{71} 8376
fehlt $H^{71}H^{70}$ g eingeschoben H 8377 Wir über Und H^{71}
8378 die nach wir H^{71} lieb[üdZ H^{71} 8381 Zeil' aus Zeile
H^{70} 8384 Fraun] Frauen H^{70} aus Frauen H 8385 Bringet g^1
aus Folget H^{70} 8386 wie 8350 Galatee's dreisilbig, so hier
der Accusativ, der nicht Riemerisch Galate'n zu kürzen ist.

Das zu klarem Verständnis unentbehrliche Komma vor der
fehlt (steht erst Q).   vor 8391 sämmtlich -- Delphinen fehlt H^{70}
Zusatz g H vor 8395 zu Nereus Zusatz g^1 H^{70} 8396 der
Brandung] des Strandes H^{70} g über des Strandes H 8398 Licht]
Tag H^{70} g über Tag H 8399—8401 g^1 aR H^{70} 8400 Treulich]
Traulich $C41$ 8402. 8403 fehlt. fortlaufende Rede der Doriden
H^{70} vor 8404 Doriden g Seitenanfang und nach Einschub H
vor 8424 Galatee — sich erst H 8424 Tochter Galathä [Galathe
H^{72}] welch [welches H^{72}] Glück überschrieben Nereus $H^{69}H^{72}$
8425 Nereus Vater [folgt o H^{72}] seliger Blick überschrieben
Galathä $H^{69}H^{72}$ 8426 Schon vorüber abgebrochen $H^{69a}H^{72}$
schon fehlt $H^{69}H^{70}$ g üdZ H^{73} 8427 In Kreisen [aus Das
treiset] ewiger Bewegung H^{69a} 8428 Was kümmert sie [über der]
nur [üdZ] Herzen Regung H^{69} 8429 Ach fehlt H^{69} Zusatz g H^{70}

nähmen g aus Nehmen H^{70} 8430 ein] sie ein H^{69} 8432 Heil!
Heil! fehlt H^{69} 8433 blühend fehlt H^{69} 8434 Vom Wahren
bin ich durchdrungen H^{72} 8435 !! Zusatz g $H^{73}H$ 8437 Gönn
uns künftig dein segnendes Walten H^{72} 8438—8443 eiligst abgebrochen skizzirt H^{72} 8438 sendetest] spendetest $H^{69\,\alpha}$ 8439 Nicht
reiche] Wenn du nicht $H^{69\,\alpha}$ 8440. 8441 fehlt H^{72} nur Die
Flüsse nicht vollendetest $H^{69\,\alpha}H^{69}$ für Die Flüsse nicht vollende[te]st
H^{70} 8442 Was das Gebirge und Ebnen H^{72} unter Was
wären die Berge Die Länder die Welt $H^{69\,\alpha}$ was] und H^{69}
8443 bist's] bist $H^{69}H^{70}H^{72}H^{73}$ g aus bist H der] die $H^{69\,\alpha}$
vor 8444 Echo der sämmtlichen Chöre H^{69} 8444 bist's] bist H^{69}
dem über der H^{69} entquellt für erhält H^{69} 8445 schwankend
fern fehlt H^{69} fern fehlt H^{70} fern g üdZ H^{73} 8446 Bringen]
Aber H^{69} 8447 gedehnten für weiten H^{69} 8449 die fehlt H^{69}
8450 Der Galathee Ihron H^{69} Galatea's] Galatees g^1 aus
Galatees H^{70} Galatees g aus Galathees H^{73} aus Galatees H
8451 Schimmert hell und klar vgl. 8456 H^{69} g^1 eingeschoben H^{70}
8452 Er glänzt] Erglänzt H^{69} aus Erglänzt H^{70} 8454 Das geliebte
gewahrt man im Gedränge H^{69} 8455 noch fehlt H^{69} 8457
Zusatz g H^{70} s. zu 8451. 8458—8464 geklebt auf 8464 H^{73} 8465
unseren] unsern H^{73} g^1 aus unsern H offengebahren] offenbaren
C 41 8467 Bald lodernd und mächtig, bald lieblich und süße H^{72}
8469 von] den H^{72} 8472 glänzenden fehlt, Spat. H^{69} 8473 nun
über jetzt H^{69} Ergießet Absatz H^{69} 8474 verklärt] bedeckt H^{69}
8476 So glüht es und wankt es und leuchtet hinan H^{69} 8477 nächt-
licher] feuchtester H^{69} 8478 nach 8479 aber umgeziffert g^1 H^{69}
8478 ringsum $H^{69}H^{73}$ rings durch ein Versehen Johns, me-
trisch anstössig, H 8479 herrsche] herrschet H^{69} 8481 Von —
heiligen] Die des heilig[e] H^{69} vor 8484 All Alle! Zusatz g H^{73}
8484 mildgewogenen] mildgewogen Schreibfehler H^{73}

3. Act.

H^1 : 8489—9164 (fehlt Chor 8516—8523, Chor 8560—8567, Chor 8591—8603, 8568, 8714, 9032—9036, 9039—9041, 9072. 9073, 9097) achtzehn lose g^1 nummerirte Fol. — wobei ich Fol. *ad* 11 mitzähle — in einem späteren Umschlag mit Titel *g* Helena im Mittelalter. Satyr=Drama [aus Satyriſches Drama]. Epi= ſode zu Fauſt. Darunter g^1 Conzept. Die 7 ersten Fol. bieten die „Helena" von 1800 in Geists Handschrift — 8778 (darin 8587—8590 *g* alt, 8604—8609 *g* neu, 8610—8637 John neu) und *g* — 8802; mit 8803 setzt noch auf Fol. 7² die spätere Fort- setzung ein: *g* — 8908, John — 9164; Fol. 8—18 grünliches Papier.

H^2 : 8489—10038 (fehlt Chor 8516—8523, Chor 8560—8567, Chor 8591—8603, 8568, 8714, 9072. 9073, 9173, 9679—9694, 9939. 9940) zwei Johnsche — im 2. auch *g*, Riemer, Schuchardt — Folio- hefte, foliirt *g*, corrigirt gg^1 und stellenweise Riemer. 12¹ oben g^3 *NB* Die hierzwiſchen fehlen[ben] Blätter ſind, weil ſie ſchon rein geſchrieben waren in das Mundum [d. h. in ein aufgelöstes, vielleicht H^3] mit eingeheftet worden; doch habe ich die zerstreut im Wust gefundenen Bll. Stehe länger (nach 8753) — 8879 wieder in H^2 eingelegt. Das erste Heft ist bis 30² beschrieben (leerer Schlussbogen signirt 39. 40); das zweite (15 foliirte Bll.) setzt wieder mit 1 ein (9574), doch ist 3 (9624) aus 31, 7 (jetzt 6, 9695) aus 33, 13 (9985) aus 37, 14 aus 38 corrigirt und die beiliegende Niederschrift 9637 ff. trägt die Ziffer 32. Die Art des Heftens etc. beweist, dass leere foliirte Bogen aus dem ersten Fascikel benutzt sind. Wechsel der Schrift. grosse Spatia, offenbare Aufschwellung

durch erweiterte Euphoriondichtung. Näheres am ge-
hörigen Orte, s. zu 9629, 9679. Hier Übersicht der Euphorion-
partie: Fol. 7 (nach Goethes Bezifferung, jetzt 6) eigenhändig 9695—9748 darunter in der Ecke Custos Helena. Ja
das ist wohlgethan Euphorion und Chor S. 8; das folgende
Fol. (jetzt 7) — angeklebt an den Bogen 8. 9 mit Note *g*
oben Seite 8. S. das Zeichen und Verweisungszeichen — enthält von Johns Hand 9767—9810 und Custos *g* Euphorion S. 8
mit demselben Zeichen; 8 eigenhändig 9749—9854 mit ent-
sprechendem Einschaltungszeichen zu 9766 und aufgeklebtem
9749—9754 für Euphorion und Chor tanzend; 9 eigenhändig
9855 — Scenar nach 9902. doch abweichende Schriftzüge von
9891 an; 10 Schuchardt 9903—9938 halbe S leer, Einschaltung
angeklebt an den Falz des Fol. 13 (aus 37); 11. 12 Bogen
John 9941—9984 (nach corrigirtem Gewandte Gift= piebjen wohl
Dictat). 11¹ oben gestrichen 9903—9906 (also ist der Trauer-
chor späterer Einschub), 11² 9955—9961 aufgeklebt auf kür-
zerer Fassung s. u., 12² leer; 13 (aus 37) John 9985—10010;
14 (aus 38) John 10011 — nach 10038 Der Vorhang fällt (späterer Zusatz *g*); 15¹ John später das folgende Scenar unter
Der Vorhang fällt. Bis 8802 hat John wörtlich, nur mit
einigen bis heute nachwirkenden Versehen, *H*¹ copirt, aber
Goethe hat umgearbeitet und nur dieses corrigirte Über-
gangsstadium wird hier berücksichtigt: wo sich also in
dieser Partie *H*² von *H*¹ trennt, ist mit Ausnahme einiger
Johnscher Fehler immer eine Änderung *g* anzunehmen.
*H*² hat ein Titelblatt von Johns Hand Helena im Mittel=
alter. Satyroma [geklebt auf Satyr = Drama] Episode zu
Faust. Auf dem Umschlag John Helena. Satyroma. Der
blaue Umschlag des zweiten Heftes leer.

    *H*³ drei Fol. grünliches Papier John: 8489—8637 und
ein mit correspondirenden Ergänzungszeichen versehenes
Fol. John enthaltend die Chöre 8516—8523, 8560—8567, 8591—
8603. Die 3 Fol. sind Copie von *H*², aber der Chor 8610—8637
hat bereits die spätere Fassung. Zu 8489, 8506, 8524, 8543,

8569. 8586, 8604, 8628 aR g^1 Ziffern 1—8 (4 schon neben 8543 gestrichen).

H^{III} (ich muss diese Sigle anwenden, da mir das Bonner Heft erst während des Druckes zugänglich wurde und ich das weimarische bis dahin trotz dem gelblichen Conceptpapier als Rest eines vorläufigen Mundums nach H^2 zu H^3 geschlagen hatte): 8489—10038 John, mit Correcturen gg^1 und Riemer, vier Lagen Fol. 1—20 (Fol. 1 Titel = C^4, Rücks. leer, Fol. 20² ein Halbfol. aufgeklebt) und ein Heft Fol. 21—43. Die Foliirung g^1. Die vier Lagen (5, 3, 5, 7 Bll.) — 9122 auf der Universitätsbibliothek Bonn aus dem Nachlasse Sulpiz Boisserées. das Heft im Goethe-Archiv. Vgl. „S. Boisserée" Stuttgart, Cotta 1862 2, 454. Goethe schickt am 22. November 1826 den Portifus oder Quasi=Prolog der „Helena" (1. Lage bis 8637) mit dem Bemerken: das reine Manuscript kann ich nur, wann es höchst nöthig ist, aus den Händen geben. 2. 456 am 10. December 1826: Hier abermals ein Schritt weiter (2. Lage bis 8753); Boisserée dankt am 28. für „die Fortsetzung der Helena". 2, 462 (inzwischen 3. Lage bis 8908 eingetroffen) Boisserée am 15. Januar 1827: „Die Bogen zur Helena, für deren Fortsetzung ich danke, habe ich Cotta nicht gezeigt, weil ich denke, dass Sie ohnehin ein anderes Manuscript an die Druckerei befördern, und weil eine fragmentarische Mittheilung in den Geschäften von mir nicht passend schien. Der weitern Sendung sehe ich jetzt mit neu gespannter Begierde entgegen." 2. 466 Goethe bemerkt am 17. Februar 1827: 1) Am 19. Januar einen Abschnitt Helena — 4. Lage 8909—9122 — an Sie gerichtet. 2) Den 26. Januar das vollständige Manuscript [H] der Helena an Hrn. von Cotta durch die fahrende Post. H^{III} kann. wie sogleich 8490. 8491 mit uncorrigirter zu $C4$ stimmender Lesart zeigt. nicht durchweg Copie von H^3 beziehungsweise H^2 sein; sondern Abschrift und Dictat, s. u.

H^4 Fol. g^1 : 8516—8523, 8560—8567, 8590—8603 (fehlt 8596);
Rücks. Visitenverzeichniss August Goethes H^5 altes Fol. g :
8587—8590, neu benutzt zu 8610—8632 abgebrochen H^6
anderthalb Fol. g^1 und g : 8604—8609, 8868—8881 (fehlt 8878),
8829, auf dem Halbfol. 8891—8894, 8903—8908, Paralip. Nr. 164.;
das Fol. ist oben rechts g^1 beziffert 9ª (9 ist Blattziffer
für 8868 ff. H^1) und enthält auf Rücks. von Johns Hand
antiqua mit Correcturen g und g^3 das neugriechische Gedicht Der Olympos der Kissavos H^7 sechs Fol. : Riemers
(g und g^1 revidirte) Redaction der Chöre 8610—8637 (Str. 3
Schuchardt), 8707—8753, (8785), 8882—8902, 9385—9410. Fol. 6
enthält Paralip. Nr. 148., Fol. 5 Rücks. Adresse von Schmidt-
Phiseldeck und Widmungsentwurf g^1 Dem wacker autretenden
Bildkünstler Carl Victor Meyer zu Andenken und Nacheifer 1826
H^8 Fol. g^1 : 8610—8637, Rücks. Paralip. Nr. 162. H^9 Fol. g^1 :
8736—8753 (fehlt 8740), Rücks. Paralip. Nr. 171. H^{10} altes
Fol. g (blaues Packpapier) : 8779—8802, Paralip. Nr. 85.
H^{11} Fol. g^1 (altes Papier aber späte Niederschrift) : 8803—
8825 H^{12} Fol. g wahrscheinlich alt : 8810.8811, Paralip.
Nr. 172. H^{13} Kleinfol. g^1 : 8826—8845, daneben quer selbst
verworren, nach 8845 Paralip. Nr. 173. H^{14} Kleinfol. g^1 (wie
H^{13}) : 8843—8845 + Paralip. Nr. 173, Rücks. 8879. 8880 + Paralip. Nr. 174. H^{15} Fol. g^1 beziffert 9 (s. o. H^6) : 8845—
8867 (fehlt 8846. 8847), Rücks. das neugriechische Gedicht
Schwarzes Fahrzeug g älter umschlossen von H^{15}II 8845—8849
u. 8850—8855, quer 8929 H^{16} Quartbl. g^1 : 8845—8859; Rücks.
undatirter Brief des Kanzler Müller H^{17} Doppelfol. g^1 :
8845—8881, Skizze 8882—8903 H^{18} Fol. g^1 : 8850—8870: Rücks.
John antiqua das neugriechische Gedicht IV Welch Getöse
mit Correcturen g und Riemer H^{19} Quartbl. g^1 : 8860—8869,
Rücks. Mittheilung Wesselhoefts Jena 1. October 1824
H^{20} Quartbl. g : 8870—8881 (fehlt 8878), unten 8929 (vgl. H^{15})
H^{21} Fol. g^1 : 8870—8881 (fehlt 8878) H^{22} vier Fol. Schuchardt:
8882—8908 (Fol. 1² 2¹), 9078—9121 (2² 3¹), 9165—9181 (3²), 9385—
9410 (4¹ g^1 foliirt 26 vgl. H^2), 9482—9505 (1¹ g^1 foliirt

28ᵇ), 9629—9673 (4^2) H^{23} Fol. g^1: 8887—8894. 8882—8886, 8903—8908; Rücks. John antiqua das neugriechische Gedicht III Beuge Liakos mit Correcturen g und Riemer H^{24} Octavbl. g^1: 8895 — unschuldigen Tag H^{25} Fol. (vier Quartseiten) g^1: 8909—8929 H^{26} Doppelfol. g^1: 8930 — 9000 (fehlt 8936—8953, 8989) H^{27} Fol. g^1 (altes Papier, neue Schrift): 8936—8946 (fehlt 8937. 8938, 8989; unten ältere Skizze 8939—8943 H^{27a}), Rücks. 9645—9666 und Ersatzverse H^{28} Doppelfol. g^1 (alter Umschlag): 8939—8946 H^{29} Fol. g^1 mit Correcturen g: 8939—8954, oben Verweis auf 8936 und Scenar zur Einordnung: S. 11 d. h. Fol. 11 s. zu 8935 H^{30} Doppelfol. g^1: 8957—9029 (fehlt 8966—8970, 8982, 8999—9002, 9005—9007, 9010), 9043—9047, einiges doppelt H^{30a} H^{31} Fol. g (Theaterzettel 9. März 1825; oben links Verweisungszeichen Halbmond s. zu 9071): 9001—9010, Schema der offenbar schon vorliegenden Z 9013 — 9044 H^{32} Fol. John: 9003—9055 (fehlt 9005— 9007, 9010, 9015, 9023—9043) H^{33} g auf Couvert Riemers: 9010. 9011, 9022—9044 (fehlt 9032—9036, 9039—9041) H^{34} Streifen g: 9046—9062 auf völlig verwischtem Entwurf g^1 8930 ff. H^{35} Halbfol. quer g^1: 9071, 9074—9087; Rücks. John antiqua Neugriechisch=epirotische Heldenlieder. I Sind Gefilde — Braven mit Correcturen g H^{36} Quartbl. g^1: 9074—9087, Paralip. Nr. 175. H^{37} Fol. g^1 antiqua: 9088—9121 (fehlt 9097, 9112), 9135—9139, zu 9152 H^{38} Fol. g^1: 9122—9126 unter den älteren Z 9141—9151; Rücks. Briefconcept John an Dr. Schütz 28. Februar 1825 H^{39} Streifen g^1: 9127—9131, Rücks. John - Goethische Anfragen Joachimsthaler Münzwesen betreffend 5. December 1824 H^{40} Doppelkleinfol. g^1: 9132—9134 (alter Umschlag, Jenaer Thorzettel 14. April 1795 für Demoiselle „Volpius" und Gesellschaft, auf S 4 von Johns Hand Adresse des Grafen Sternberg!) H^{41} Fol. g^1: 9139—9151; Rücks. Amtliches über das Grossherzogl. lithographische Institut H^{42} Fol. g^1: 9152—9164 (fehlt 9161), 9207. 9208; Rücks. Stück Annalen 1806 H^{43} Doppelfol. g: 9165—9181 (fehlt 9173), innen leer, S 4 Paralip. Nr. 166. H^{44} Fol. g^1: 9182—9191; Rücks. Briefconcept

Ew. Wohlgeboren erlauben daß ich abermals ganz leise anklopfe um den Sohn des griechischen Popen an Göttinger Freunde zu empfehlen. H^{45} zwei Doppelfol. g^1 antiqua kalligraphisch : 9192 — 9272 H^{46} zwei Fol. g : 9273 — 9332 datirt 31. März 1826 H^{47} Quartbl. g^1 : 9325—9332 H^{48} Quartbl. g^1 antiqua kalligraphisch : 9346—9355, 9375—9384 H^{49} Fol. g^1 : 9385 — 9400, Paralip. Nr. 158. H^{50} Octavbl. g^1 : 9401—9410, Rücks. später in schöner Antiqua variantenlos 9413. 9414 H^{51} Fol. g Reinschrift : 9454—9469; Rücks. Ew. Wohlgeb. ver= fehle nicht anzuzeigen H^{52} Halbfol. John : 9466—9477, oben g^1 28 (H^2) H^{53} Fol. g^1 : 9474—9481; Rücks. Paralip. Nr. 169. H^{54} Fol. g^1 : Scenar zu 9481, 9735. 9736 H^{55} zwei Streifen g^1 : 9482—9505 H^{56} Fol. g^1 : 9482—9505 H^{57} Fol. g^1 : 9506—9573 Skizze, Rücks. 9992 — 9997, Skizzen zu den Schlusschören H^{58} Fol. g^1 und g : 9506—9525, Rücks. Paralip. Nr. 100. und Stück Register zu den Sendeblättern C H^{59} Fol. g : 9526— 9544 skizzenhaft, 9565—9569, 9574—9580, 10009. 10010, ganz aus= gewischt 9032 ff. g^1; Rücks. g Jahreszahl 1795 wohl auf „An= nalen" bezüglich H^{60} Doppelfol. g^1 und g : 9574—9604 (fehlt 9583, 9594—9597, 9600—9602) skizzenhaft, 9623—9628; aussen un= leserliche Bruchstücke — zu „Faust"? H^{61} Fol. g^1 antiqua kalligraphisch : 9574—9603 H^{62} Fol. Schuchardt : 9603—9628 Copie von H^2 in Langzeilen mit einigen zu $H^{III}H$ führen= den Correcturen g H^{63} Quartbl. g^1 : 9604—9623 H^{64} Fol. g^1 antiqua kalligraphisch : 9623—9628 nach H^{60}; Vorders. noch Briefconcept g^1 Wenn ich gewünscht habe ... freundlich jugend= liche Gaben mit recht gesunden Augen zu begrüßen, Rücks. Brief= concept g^1 Ew. Excellenz haben nach erfolgter glücklicher Re= lation [?] der vereinten Landesfürsten H^{65} Streifen g^1 : Scenar zu 9678, 9687—9694, Scenar zu 9954; Rücks. Notizen zu serbi= schen Markoliedern H^{66} Halbfol. g^1 : 9679, Rücks. (abge= schnitten) Zeilenanfänge 10030—10038, Paralip. Nr. 177. H^{67} Doppelfol. g : S 1 und 4 9695—9734, innen Skizze zu 8625— 8627 und kleine Notizen Damen Loge Franckfurt Ob mit C[aro= nés?] Vorbewußt L. Br. [Logenbriefe? Logenbrüdern?] zu schrei=

ben]. Kreuzer [Creuzer] Carove und Aus den Productionen die man schätzt sucht man das Leben des Autors zu entwickeln und jeden Anlaß eines Kunstwerkes aufzuspüren. Diesen Zweck nun hat man abgebrochen. *H*[68] Fol. *g*[1] : 9767 — Scenar zu 9811 *H*[69] Fol. *g*[1] : 9767—9793, Rücks. 9955—9959 *H*[70] Doppelfol. *g*[1] : 9864—9893 (fehlt 9881—9883), 9907—9938 grossentheils doppelt s. zu 9915; Entwurf In späten Jahren betrachtet man seine früheren Arbeiten ... und Notiz *Globe* 55. 64 *H*[71] Fol. *g* : 9899—9906; Concept an Frege Ew. Wohlgeboren habe in Er= wiederung Ihres gefälligen Schreibens vom 21. dieses *H*[72] Quartbl. *g* Reinschrift : 9903—9914, Rücks. metrische Sche- mata Riemers und von dessen Hand der Titel der Helena für *C*4; gefunden von Ruland März 1888 als Lesezeichen in Goethes Bibliothek *H*[73] Fol. *g*[1] : 9939. 9940; Skizze Lohen= steinisch ... leben lieben und dichten lassen (auf Varnhagens Biographische Denkmale bezüglich?), Rücks. titellos die chinesischen Gedichte Aufruhr an den Grenzen zu bestrafen, Auf Wasser Lilien hüpftest du, Nun bindet jede Fuß vor Fuß Kunst und Alterthum 1827 6[1], 160—162 *H*[74] Quartbl. *g*[1] : 9939— 9943; geringe Prosanotiz, Trimeter Weiß denn der Sperling ... (Hempel 19, 123), Rücks. 4 Z ungedr. Spruch Was muß man doch im Alter nicht *H*[75] Streifen *g* : 9939—9943 mit Vorschlägen Riemers *H*[76] Octavbl. *g*[1] : 9941—9944, daneben zu 9990. 9991; Rücks. die Divanverse So der Westen wie der Osten 6, 275 *H*[77] blauer Streifen *g*[1] : 9945—9954; Concepte Nun begleitet [beglückt?] ein kostbares und geschmackvolles Äußere ... und Des Menschen Verstand wird mit dem gesammten Menschen geboren *H*[78] Fol. *g*[1] : 9958—9961; Concept an Graf v. Beroldingen in Stuttgart 26. October 1825 *H*[79] Fol. *g* : 9962—9980 *H*[80] Fol. *g*[1] : 9985—9991, 10024—10029; Rücks. Briefconcept John So weit war schon zu Anfang des Monats geschrieben ... Ge= denken Sie meiner mit den lieben Kindern *H*[81] Fol. *g*[1] : 9992-- 10028 (fehlt 10021, 10023—10025)

H[a] Quartbl. *g* antiqua S. Hirzels Sammlung Universi- tätsbibliothek Leipzig : 9289—9304; Rücks. Der Bräutigam

Chaos Nr. 3. September 1829 *C* 47, 67   *H*b Quartbl. *g*¹ an-
tiqua (alter Umschlag mit Titel auf Rücks. Zu Wallensteins
Lager Bey Gelegenheit des Anšmarsches der Weimarschen Frey-
willigen) im Besitz des Herrn Dr. Arnold Berger Bonn:
9419—9434, nach Goethe-Jahrbuch 7, 282 f.   *H*c Fol. *g*¹ British
Museum Nr. 20723 (1855 erworben, verglichen von A. Cohn
und Schröer): 9442—9453. Rücks. 9466—9477 z. Th. doppelt
*H*d Streifen *g*¹ im Besitz des Herrn v. Loeper Berlin: 9506—9521,
Rücks. Skizze 9564—9568, 9570—9573   *H*e Quartbl. *g*¹ S. Hirzels
Sammlung Universitätsbibliothek Leipzig: 9526—9537; Rücks.
John antiqua mit Zusätzen *g* Der Schencke schläfrig 6, 223   *H*f
Fol. *g*¹ Castans Panopticum Berlin: 9550—9573 (fehlt 9566—
9569), Rücks. John Paralip. Nr. 176.   *H*g Fol. *g*¹ im Besitz
des Herrn v. Loeper Berlin: 9550—9573 sammt Scenar   *H*h
Fol. *g* Goethe-Nationalmuseum Weimar als Geschenk des
Herrn Ludecus: 9629—9678 (= *H*²²); vgl. v. Biedermann
Goethe-Jahrbuch 2, 229 f. und Goethe-Forschungen N. F. 2, 8 f.,
ich benutze eine neue Abschrift Rulands.

Die Helena-Dichtung von 1800 lautet in *H*¹:

Helena.

Vom Strande komm ich, wo wir erst gelandet sind,
Noch immer trunken von der Woge schaukelndem
Bewegen, die vom phrygischen Gefild' uns her,
Auf straubig hohem Rücken, mit Poseidons Gunst
Und Euros Krafft, an heimisches Gestade trug.   5
Dort unten freuet nun der König Menelas
Der Rückkehr, mit den tapfersten der Krieger sich.
Du aber heiße mich willkommen, hohes Haus,
Das Tyndareus, mein Vater, an dem Hange sich
Von Pallas Hügel, wiederkehrend, aufgebaut,   10
Und als ich hier, mit Clytämnestren, schwesterlich,

Mit Castor und mit Pollux, fröhlich spielend, wuchs,
Vor allen Häusern Spartas, herrlich ausgeschmückt.
Seyd mir gegrüßt der ehrnen Pforte Flügel ihr,
15 Durch deren weit einladendes Eröffnen einst
Der mir aus vielen Auserwählte Menelas,
In Bräutigams Gestalt entgegen leuchtete.
Eröffnet mir sie wieder, daß ich das Gebot
Des Königes erfülle, wie der Gattin ziemt.
20 Laßt mich hinein! und alles bleibe hinter mir,
Was mich bisher und andere verworren hat.
Denn seit ich diese Schwelle sorgenlos verließ,
Cytherens Tempel besuchend, heilger Pflicht gemäß,
Mich aber dort ein Räuber griff, der phrygische,
25 Ist viel geschehen, was die Menschen weit und breit
So gern erzählen, aber der nicht gerne hört
Von dem der Fabel seltenste den Ursprung nahm.
Genug! mit meinem Gatten bin ich hergeschifft
Und bin von ihm zu seiner Stadt vorausgesandt;
30 Doch welchen Sinn er hegen mag errath' ich nicht.
Komm ich als Gattin? komm ich eine Königin?
Komm ich ein Opfer für des Fürsten bittern Schmerz
Und für der Griechen lang erduldetes Mißgeschick?
Erobert bin ich, ob gefangen weiß ich nicht!
35 Denn Ruf und Schicksal gaben die Unsterblichen
Zweydeutig mir, der Schönheit zu bedenklichen
Begleitern, die mir an der Schwelle des Pallasts,
Mit ihrer düstern Gegenwart, zur Seite stehn.
Denn schon im hohlen Schiffe blickte der Gemahl
40 Mich selten an und redete kein freundlich Wort.
Als wenn er Unheil sänne saß er gegen mir.
Nun aber als wir des Eurotas tiefe Bucht
Hineingefahren und die ersten Schiffe kaum

Das Land berührten, sprach er, wie vom Gott bewegt:
Hier steigen meine Krieger, nach der Ordnung, aus,   45
Ich mustre sie, am Strand des Meeres hingereiht;
Du aber ziehe weiter, an des heiligen,
Befruchtenden Eurotas Ufer immer fort
Die Pferde lenkend auf der feuchten Wiese Schmuck,
Biß du zur schönen Ebene gelangen magst,   50
Wo Lakedämon einst ein fruchtbar weites Feld,
Von ernsten Bergen nah umgeben, angebaut.
Betrete dann das hochgebaute Fürstenhaus
Und mustre mir die Mägde, die ich dort zurück
Gelassen, mit der klugen alten Schaffnerinn.   55
Die zeige bir der Schätze reiche Sammlung vor,
Wie sie dein Vater hinterlies und die ich selbst,
In Krieg und Frieden, stets vermehrend, aufgehäuft.
Du findest alles nach der Ordnung stehen.   Denn
Das ist des Fürsten Vorrecht daß er alles treu   60
In seinem Hause, wiederkehrend, finde, noch
An seinem Platze jedes wie er es verlies.
Denn nichts zu ändern hat für sich der Knecht Gewalt.
Wenn du nun alles nach der Ordnung durchgesehn,
Dann nimm so manchen Dreyfuß als du nöthig glaubst 65
Und mancherley Gefäße, die der Opfrer sich
Zur Hand verlangt, um die Gebräuche zu vollziehn.
Die Kessel und die Schaalen, wie das flache Rund.
Das reinste Wasser aus der heilgen Quelle sey
In hohen Krügen, ferner sey das trockne Holz   70
Das Flammen schnell empfangende bereit,
Ein wohlgeschliffnes Messer fehle nicht zuletzt;
Doch alles andre geb ich deiner Sorge heim.
So sprach er, mich zum Scheiden drängend; aber nichts
Lebendiges bezeichnet mir der Ordnende   75

Daß er, die Götter zu verehren, schlachten will.
Bedenklich ist es, doch ich sorge weiter nicht
Und alles bleibe hohen Göttern heimgestellt,
Die das vollenden, was in ihrem Sinn sie däncht,
80 Es werde gut von Menschen, oder werde bös
Geachtet und wir Sterblichen ertragen das.
Schon manchmal hob das schwere Beil der Opfernde,
Nach des gebengten Thieres Nacken weihend auf,
Und konnt' es nicht vollbringen, denn ihn hinderte
85 Des nahen Feindes oder Gottes Zwischenkunst.

Chor.

Verlasset des Gesanges freudumgebnen Pfad
Und wendet zu der Thüre Flügeln euren Blick.
Was seh ich, Schwestern! schreitet nicht die Königin,
Mit heftiger Bewegung, wieder zu uns her?
90 Was ist es, große Königin? was konnte dir
In deines Hauses Hallen, statt der Deinen Gruß,
Erschütterndes begegnen? Du verbirgst es nicht;
Denn Widerwillen seh ich an der Stirne dir,
Ein edles Zürnen das mit Überraschung kämpft.

Helena.

95 Der Tochter Zeus geziemet nicht gemeine Furcht
Und flüchtig, leise Schreckenshand berührt sie nicht;
Doch das Entsetzen, das dem Schoos der alten Nacht,
Von Urbeginn entsteigend, vielgestaltet noch
Wie glühende Wolken, aus des Berges Feuerschlund,
100 Herauf sich wälzt, erschüttert auch des Helden Brust.
So haben mir die Götter heute grauenvoll
Den Eintritt in mein Haus bezeichnet, daß ich gern

Von oft betretner, langersehnter Schwelle mich,
Gleich einem Fremden, scheidenden entfernen mag.
Doch nein! gewichen bin ich her, aus Licht, und weiter sollt 105
Ihr mich nicht treiben, Mächte, wer ihr immer seyd.
Auf Weihe will ich sinnen und, gereinigt, soll
Des Heerdes Gluth die Frau begrüßen und den Herrn.

Chor.

Entdecke deinen Dienerinnen, edle Frau,
Die dir verehrend beystehen, was begegnet ist.   110

Helena.

Was ich gesehen, sollt ihr selbst mit Augen sehn,
Wenn ihr Gebilde nicht die alte Nacht sogleich
Zurückgeschlungen, in den Tiefen Wunderschoos.
Doch daß ihrs wisset, sag ichs euch mit Worten an:
Als ich des königlichen Hauses Tiefe nun,   115
Der nächsten Pflicht gedenkend, feyerlich betrat,
Erstaunt' ich ob dem öden, weiten Hallenraum.
Kein Schall der emsig wandelnden begegnete
Dem Ohr, kein Eilen des Geschäftigen dem Blick;
Und keine Magd und keine Schaffnerinn erschien,   120
Die jeden Fremden freundlich sonst begrüßenden.
Als aber ich des Heerdes Busen mich genaht,
Da sah ich, bey verglommner Asche lauem Rest,
Am Boden sitzen ein verhülltes, großes Weib,
Der Sinnenden vergleichbar, nicht der Schlafenden.   125
Mit Herrscherworten ruf ich sie zur Arbeit auf,
Die Schaffnerinn vermuthend, die, mir unbekannt,
Des scheidenden Gemahles Vorsicht angestellt;
Doch eingefaltet sitzt die Unbewegliche;
Nur endlich rührt sie, auf mein Dräun, den rechten Arm, 130

Als wiese sie von Heerd und Halle mich hinweg.
Ich wende zürnend mich von ihr und eile gleich
Den Stufen zu, auf denen sich der Thalamos
Und nah daran der königliche Schatz erhebt.
135 Allein das Wunder reißt sich schnell vom Boden auf,
Gebietrisch mir den Weg vertretend, zeigt es sich
In hagrer Größe, hohlen, blutigtrüben Blicks,
Seltsamer Bildung, wie sie Aug und Geist verwirrt.
Doch red ich in die Lüfte; denn das Wort bemüht
140 Sich nur umsonst Gestalten schöpfrisch aufzubaun.
Da seht sie selbst! sie waget sich ans Licht heraus.
Hier sind wir Meister, bis der Herr und König kommt.
Die grausen Nachtgeburten drängt der Schönheitsfreund,
Phöbus hinweg in Höhlen, oder bändigt sie.

Chor.

145   Vieles erlebt ich, obgleich die Locke,
    Jugendlich, wallet mir um die Schläfe!
    Schreckliches hab' ich vieles gesehen,
    Kriegrischen Jammer, Ilions Nacht,
    Als es fiel!

150   Durch das umwölkte, staubende, Tosen
    Drängender Krieger hört ich die Götter
    Fürchterlich rufen, hört ich der Zwietracht
    Eherne Stimme schallen durchs Feld,
    Mauerwärts!

155   Ach! sie standen noch
    Ilions Mauern;
    Aber die Glut zog
    Schon, vom Nachbar

Zum Nachbar sich
Verbreitend,
Hier und dort her, 160
Über die Stadt.

Flüchtend sah ich,
Durch Rauch und Gluth,
Zürnender Götter 165
Gräßliches Nahen;
Wundergestalten,
In dem düstern
Feuerumleuchteten Qualm.

Sah ichs? oder bildete 170
Mir der angstumschlungene
Geist solches Verworrene?
Sagen kann ichs nicht;
Aber daß ich dieses
Gräßliche hier 175
Mit Augen sehe
Weiß ich.

Könnt' es mit Händen fassen,
Hielte die Furcht
Vor dem Gefährlichen 180
Mich nicht zurück.

Welche von Phorkos
Töchtern bist du?
Denn ich vergleiche
Dich diesem Geschlecht. 185
[Bist du der Gorgonen
Eine? bist du

Eine der fürchterlich sie,
Schwesterlich hütenden?]
Bist du der graugebohrnen,
Einäugigen, einzähnigen,
Graien eine gekommen?

190 Wagest du Gräßliche
Neben der Schönheit,
Vor dem Kenner
Phöbos dich zu zeigen?
Doch tritt immer hervor;
Denn das Häßliche
195 Sieht er nicht,
Wie sein heiliges Aug
Niemals den Schatten sieht.

Aber uns nöthigt
Ein trauriges Geschick
200 Zu dem Augenschmerz;
Den das Verwerfliche
Schönheitsliebenden rege macht.

Ja! so höre denn,
Wenn du frech
205 Uns entgegenstehst,
Höre Fluch und Schelten,
Aus dem Munde der glücklich
Von den Göttern gebildeten.

Stehe länger, länger!
210 Und grins' uns an.
Starre länger, länger!
Häßlicher wirst du nur.

Ausgeburt du des Zufalls,
Du, verworrener,
Du erschöpfter Krafft
Leidige hohle Brut.

Phorkyas.

Alt ist das Wort, doch bleibet wahr und hoch der Sinn:
Daß Schaam und Schönheit, nie zusammen, Hand in Hand,
Den Weg verfolgen, auf des Menschen Lebenspfad.
Tief eingewurzelt wohnet in beyden alter Haß,
Und wenn sie auf dem Wege sich auch irgendwo
Begegnen, jede sogleich der Gegnerin den Rücken kehrt.
Dann eilet jede wieder heftiger, weiter fort,
Die Schaam betrübt, die Schönheit aber frech gesinnt,
Bis sie zuletzt des Orkus hohle Nacht umfängt,
Wenn nicht das Alter sie vorher gebändigt hat.
Euch find ich nun, ihr frechen, aus der Fremde her,
Mit Übermuth ergossen, gleich der Kraniche
Laut, heißer klingendem Zug, der über unser Haupt,
Wie eine Wolke ziehend, krächzendes Getön
Herabschickt, das den stillen Wandrer über sich
Zu blicken lockt; doch ziehn sie ihren Weg dahin,
Er geht den seinen, also wirds mit uns geschehn.

Wer seyd denn ihr? daß ihr des Königs hohes Haus
Mit der Mänaden wildem Getümmel umtönen dürft?
Wer seyd ihr? daß ihr seiner ernsten Schaffnerinn
Entgegenheulet, wie dem Mond der Hunde Schaar.
Wähnt ihr daß ich nicht wisse welch Geschlecht ihr seyd,
Du kriegerzeugte, schlachterzogne, junge Brut.
Du männerlustige, verführt verführende
Entnervende des Kriegers und des Bürgers Kraft.

Seh ich zu Hauf euch scheint mir ein Cicaden Schwarm
Herabzustürzen auf des Feldes grüne Saat.
Verzehrerinnen fremden Fleißes! Naschende
245 Vernichterinnen aufgekeimten Wohlstands ihr.
Eroberte, verkauft, vertauschte Waare du.

Helena.

Wer in der Frauen Gegenwart die Mägde schilt,
Beleidiget die Hoheit der Gebieterinn.
Denn ihr gebührt allein das Lobenswürdige
250 Zu rühmen und zu strafen das Verwerfliche.
Auch bin ich wohl zufrieden mit dem Dienste den
Sie mir geleistet als die Kraft von Ilion
Die Hohe stand, und fiel und lag. Nicht weniger
Als wir der Irrfahrt kummervolle Wechselnoth
255 Ertrugen, wo sonst jeder sich der nächste bleibt.
Auch hier erwart ich gleiches von der muntren Schaar.
Nicht was der Knecht sey fragt der Herr, nur wie er dient.
Drum schweige du und grinse sie nicht länger an.
Hast du das Haus des Königs wohl verwahrt bisher,
260 Anstat der Hausfrau, dienet es zum Ruhme dir;
Doch jetzo kommt sie selber, tritt nun du zurück,
Damit nicht Strafe werde statt verdienten Lohns.

Phorkyas.

Den Hausgenossen drohen ist ein großes Recht,
Das eines gottbeglückten Herrschers Gattinn sich
265 Durch langer Jahre weise Leitung wohl verdient.

Vor dem Palaste.

Scenar vor 8488 fehlt *H*[1] Vor — Sparta fehlt *H*[2] Me=
nelas] Menelaos *H*[3] gefangener Trojanerinnen fehlt *H*[2] Zu-

satz g H^3 Troja auf Rasur am Zeilenende H^{III} Panthalis
Chorführerin fehlt H^2H^3 nachträglich g mit Correctur aus
Pantalis H^{III} 8488 fehlt H^1—H^{III} 8489—8491 sammt
Überschrift geklebt auf Copie der alten Geistschen (H^1)
Fassung H^2 (doch ist darunter schon g corrigirt s. H^{2a}
8490. 8491)   8490 von — regsamem] von der Woge schaukelndem
H^1H^2 gleich als wenn die Woge noch H^{2a} 8491 Geschaukel,
das] Bewegen die H^1—H^3 Mich schaukelte die H^{2a} Blach=
gefild] Gefild H^1 Blach g üdZ H^{2a} 8492 sträubig] sträubig
g^1 über ihrem H^1 sträubig H^2H^3 sträubig= H^{III} hohem g^1
aus hohen H^1 durch] mit H^1 8493 in — Buchten] an hei=
misches Gestade H^1 8494 freuet g^1 aus freut sich H^1 8495
sammt] mit H^1 seiner] der H^1 8497 Tyndareos] Tyndareus
H^1—H^{III} aus Tyndareus H nah] an H^1 nach H^3 Hange
g über Fuße H^1 8498 aufgebaut] das phonetische Komma
der Überlieferung macht die Construction undurchsichtig.
8499 Und,] Und   8500 auch und] und mit H^1 8501 Sparta's]
Sparta's, wo das Komma störend.   8502 Gegrüßet — mir]
Seyd mir gegrüßt H^1 ehrnen] ehrenen H^2 aus ehrenen H^3
8503 Durch deren weiteinladendes Eröffnen einst H^1 8504 Der
mir aus vielen Auserwählte Menelas H^1 8506 ein Eilgebot] das
Gebot H^1 8507 Königs treu] Königes H^1 8509 Was mich bis=
her und andere verworren hat H^1 8510 Schwelle] Stelle John
$H^3H^{III}H^C$ 8511 Cytherens — besuchend g^1 aus Zu [aus Ver=
sehen nicht gestrichen] Kypris Tempel wandelnd H^1 heiliger]
heilger H^1—H^3 8515 Von dem der Fabel[n?] seltenste den Ur=
sprung nahm g^1 aus dem Siebenfüssler (vgl. z. B. 8657. 8759,
8826, 8846, 8985, 9077, 9128) Von dem die seltne Fabel ihren ersten
Ursprung nahm H^1 8516—8523 fehlt H^1H^2 nachträglich s. o. H^3
8519 allen] allem H^4 8520 sein Absatz H^3H^{III} heraufgezogen H
8522 unter Doch beugt auch übermäßiger den Sinn H^4 Mann]
Held H^4 8523 den Sinn über das Knie H^4 8524! g H^{III}
8525 nun] bin H^1 8530 gefangen aus gefangene H 8531 be=
stimmten fürwahr] gaben die H^1 8532 der — bedenkliche] der
Schönheit zu bedenklichen H^1 8533 Begleitern, die mir an der

Schwelle des Pallasts, H^1 8534 düster drohender] ihrer düstern H^1
8535 mich fehlt H^1 8536 Mich selten an und redete kein freund=
lich Wort H^1 8538 des — Buchtgestad] wir des Eurotas tiefe
Bucht H^1 tiefem] tiefes H^2 aus tiefes H^3 8539 Hineingefahren
und die ersten Schiffe kaum H^1 8540 begrüßten] berührten H^1
8542 mustre] lies mustere denn das e scheint g eingefügt H^3
steht in H^{III} fehlt wohl ohne Absicht HC sie g üdZ H^1
8543 ziehe des] an des H^1 zieh des H^2 g aus zieh des H^3 8544
Befruchtenden Eurotas Ufer immer fort H^1 auf] fort H^2 über
fort (Riemer notirt Vorschläge stets entlang — ebenso Riemer
aR H^{III} — immer längs immer nach)) H^3 8545 Rosse] Pferde H^1
8546 eingeschoben g Biß du zur schönen [über weiten Ebene
gelangen magst H^1 8547 ich setze Komma vor einst gegen die
Hss. und $C4$, da Feld nicht als Accusativ des Objects, sondern
nur als appositioneller Nominativ gefasst werden kann
und ist zu angebaut zu ergänzen ist. 8549 hochgethürmte] hoch=
gebaute H^1H^2 aus hochgebaute H^3 8550 mustere] mustre
aus mustere H^1 über mustre H^2 mir g^1 üdZ H^1 8551 sammt]
mit H^1 über klugen alten notirt Riemer mit Bleistift alt
verständigen H^{III} 8553 g über Die einst H^1 8558 seinem —
jedes g aus seinen Plätzen alles H^1 er's dort] er es H^1 8560—
8567 fehlt H^1H^2 nachträglich H^3 Verszählung 1—9 g^1 H^4
8560 Erquicke unter Erfreue H^4 herrlichen aus heitern H^4
8561 unter Des Hohen Hauses H^4 vermehrten] sich mehrenden H^4
über sich mehrenden g H^3 8562 skizzirt In dem Gemach? Ge=
schmuck?] Denn der Schmuck von Gold von Juwelen H^4 8564
und Absatz $H^4H^3H^{III}$ heraufgezogen H auf] aus H^4 das aber
nicht unmittelbare Vorlage; eine Änderung ist nicht ausgeschlossen vgl. Deutsches Wörterbuch 1, 646. 8566 Ich sehe gern
[vor der] Schönheit im [üdZ] Kampf H^4 freuet] freut H^3H^{III}
aus freut g mit Verwischung der genauen Responsion H in
dem g aus im H^3 8567 schon nach 8564 aber dort gestrichen
H^4 8568 fehlt H^1—H^3 Zusatz g sammt Überschrift H^{III}
8571 Opfrer aus Opferer H^3 8572 vollziehend — Festgebrauch]
um die Gebräuche zu vollziehn H^1 8573 auch] und H^1 8574

heiligen] heilgen H^1—H^{III} 8575 ferner auch] ferner sey über
wie H^1 Holz vor bereit H^1 8576 Das Flammen schnell em=
pfangende bereit [nach sey auch] Fünffüssler wie öfters H^1
Flammen] Flamme $C\,41$ halte da] sey Fünffüssler $H^2 H^3$ über
sey g H^{III} ebenso H 8578 heim H^1 g aus hin aber nicht ganz
deutlich H^2 darum wieder hin $H^3 H^{III} HC$ 8580 Lebendigen —
zeichnet] Lebendiges bezeichnet H^1 8581 Olympier] Götter H^1
8585 möge] werde H^1 möge] werde H^1 8586 sein — wir] und
wir Sterblichen H^1 8587—8590 alt H^5 g aus Geists Zeit H^1
8587 schwere fehlt. Fünffüssler H^5 8588 Zu — erdgebeugten]
Nach des gebeugten $H^5 H^1$ Zu des tief gebeugten H^2 erd über
tief H^3 weißend sehr undeutlich, vielleicht wetzend H^5
8591—8603 fehlt $H^1 H^2$ nachträglich H^3 8593 Guten] Gutes
normirt erst Göttling $C\,4$ Da aber die hsl. Überlieferung und
noch $C^1\,4$ Guten bietet. ist das geläufige Gutes Muths hier
nicht anders zu behandeln als sonst die von Göttling octroyir-
ten starken Genetive.   8595 Menschen] Menschengeschlecht H^4
8596 fehlt H^4 8599 Und nachträglich H^4 8600 dienstbar freu=
dig] freudig dienstbar H^4 8601 1½ unleserliche Z beginnend
Sehen Tochter [?] schliessend Himmel und Sonne und H^4
8604—8609 später Nachtrag g Fol. 3^1 dann ⅓ S leer und
8610—8637 auf 3^2 von Johns Hand H^1 vor 8604 Helena g H^{III}
8604 Was nach Und H^6 auch üdZ H^6 mir geziemt] bleibt mir
jetzt [nach nur] H^6 aus bleibt mir jetzt H^1 8605 ungesäumt
fehlt $H^6 H^1$ das] das würdige $H^6 H^1$ 8606 aus Das lang ent=
behrte, viel ersehnte, fast verscherzte H^6 nach 8609 Ab fehlt.
8610 Eine durchgezählte Riemersche Niederschrift dieses Chors
und 8882 ff.. eingelegt im Satyroma H^2, hat keine selbständige
Bedeutung; von Riemer auch die Bezifferung (zweimal 1—9
wie H^7) des mit 1 nummerirten Chors H^2 *Ich gebe zur
bequemen Übersicht zunächst die Fassung H^5 (8632—8637
nach H^1) mit den Varianten dazu in H^1 (= H^8) H^2 (= H^3)
— $H^7 H$ s. u. —:

Werfet Schwestern ihr
Traurig gefangene

Alle Schmerzen weg [hinweg Riemer *II²*]
Wegen [darüber über] der Frauen Glück [W.] Theilet]
Wegen Helenens Glück [W.] Theilet]
Welche das Vaterhaus [Vorschlag Riemers W. dem V.
               wiederum naht *H²*]
Mit spät wiederkehrendem
Heute mit [H. m. Zusatz] Sicherem Fuße betritt [Fuße Absatz
              II¹ heraufgezogen Riemer *H²*

Preiset die heiligen
Herstellenden [froh Riemer aR *H²*]
Rückführenden Götter [Und heim Riemer aR *II²*]
Denn der Glückliche
Wandelt wie auf mächtigen } [Wandelt der glückliche nicht wie
Fittigen hin getragen   } auf Fittigen *H²*]
Über das rauheste [Rauhste *H¹II²*]
[Wie das Ebene]
Wenn der Verletzte sich [Verstoßene *II¹* die Verstoßenen *H²*
            sich fehlt *II¹H²*]
Über die Ebene [Eb'ne *H²* Umsonst Riemer aR *II²*]
[Ziel — über Zweck — verfehlend]
Vergeblich hinkend [zur vorigen Z *H²*]
Unerreichbar Ziel [Ungestecktes Riemer aR *H²*]
In dem traurigen Aug [Auge *II¹II²*]
Müdend [unter Müdend dahi] verzehrt. [Sich m. verzehrt. *II¹*
            Sich abmüdend verzehren. *H²*]

Aber sie ergriff
ein Gott die entfernte
Und [aus Aus] aus Ilions Schutt
Trug er sie her zurück [hierher sie *II¹H²*]
In das alte das neu [nun *H³* über nun *g II¹*]
H³ bricht mit neu ab, Rest nach *II¹*:
            erfrischte [geschmückte *g H²*]
Vaterhaus.

Nach unsäglichen
Freuden und Qualen,
Früher Jugend
Eingedenk zu seyn. [Angefrischt zu gedenken corr. g H^2]*

8612 ins Weite g über von dannen H^7　8615 zu g^1 aus des H^7
8617 festerem g über sicherem H^7　8618 Riemer — freudig g —
über Endlich heute sich nahet H^7　8620 Glücklich Riemer über
Froh H^7　8622 Riemer aus Schwebet der Glückliche H^7,
8623 Doch Riemer über Nicht H^7　8624 Rauhste aus verschriebnem Rauehste H^{III} umsonst Riemer über vielmehr H^7 8625—
8627 wie ich nachträglich bemerke skizzirt antiqua H^{67}:

　　Als Geketterter über die
　Zinnen [unter Mauer] sich sehnend vergeblich [s. v. unter
　　　　　　　　　　　　　　　　　vergebli]
　Arme sehnend den Luftraum [unter ins Weite] streckt
8625—8627 Riemer für
　　　Der Verstoßene über die
　　　Ebene selbst vergeblich sich
　　　Ziel vor Augen abmühet.

aR andre Riemersche Vorschläge ausgewischt H^7　8628 ein
Gott Zusatz Riemer H^7　8629 Ein Gott H^7　8630 Ilios]
Göttling aus Ilions H　8634 unsäglichen vor Freuden H^7
vor 8638 Panthalis als fehlt H^1H^2 Zusatz g H^{III} Chorführerin g aus Chor H^1　8638 Es ist seltsam dass Geist H^1
diesen Vers fortlaufend schreiben kann, da doch keine Spur,
dass der — H^1 von John nachgetragene — Chor schon der
alten „Helena" angehört. nun fehlt H^1 freudumgebnen aus
freudumgebenen H^2　8639 nach] zu H^1 Flügeln g^1 aus Flügel
H^1　8640 Kehret] schreitet H^1　8641 heftigen — Regung] heftiger
Bewegung H^1　8641 Erschütterndes] Erschütterndes aus Erschütterndes H^2 Erschütterndes H^{III} HC^14 vgl. 8670; nur
im Chor 8750 wahrt derlei $C4$.　vor 8617 welche — bewegt
fehlt H^1H^2 g auf g^1 (wo das g fehlende hat steht) H^{III}
8649 Nacht] Nacht,　8650 Von] Von aus Vom H^1 Vom John

*H*ᴵᴵᴵ*HC* ₈₆₅₁ Wie glühende *g* aus Schreibfehler (Dictat?)
Die glühenden *H*¹ ₈₆₅₃ heute — Stygischen] mir die Götter
heute grauenvoll *H*¹ heute] heute mir. *H*ᴵᴵᴵ nach mir *H*
₈₆₅₄ In's — mir] Den Eintritt in mein Haus *H*¹ ₈₆₅₅ betretner
aus betretener *H*² ₈₆₅₆ Gleich einem Fremden, scheidenden ent=
fernen mag *H*² ₈₆₅₇ sollt] weiter sollt *H*¹ ₈₆₅₈ weiter fehlt *H*¹
seid] immer seyd *H*¹ ₈₆₅₉ dann] und, *H*¹ mag], soll *H*¹
₈₆₆₀ Des aus Die *H* wie] und *H*¹ vor ₈₆₆₁ Chor *H*¹ ₈₆₆₂ bei=
stehn] beystehen *H*¹ ₈₆₆₅ ihrer Tiefe] den Tiefen *H*¹ ₈₆₆₇ Königs
— raum] königlichen Hauses Tiefe nun *H*¹ ₈₆₆₉ der — Schweig=
samkeit] dem öden, weiten Hallenraum *H*² ₈₆₇₀ Nicht] Kein *H*¹
Wandelnden] wandelnden über wandelnden *H*² wandelnden
John aus wandelnden *H*ᴵᴵᴵ wandelnden *H* s. o. ₈₆₄₄ ₈₆₇₁
nicht — thun] kein Eilen des Geschäftigen *H*¹ raschgeschäftges]
raschgeschäftges *H*² ₈₆₇₂ erschien — Schaffnerin] und keine Schaff=
nerinn erschien *H*¹ ₈₆₇₃ jeden *g* aus jedem *H*¹ begrüßenden *g*
aus begegnenden *H*¹ ₈₆₇₄ dem — Herdes] des Heerdes Busen
*H*¹ ₈₆₇₆ welch] ein *H*¹ ₈₆₇₇ Der Sinnenden vergleichbar,
nicht der Schlafenden *H*¹ ₈₆₇₉ mir — vielleicht] vermuthend,
die, mir unbekannt, *H*¹ ₈₆₈₀ Des scheidenden Gemahles Vor=
sicht angestellt *H*¹ ₈₆₈₄ ab fehlt *H*¹ ₈₆₈₅ worauf empor] auf
denen sich *H*¹ ₈₆₈₆ Und nah daran der tönigliche Schatz erhebt.
*H*¹ ₈₆₈₈ zeigt es *g* aus zeigte — Dictat (folgt sich)? dagegen
₈₇₀₀ offenbar undeutliche Vorlage — *H*¹ ₈₆₉₂ schöpferisch]
schöpfrisch *H*¹ schöpferisch *H*² belassen gemäss der in *H*² vor=
waltenden Tendenz reichere Anapäste herauszuarbeiten.
₈₆₉₃ wagt — sich] waget sich *H*¹ hervor] heraus *H*¹ nach ₈₆₉₆
Phorkyas — auftretend fehlt *H*¹*H*² Einschub *g* auf *g*¹ (hervor=
tretend *g* auftretend *g*¹) *H*ᴵᴵᴵ ₈₆₉₇ ff. der einzige alte von Geist
geschriebene Chor *H*¹ nummerirt 11 *H*² ₈₆₉₇—₈₇₀₉ fehlt
*H*⁷ wo dann *g*¹ II NB Strophe ₈₇₀₀ Ilios] Ilions *g* aus
Ideons *H*¹ Ilions *H*²*H*ᴵᴵᴵ aus Ilions *H* ₈₇₀₁ es aus er *H*ᴵᴵᴵ
₈₇₀₅ Eherne] Ehrene *H*¹ *₈₇₀₇—₈₇₅₃ *H*¹*H*² (₈₇₃₆—₈₇₅₃ *H*⁹):

Ach! sie standen noch
Ilions Mauern;

Aber die Glut zog
Schon, vom Nachbar
Zum [g aus zu dem] Nachbar sich
Verbreitend,
Hier und dort her,
Über die Stadt.

Flüchtend sah ich,
Durch Rauch und Gluth,
Zürnender Götter
Gräßliches Nahen;
Wundergestalten,
In dem düstern
Feuerumleuchteten Qualm.

Sah ichs? oder bildete
Mir der angstumschlungene
Geist solches Verworrene?
Sagen kann ichs nicht;
Aber daß ich dieses
Gräßliche hier
Mit Augen sehe [g nach sahe]
Weiß ich.

Könnt' es mit Händen fassen,
Hielte die Furcht
Vor dem Gefährlichen
Mich nicht zurück.

Welche von Phorkos [aus Phorkas *H*[1]]
Töchtern bist du? [Töchteren Riemer *H*[2] s. o. 644]
Denn ich vergleiche Dich
Diesem Geschlecht.
[Bist du der Gorgonen
Eine? bist du
Eine der fürchterlich sie,
Schwesterlich hütenden?]

Bift du der graugebohrnen [Riemers Ja du bift wieder getilgt
                    H² graugeborenen Riemer H²]
Einäugigen, einzähnigen, [E.] Eingeäugten Riemer H²]
Graien eine gekommen? [e.] Eine Riemer H²]

Wageft du Gräßliche
Neben der Schönheit,
Vor dem Kenner [Dich v. d. K. Riemer H²]
Phöbos dich zu zeigen? [dich Riemer H²]
Doch tritt immer herbor; [fehlt H⁹ Du aR Riemer H² folgt
          undeutlich Diese Blicke nicht Die den Schatten H⁹]
Denn das Häßliche [Denn über Und H⁹]
Sieht er nicht, [zur vorigen Z Riemer H²]
Wie sein heiliges Aug [Riemer aR Wie sein Auge, das heilige
                    Wie sein heiliges Auge noch H²]
Niemals den Schatten sieht. [Riemer aR Nie erblickte den
          Schatten   Niemals erblickte den Schatten H²]

Aber uns nöthigt [folgt ein traurigs H⁹]
Ein trauriges Geschick
Zu dem Augenschmerz;
Den das Verwerfliche
Schönheitsliebenden rege macht. [Schönheitliebenden H²]

Ja! so höre denn, [Ja über Aber H⁹]
Wenn du frech [zur vorigen Z Riemer H²]
Uns entgegenstehst, [Riemer aR entgegeneft H²]
Höre Fluch und Schelten, [u. S. tilgt Riemer, aR
                    Höre _ ◡ ◡ Schelten H²]
                      grimmiges
Aus dem Munde der glücklich
Von den Göttern gebildeten.

Stehe länger, länger! [4 Z angeklebt H² lange, lange H⁹]
Und grins' uns an. [kein Absatz H⁹]
Starre länger, länger! [lange, lange H⁹]
Häßlicher wirst du nur. [kein Absatz H⁹]
Ausgeburt du des Zufalls,

Du, verworrener, [Du ganz v. Riemer *H²* Kraft *H⁹*]
Du erschöpfter Krafft [Völlig für Du Riemer *H²*]
Leidige hohle Brut. [B.] Brut du Riemer *H²*]*
8707 Ilios aus Ilions erst *H*   8711 eignen aus eigenen *H⁷*   vor
8713 Antistrophe *H⁷*   8714 Loh'n *H⁷* Lohn wo der letzte Buchstab einem c ähnlicher, aber dem von Nahn. darunter ganz
gleich *Hᴵᴵᴵ* Lohe also Schreiberversehen gegen die metrische
Responsion *HC*   8717 düsteren nach den *H⁷*   vor 8719
Epodos *H⁷*   8720 angstumschlungne *Hᴵᴵᴵ*   vor 8728 Strophe *H⁷*
8735 Graien] aus G, raien *g* in Spatium *Hᴵᴵᴵ*   vor 8736 Antistrophe *H⁷*   8742 heilig] heiliges *C41*   vor 8744 Strophe *H⁷*
8747 Ewig] ewig *C4* aus ewig *H*   =unselige] =Unselige *H*   vor 8749
Antistrophe *H⁷*   8749 wenn *g* aus wie *Hᴵᴵᴵ*   nach 8753 ¹₃ S leer *H*
vor 8754 Phorkyas *g* aus Phorkas *H*   8754 hoch — wahr] wahr
und hoch *H¹H²*   8756 über — Pfad] auf des Menschen Lebenspfad *H¹*   8757 wohnt] wohnet *H¹*   8758 Und wenn sie auf dem
Wege sich auch irgendwo *H¹*   8759 jede] jede sogleich *H¹*   8761
Scham aus Schaar *Hᴵᴵᴵ*   8763 gebändigt *g¹* über vernichtet *H¹*
8766 =heiser], heißer *H¹*   8767 Wie eine Wolke ziehend, krächzendes
Getön *H¹*   8768 Schickt] Herabschickt *H¹*   hinauf fehlt *H¹H²* *g*
üdZ *Hᴵᴵᴵ*   8771 Königes [Königs Druckf. aus *C41*] Hochpalast]
Königs hohes Haus *H¹* Königes Palast *H²* Hoch *g* üdZ *H³*   8772.
8773 Mit der Mänaden wildem Getümmel umtönen dürft? Wer
seyd ihr? daß ihr seiner ernsten Schaffnerinn *H¹*   8774 Entgegen
heulet auf Rasur *Hᴵᴵᴵ*   8775 verborgen — mir] daß ich nicht
wisse *H¹*   8776 schlachterzogne] schlechterzogne Schreibfehler
H¹H²Hᴵᴵᴵ   8777.   8778 Du [*g¹* über Dich] männerlustige, verführt verführende Entnervende [nach Krieger] des Kriegers und
des Bürgers Kraft (des — Kraft Zusatz *g*. Geist bricht mit Entnervende ab) *H¹*   8779 Zu — sehend] Seh [über Wo *H¹⁰*] ich zu
Hauf euch *H¹⁰H¹* scheint nach seh *H¹⁰*   8780 deckend — Felder-
saat] auf des Feldes grüne Saat *H¹⁰H¹* grüne. grünende *C41*
8782 aufgekeimten] des a. *H¹⁰*   8783 Erobert' — vertauschte] Eroberte,
vertauscht, verkaufte *H¹⁰* Eroberte, verkauft, vertauschte *H¹* ich
apostrophire gegen *HC*   8784 Wer in der Frauen Gegenwart

die Mägde schilt $H^{10}H^1$ Frau] Fraun aus Frauen H^2 Fraun H^{111} aus Fraun H 8785 Beleidiget die Hoheit der Gebieterinn $H^{10}H^1$ Vorschläge Riemers Antastet er das Hausrecht der Ge=bieterin   Die Hoheit der Gebieterin beleidigt er   Hausrecht be=leidigt er und Hoheit der Gebieterin Siebenfüssler   Hausrecht und Würde [Spat. für der Gebieterin] tastet an   In Recht und Würden greift er der Gebieterin H^7 Fol. 6   8787 wie] und $H^{10}H^1$ was — ist] das Verwerfliche $H^{10}H^1$ 8788. 8789 Auch bin ich wohl zufrieden mit dem Dienste den Sie mir geleistet als die Kraft von Jlion $H^{10}H^1$ Jlios aus Jlion erst H 8790 unter Noch stand und H^{10} Umlagert] Die Hohe $H^{10}H^1$ 8791 der Irr=fahrt] des Meeres H^{10} 8793 muntren] muntern seit John H^2 gegen die Vorlage.   8795 sie nicht umgeziffert nicht sie H^2 8797 Hausfrau über Frau H^{10} solches dient] dienet es $H^{10}H^1$ 8798 selber aus selbst H^{10} 8799 verdienten Lohns] des Lohnes dir H^{10} g aus des Lohnes dir g^1 H^1 vor 8800 Phorkyas fehlt H^{10} aus Phorkas g H^1 8800 bleibt] ist $H^{10}H^1H^2$ g über ist H^{111} 8801 Das] Das eines $H^{10}H^1$ hohe fehlt $H^{10}H^1$ 8802 wohl] sich H^{10} folgt Paralip. Nr. 85. H^{10}

    8803 nun — neu] die Anerkannte nun (undeutlich) H^{11} nun Anerkannte! neu eigenhändig H^1 nun Anerkannte! nun John's Abschrift H^2 danach John $H^{111}HC$ Die Corruptel erkannte Düntzer, emendirte aber neu Anerkannte! nun wogegen schon die antikisirende Redefigur neu den alten sprach.   8804 Königin und] königlichen $H^{11}H^1$ Hausfrau] darüber g^1 Gattin H^1 8806 unter Nimm in Besitz H^{11} Den Schatz nimm in Besitz und uns dazu $H^{11}H^1$ 8809 besittigt,] besittigt, H^1 besittigt H^2—C 8810 s. ältestes Schema Paralip. Nr. 84.   8810. 8811 gestrichen ohne Überschriften H^{12} vor 8810 Ch. H^{11} 8810 zeigt — Häß=lichkeit] ist das Häßliche H^{12} zeigt sich über stehet H^{11} vor 8811 Ph. H^1H^2 usf. Phort. H^{111} usf.   8811 Klugheit] Weisheit H^{12} nach 8811 Von — heraustretend fehlt $H^{11}H^1H^2H^{111}$ Zusatz g H vor 8812 Choretide 1.] Ch. H^{11} usf. Chf. H^1 usf. Chorf[ührerin] H^2 usf. Chorführ. dann Chorf. usf. H^{111} nach Chorführ. g H und entsprechend bis vor 8822.   8812 unter undeutlich corri-

girtem Erzähl uns doch vom Erebus von der Nacht H^{11} Von]
Vom $H^{11}H^1$ melde, melde] erzähle, $H^{11}H^1$ 8814 unter Im
Orkus sind Gar manche Ungeheuer führt dein Stammbaum
auf H^{11} Ungeheur unklar H^{11} Ungeheuer $H^1 g^1$ aus Unge=
heuer H^{111} 8815 deine] dir die H^{11} 8816 dorten wohnen] ihn
bewohnen $H^{11}H^1$ 8818. 8819 quer aR H^{11} 8818 dir g aus
die H^{111} Ur=Urenkelin] wohl Urenkelin H^{11} 8819 Harpyen statt
Harpyien bleibt als mundgerechte, auch von Riemer und
Göttling nicht angetastete Form vgl. Voss Mythologische
Briefe usw. im Unflat] schmuzig $H^{11}H^1$ 8820 so gepflegte]
deine holde H^{11} über deine holde g^1H^1 8821 wonach] wornach
$H^{11}H^1H^2$ 8822 ekle üdZ H^{11} 8823 Vampyren=] Vampyrische
$H^{11}H^1$ dir] euch weil ursprünglich der ganze Chor spricht H^{11}
im frechen] im frechem H^{111} 8825 das — auf] Wir heben
auf H^{11} 8826 euch] euch herein $H^{13}H^{11}$ 8827 solchen nach
Goethischer Norm. 8828 Schädlicheres] schädlicher $H^{13}H^1$
Herrscher üdZ H^{13} 8829 heimlich unterschwworner] innerlich
entsponnener $H^{13}H^1$ 8831 In schnell vollbrachter aus Mit schnel=
ler H^{13} ihm über nicht H^{13} 8832 Nein,] Und $H^{13}H^{11}$ 8833 selbst=
verirrten] ungezügelt üdZ H^{13} Vergebne] Vergebene H^2 schelten=
den nach herrschenden H^{13} 8834 sittelosem] sitte oder sitten
über regel H^{13} sittenlosem H^1H^2 8835 Unsel'ger] Unseliger H^{13}
8839 's wohl] es $H^{13}H^1$ war] ist $H^{13}H^1$ 8840 ?] ? ... H^{13}
8841 Die] ... Die H^1 8842 verständig] verständiges aus verständigs
H^{13} verständiges H^1 radirt H^{111} vor 8843 keine Überschrift
$H^{13}H^{14}$ s. o. 8843 mannichfaltigen — gedenkt] mannigfaltges
[tiges H^{13}] Glück genoß $H^{13}H^{14}$ 8844 Ihm scheint aus Er=
scheint H^{13} 8845 Du freylich ohne Maaß und Ziel [o. — Z. über
aller sterblichen H^{13}] begünstigtste es folgt Paralip. Nr. 173.,
das hier zur nöthigsten Entlastung ausgeschieden $H^{13}H^{14}$
Dir aber hochbegünstigt [udZ] außer Maaß und Ziel [vor be=
günstigter] H^{15} hochbegünstigt] hochbegnadigt aus hochbegünstigt
H^{15II} (ich wähle diese Sigle, weil zwischen H^{15} und H^{15II}
ein eigenthümliches Verhältniss waltet) hochbegnadigt H^{16}
sonder über ausser H^{15II} 8846. 8847 fehlt H^{15} 8846 In langer

Lebensreihe fahst nur Liebesbrünstige [f. — L. corrig. *g* Liebesbrünstige fahst du nur] unter Lieb und Begier erregend all
dein Leben H^{1511} Jn [Jn langer H^{16} vor langer H^{17}] Lebensreihe Liebesbrünstige fahst du nur $H^{16}H^{17}H$ 8847 Entzündete
zum kühnsten Wagestück [*g* aus Wagniß H^{1511}] jeder Art
$H^{1511}H^{16}H^{17}H$ 8848 Der frühesten Zeit [über Du denckst]
[Spat.] Theseus frühster Zeit H^{15} gierig aufgeregt] ein Begehrender *g* über zur Lust H^{1511} ein begehrender H^{16} 8849
So starck als Herkules ein schöner Mann H^{15} So starck wie
Herkules ein schön geformter [e. — g. unter jedoch (üdZ) ein schöner]
Mann H^{1511} Starck [aus So starck] wie Herakles [aus Herkules]
schön und [f. u. für ein] hochgeformter Mann H^{16} Stark wie
Herakles, herrlich schön [herrlich-schön H^{17}] geformter Mann
$H^{17}H^1$ 8850—8870 mit Überschriften H. und Ph. H^{18} 8850 Als
zehenjähriges Reh entführte mich der Held H^{18} Als zehenjährigs
Reh entführt er mich H^{15} die Fassung H^{15} unklar corrigirt
in Ergriff dann kindisch das zehenjährigs [so] Reh H^{1511} Als
zehenjähriges schlankes [nach Reh] Reh [folgt ward ich — darüber von ihm — entführt aus Entführte mich] Entführt er mich
[diese 3 Worte eingangs üdZ aber der Construction nach ab-
schliessend] H^{16} zehenjährig] zehenjährig= aus zehenjähriges H^{17}
zehenjährig= H^1 zehenjährig H^2H^{1ll} siebenjährig *g* mit Rasur
aus zehenjährig aR g^1 dreyzehn H siebenjährig $C4$ von Goethe
widerrufen, vgl. Eckermann¹ 2, 136, dem Goethe am 17. März
1830 siebenjährig als Göttlingsche Weisheit preisgab: Jn der
künftigen Ausgabe mögt ihr daher aus dem siebenjährigen Reh
immer wieder ein zehnjähriges machen. Dennoch blieb siebenjährig $C41Q$ 8851 Und in Verwahrung gab er nach Attika mich
[so aus mich dem Aphidnus] H^{18} Und in Verwahrung gab er es
[über mich] nach Attika H^{1511} Und in Verwahrung gab er mich
nach Attika H^{15} aus der Skizze Verwahrte sodann [Spat.] dann
Aphidnus mich in Attika H^{16} 8852 Durch Castor und durch
Pollux dann befreyt unter Befreyt sodann durch deiner Brüder
Helden [über junge] Kraft H^{18} Befreyt [nach Doch kann]
durch Castor deinen [aus deines] Bruder [Correctur aus Bruders

vergessen vor Kraft] standest [du] H^{15}II Befreyt sodann durch
Castor und durch Pollux bald H^{15} und durch] dann und C 41
aber bald über sodann H^{16} aber fehlt H^{1} 8853 Umworben
gleich von auserwählter Helden Chor [daneben zur Auswahl
Schaar] H^{15}II standst du] dann von H^{18} gleich von H^{15} ursprünglich vor umworben [Standst du umworben umgeziffert]
von H^{16} standst du vor H^{17} 8854 Und doch von allen das ge-
steh ich ich gern H^{18} diese Fassung corrigirt in Doch meine
Gunst wie ich es gern gestehen will H^{15} Doch meine Gunst wie ich
es [gern] gestehen will H^{15}II neu skizzirt Doch stille [nach meine]
Gunst [des Heers üdZ] vor allen [v. a. über wie ich es gern gestehen
will] H^{16} 8855 Patroklus Jünger [?] er [über des] Achilles
Ebenbild H^{18} Gewann Patroklus er [üdZ] Achillens [nach gestrichnem unleserlichem Wort, schwerlich dem fraglichen
aus H^{18}] Ebenbild H^{15} Gewann Patroklus reines [über eignes]
Ebenbild Achills H^{15}II er — Peliden] er Achilles [oder Achillens]
H^{16} er fehlt H^{17} H^{1} 8856 Doch Menelas [Meneläus? Meneláos?]
gab der Vater deine Hand H^{18} Doch gab der Vater dich an
Menelas H^{15} Doch [Dann H^{1}] gab der Vater dich dem tüchtigen
[d. t. für an H^{16}] Menelas H^{16} H^{17} H^{1} 8857 Dem kühnen
Wegefahrer rüstigem Stadt (abgebrochenes Compositum) H^{18}
Den k[ühnen] Seebekrieger [zur Auswahl Seedurchstreifer Wege-
lagerer] auch im Hause klug H^{15} Dem kühnen Seedurchstreifer
[aus Seebekrieger] klugem [üdZ] auch zu Haus [aus Hause
klug] H^{16} Den] Dem H^{17} H^{1} Seedurchstreicher] Seedurchstreifer H^{17} 8858 nach 8859 aber umgeziffert H^{18} Reichs
Bestellung] Reiches Folge H^{18} 8859 Und ehlicher Bewohnung
folgt Hermione H^{18} Aus ehlicher Bewohnung sproßt hervor
[s. h. corrigirt aus?] Hermione H^{15} ehlichem Beisein] ehlicher
Bewohnung H^{16} H^{17} H^{1} 8860 Doch als er Cretas zugefallnes
Reich H^{18} Doch als er Cretas angeerbtes Reich erstritt H^{15}
aus Fassung H^{15} corrigirt H^{19} 8861 Dir — da] Erobern
ging H^{18} Von [Spat.] da [aus das] H^{15} da fehlt H^{19} H^{17} H^{1}
8862 jener] meiner abbrechend H^{18} 8863 Verderbend des Verderbens abbrechend H^{18} Und des Verderbens das mir draus

erwuchs H^{13} Auch) [Und H^{19}] des Verderbens das mir gräslich
drans erwuchs $H^{19}H^{17}H^{1}$ 8864 Auch mich verdarb die Unglücks=
volle Fahrt H^{18} Auch jene Fahrt nach Creta brachte mir H^{15}
8865 Mich fing er mich Egiptierin (vgl. Paralip. Nr. 84.) H^{18}
erschuf sie,] und diese H^{15} 8866 Und setzte dich etw[a Spat.]
Schaffnerinn H^{18} Er setzte dich hierher als Schaffnerinn H^{15}
Doch [über Als] Schaffnerinn bestellt er damals wohl [üdZ] dich
hier [nach hierher] H^{19} sogleich) sodann H^{17} hieher) hierher un=
klar H^{17} hierher H^{1} 8867 In dem [Pallast) abgebrochen H^{16} Als
Schatzbewahrerinn abgebrochen unter In des Pallastes H^{15}
unter Als Bewahrererinn des Schatzes [aus Schatzbewahrerinn] ein
gros Vertraun H^{19} Burg — erworbnen] Haus mit kühn er=
worbnem Schatz H^{19} 8868 Im lang verwaisten den du verlassen
hatt[est] H^{18} Den du verlassen abgebrochen H^{8} Ilios aus
Ilions erst H umthürmter] umthürmter $H^{19}H^{1}$ 8869 Trojer ge=
filde suchend Liebesfreuden dort H^{18} Und Ilions Gefild[e] Liebesfreuden dort H^{6} aus Zu langer reicher Liebesfreude zugesellt H^{19}
8870 Gedencken mag ich weder jener Freud noch Leid H^{18} allzu=
herben] den[n] des H^{6} denn des herben H^{20} 8871 Unend=
lichkeit] Unendliches $H^{6}H^{20}H^{21}H^{17}H^{1}$ Brust — Haupt] mein
Haupt [darüber Brust] H^{6} aus meine Brust H^{20} 8872 Doch
sagen sie du weiltest [über seyest] ein [üdZ nach als] Doppel
[aus Doppelt] Bild H^{6} sagt aus sagte H^{20} doppelhaft] doppeltes
$H^{20}H^{21}H^{17}H^{1}$ 8873 Ilios aus Ilion erst H gesehen] zu=
gleich üdZ $H^{6}H^{20}$ zugleich H^{21} fehlt $H^{17}H^{1}$ Ägypten] Egypten
die älteren Hss. auch unter zugleich H^{6} auch zugleich $H^{21}H^{17}H^{1}$
8874 Verwirre nicht noch mehr den wüsten Sinn H^{6} daraus
corrigirt Verwirre nicht noch ferner wüsten [darüber kranken]
Sinnes Aberwitz H^{20} dieser Siebenfüssler $H^{21}H^{17}$ 8875
Selbst jezo weis ich nicht welche ich sey H^{6} 8876 Sie sagen
ferner aus dem Todtenreich H^{6} Sie sagen ferner selbst von [j. v.
über aus dem] hohlem Schattenreich H^{20} Sie sagen ferner [selbst
von] hohlem Schattenreich empor H^{21} Sie sagen ferner hohlem
Schattenreich entstürmt H^{17} 8877 inbrünstig — Achill] Achill
inbrünstig noch H^{6} dies umgeziffert H^{20} voll Inbrunst noch

ı

Achill *II*²¹   ₈₈₇₈ fehlt *H*⁶*II*²⁰*H*²¹   Dich früher heftig [üdZ]
liebend gegen des [g. d. über vom] Geschick[s] Beschluß [für ge-
trennt] *H*¹⁷   allen] des *H*¹   ₈₈₇₉. ₈₈₈₀ isolirt *H*¹⁴ wo Paralip.
Nr. 174. folgt.   ₈₈₇₉ ihm — Idol aus mich] dem Idol ich *H*⁶
verband] vertraut *H*⁶*H*²⁰*H*²¹*H*¹⁷   ₈₈₈₀ Die Worte sagen selbst
es war ein Traum mit Ziffern 2 1 über den Vershälften *H*⁶
sagen] sagens *II*¹⁴   ₈₈₈₁ Ich schwinde] So [aus Ich] schwind
ich *H*²⁰ aus So schwind ich *II*²¹   ein] zum *H*⁶*H*²⁰*II*²¹*H*¹⁷
nach ₈₈₈₁ Scenar fehlt *II*⁶*H*²⁰*H*²¹   Sinkt] sie sinkt *H*¹⁷
*₈₈₈₂—₈₉₀₈ *H*¹⁷ markirt nur Schweige, Schweige ꝛc Denn der
Bösartige ꝛc Ängstlich sorgsam, giebt ₈₈₉₅—₈₉₀₂ sammt alter
Fortsetzung und bricht mit ₈₉₀₃ Schweige Schweige ab.   vor
₈₈₈₂ Chor] Andres Halbchor *H*¹⁷ Halbchor *II*¹*H*² nummerirt III
*H*²   Ich gebe zur Bequemlichkeit die Fassung *H*¹ mit den
Varianten *II*²³*H*²*II*²²*H*⁶*II*²⁴*H*¹⁷:

Schweige! Schweige!
Mißblickende, misredende du.
Aus so gräßlichen
Einzahnigen Lippen [für Graien Munde *II*²³]
Was enthaucht wohl
Solchem furchtbaren
Gräuelschlund? [Solch einem f. Höllenschlund *H*²³]
      [Strophe *g*¹ *H*²²]
Denn der bösartige, [₈₈₈₇—₈₈₉₄ *g*¹ *H*²²]
Wohlthätig erscheinend,
Wolfsgrimm unter
Schaafswolligem Blies
Ist mir schrecklicher
Als des dreyköpfigen
Höllenhundes Rachen.

Ängstlich sorgsam
Lauschend stehen wir da: [hier setzt ein *H*⁶]
Wie? wo? bricht es hervor, [es fehlt *H*²³]
Solcher ingrimmigen Tücke [Seiner i. T. *H*²³]

Tief verhaltenes [Verhaltnes Ungeſtüm H^{23} Verhaltenes U. H^6]
Ungedultiges Ungeſtüm. [fehlt $H^{23}H^6$ s. o.]
.: ſie übernehmen die noch ohnmächtige Königinn :. [fehlt $H^{23}H^6$]
　Anderes Halbchor [geſtrichen H^{22}　Antiſtr. g^1 H^{22}]

Nun denn ſtatt beruhigenden,

Lethegeſchöpften,

Hold mildeſten Wortes,

Regſt du auf aller Vergangenheit

Böſes mehr als Gutes,

Und zerſtörſt, zugleich [zugleich fehlt $H^{24}H^{17}$]

Mit der Gegenwart [fortlaufend in [mit H^{17}] der Gegen=
　　　　wart $H^{24}H^{17}$]

Heitern Vergnügungen, [Mit dem Vergnügen H^{24}]

Jegliche [Nachtrag g^1] Hoffnung der Zukunft [fortlaufend
　　　　die Zukunft H^{24} zugleich die Z. H^{17}]
　　　　　　.: Helena erhohlt ſich :.

[Böſes — Scenar geklebt auf den folgenden Zeilen H^{1c} Krei=
ſend — Tag. .: Helena erhohlt ſich :. H^1]

　　Ganzes Chor [geſtrichen H^{22}　Epode g^1 H^{22}]

Denn was wäre das Künftige? [was fehlt H^1 g üdZ H^2]

Löſte ſich nicht der Vergangenheit, [Schreibfehler Löſchte
　　　$H^{24}H^{17}H^1$ corrigirt H^2]

Kreiſend in Schuld und Unglück, [K. verwundene Tags Be=
　　　　wegung H^{24}　in] um H^{17}]

Rollende Jahresbewegung [fehlt, hier Schuld und oft Un=
　　　　glück Einſchub H^{24}　Jahres] Tages $H^{17}H^{1c}$]

Leiſe glücklich auf eben wieder [Langſam auf e. w. H^{24}]

In dem bewegten, unſchuldigen Tag. [Durch den $H^{24}H^{17}H^{1c}$
　　　　Im Riemer H^{22}　Frohtag Riemer aR H^{22}]

Schweige! Schweige!

Daß der Königinn Seele,

Schon zu entfliehen bereit, [zum $H^{23}H^6$]

Sich noch halte, feſthalte

Die Geſtalt aller Geſtalten [Die über In der H^{23}]

Welche die Sonne jemals beſchien. [jemals die Sonne H^{23}
Jemals Abſatz H^6]
|: Helena ermannt iſt wieder hervorgekommen. :| [fehlt $H^{23}H^6$, hier-
mit ſetzt ſchon John ein H^1]*
8885 Lippen] ich ſetze mit der ganzen Überlieferung kein
Komma in dieſer Conſtruction ἀπὸ κοινοῦ.   8894 Ungethüm]
Ungeſtüm alle Hſſ. auſſer $H^{III}H$, auch H^7 wo ſchon Tief
auflauerndes eingeführt; aber dies Epitheton wird in einer
Vorſchrift — oder iſt der Chor in HH^{III} dictirt? wie das
Folgende, wo 8919 ſetzt und 8922 Bereichern Hörfehler ſein
mag — ſtatt einer Eigenſchaft der Tücke die ſinnliche
Perſonification derſelben: das Ungethüm der Tücke herbei-
gerufen haben. Ich bleibe bei der in C4 aufrecht erhal-
tenen Lesart.   8895 freundlich — begabten aus freundlichen
Ruhtroſtbegabten Riemer H^7 8896 Letheſchenkenden aus Lethegeſchöpften [worunter Letheentſchöpften, Riemer H^7 8899 g^1
aus Und zerſtöreſt [darüber verdüſterſt g^1 aus g vernichteſt] feindlich ſamt H^7 8900 Mit — Glanz g^1 über Jeder Luſt H^7
8902 g^1 aus Hell aufleuchtenden Hoffnungsſtrahl (Riemer notirt
darüber glanz) H^7 8908 Reſt der S leer $H^{III}H$ *8909—8929
Halbverſe $H^{25}H^1H^2$ 8929 lehrt, dass dieſe Partie urſprünglich in Trimetern geplant war; die Trochäen ſtammen aus
den gleichzeitig bearbeiteten und z. Th. in denſelben Hſſ.
erſcheinenden neugriechiſchen Liedern, wo die Tetrameter
nachträglich g^3 in Halbverſe zerlegt ſind.*   8911 die — dir]
aus ſich alle Welt H^{25} 8914 unter Möcht ich gleich der H^{25}
8916 auch unter Euch H^{25} 8917 2. S, oben g^1 Schönheit
pomum eridos H^{25} 8919 ſeid] ſetzt H^{III} 8920 Gilt — Opfer]
Gleich das Opfer [Opfer — ohne Correctur des das — in
Feyer corrigirt] H^{25} mir] es H^{25} vor 8921 Phork. uſf. H^{III}
8921 Schale — Beil] Dreyſus Schaale [aus Schaal und] ſcharfes
Beil [ſch. B. über Opfer Beil] H^{25} 8922 Beräuchern g aus
Bereichern H^{III} das — an.] Nur das Opfer zeig uns an! H^{25}
8924 Welch ein aus Welcher H^1 8928 drinnen] drinne H^1
8929 Wie Droßlen ſämmtlich aufgehängt in Reih und Glied H^{16}

Wie Droßlen sämmtlich aufgehängt der Reihe nach) H^6H^{20} im]
darüber g^1 beym H^1 (Soeben hat J. Wahle auf der Rücks.
eines optischen Schemas g^1 8928. 8929 in Halbversen gefunden:
drinn[e] Drosslen Aufgehängt der Reihe nach.)   vor ~930 Chor]
das Chor H^{26} 8932 Die — die] Die menschlichen $H^{26}H^1$
8935 doch fehlt $H^{26}H^1$ Es folgt sogleich 8934 H^{26} ebenso H^1,
wo aber — nach Erholt euch aber. Von der Königinn hängt
es ab Fol. 11^1 u. — g NB Einschaltung und auf Fol. ad 11
8936—8853.   vor 8937 Ph. in den Pallast H^{27} darauf] es H^1
Zwerggestalten — ausführen] Zwerge die ausgesprochnen Befehle
ausführend g H^1 vgl. zu 8941.   8937. 8938 fehlt H^{27} 8938 hieher]
hierher H^1 8939 Des traglichen Altares goldne Hörner fest
[hierher] H^{27a} Des traglichen Altars Hörner fest an den Platz
H^{27} Gehörntem Tragaltare gebet hier den Platz H^{28} 8940 An
diese Stelle leget das Beil sogleich dar[auf? Zwischen 8939 und
8940 hieher] H^{27a} Das Beil sogleich an seine Stelle hingelegt H^{27}
über — Silberrand] auf der Fläche da H^{28} über aus neben H^1
*8941—8943 Skizze H^{27a}:

[Dreyfüße her zusammen (v[on?] mancherley Gebrauchs
Die Schaalen legt daneben, so die [oder den] Wedel auch
Hängt auch] Die Wasserkrüge stellet reichlich auch mir hin
Hier wo ihr die Wasserkrüge sogleich abzuspülen
Den [Denn?] abgebrochen
Giebts viel des Warmen Blutes, die Axt sodann
Sey ehrerbietig erwartet der Altar
Und Teppiche breitet aus*

8941 Der Wasserkrüge Vorrath [?] abzuwaschen gieb[t]s] H^{27} Der
Wasser Krüge setzen uns genug darunter ein noch undeut-
licheres Wort (vielleicht mahnet als Ersatz für gieb[t es] in
~942) H^{28} 8942 Skizze mit undeutlichen Correcturen Des
Rothen Blutes gräuliche Besudelung worüber neuer Anfang
Gar gräulich H^{27} Denn abzuwaschen gieb[t es] Blut Besudelung
darunter Des rothen H^{28} Des nach Gar H^{28} greuelvolle]
gräulichste H^{29} gräuliche H^1 8943 Den Teppich legt [Rest un-
leserlich] H^{27} hier — hin] auf der Erde hier H^{28} *8944—

8946 Damit ... [unleserlich] töniglich bestattet sey (Phor[tyas])
und sechs verhüllte Zwerge welche das Opfer Geräth tragen) H^{27}
Damit sie würdig knieend Opfer töniglich Und eingewickelt auch
als Leiche noch geehrt H^{28} Die drei Verse g an Stelle einer
ausgewischten Bleistiftskizze, die etwa lautet H^{29}:

Damit sie niederknieend Opfer töniglich
Und eingewickelt .. zwar getrennten Hauptes
Zur Grabes Ehre gelange leider allzufrüh*

8945 eingewickelt] eingewickelt endlich H^{29} sogleich fehlt $H^{29}H^1$
Die Interpunction Hauptes, sogleich [aber Hauptes sogleich, H^{III}
wahrscheinlich Dictat, also nach Goethes eigner Interpunction
im Vortrag] anständig würdig, [Komma seit H^2] aber ist
mühsam und unklar und stört die gräcisirende Construction;
die Entwicklung der Textworte zeugt ebenfalls für unsere
Herstellung. 8946 aber doch über allerdings H^{29} 8947 stehet]
steht $H^{29}H^1$ 8948 gleich gemähtem] wie gemähtes H^{29} daraus
g H^1 m g aus n H^{III} Wiesengras] Wiesen Heu H^{29} 8949
Mir aber als der Ältesten geziemt es wohl $H^{29}H^1$ 8950 Mit
dir zu sprechen urträltesten fürwahr [u. s. corrigirt g auf g^1 fürwahr der urrältesten] H^{29} Mit dir [g über ihr — Dictat?]
zu sprechen, Ururälteste fürwahr H^1 8951 scheinst] scheinest
vor weise, umgeziffert H^{29} uns fehlt H^{29} 8952. 8953 g auf
g^1 (begann Wenn dich diese Thörinnen — oder Thörig —) H^{29}
8952 hirnlos über thörig H^{29} traf] schalt H^{29} 8953 möglich]
möglichs H^{29} 8954 — s. o. 8935 — Ist leicht zu sagen von der
Königin hängt es ab H^{29} diese Fassung Zusatz g Fol. 11^2 o. für
Fol. 11^1 u. Erholt euch aber. Von der Königin hängt es ab (so
auch H^{26}) H^1 8955 selbst fehlt $H^{26}H^1$ Zugaben aus Zug
aber — Dictat? — H 8956 und fehlt $H^{26}H^1$ 8957 ff. Halbverse $H^{30}H^{26}H^1$ durch Haken g^1 vereinigt H^2 8957 Ehren-
würdigste] Herrlichste H^{30a} aus Du Ehrwürdigste H^{30} weisseste
H^{III} 8958 Halte] Halt über Laß H^{30} 8959 Schwanken —
unvergeßlich] Schon im Schwanken unvergößlich $H^{30}H^{26}$ *8960.
8961 Unsre Glieder die so gerne In dem Arm des Liebsten ruhn H^{30a*}
8960 Unsere seit H^{III} Der gleitende Daktylus scheint mir an

dieser Stelle wohlberechnet und charakteristisch. erſt —
ergetzten fehlt H^{30} ergetzten] bewegten H^{26} 8961 Ruhten]
Schmiegten H^{30} drauf] ſich H^{30} dann H^{26} Liebchens unter
KnabenBruſt H^{30} Bruſt nachträglich H^{30} 8964 fürwahr fehlt
$H^{30}H^{26}H^{1}$ oft] gleich H^{30} 8965 noch fehlt $H^{30}H^{26}H^{1}$ 8968
um — Hälſe, darüber g^{1} nach unſern Hälſen H^{2} ziehen] ziehn
$H^{26}H^{1}H^{2}H^{111}$ g aus ziehn H 8969 Entathmen — Erſticken
aus Erſticken zum Entathmen H^{26} 8970 dich üdZ H^{26} er-
barmſt] erhebſt H^{26} 8971 des — Zug] zu hören lang gedehnten
Zug $H^{30\alpha}$ 8972 Mancherlei — ſind's] denn Geſchichten giebt
es hier $H^{30}H^{26}$ Mancherley g über denn H^{1} ſind's] giebt's g
aus giebt es hier H^{1} 8973 Zuhörend — indeß unter Zum Leben
worüber Nur daß wir leben $H^{30\alpha}$ 8974 verharrend — be-
wahrt] ſeines [aus ſein] Guts [aus Gut] wohl gedenck[t] H^{30}
edlen] ſeinen $H^{26}H^{1}$ 8975 Und ſeiner Wohnung [über
Hauſes] Mauren wohl zu ſchützen weiß H^{30} hoher] ſeiner H^{26}
g über ſeiner H^{1} Mauern] Mauren H^{26} 8976 Wie auch]
So wie $H^{30}H^{26}H^{1}$ zu ſichern nach Dach g^{1} umgeziffert H
vor aus für H^{26} 8977 wohlgehn] wohlgehen aus wohlgehn
H^{1} aus wohlgehen H^{2} wohlgehen H^{111} aus wohlgehen H durch
nach lang H^{30} 8978 heilige] heilge H^{30} Richte] Richtſchnur
$H^{30}H^{26}H^{1}$ 8979 freventlich] oder ſie Um freventlichen Ge-
winnes wegen überſchritt H^{30} frevelhaft $H^{26}H^{1}$ 8980. 8981 Der
findet endlich wiederkehrend anders wenigſtens Als wie es war
abgebrochen H^{30} 8982 fehlt H^{30} 8983. 8984 Erzählen willſt du
ſagſt mir [j. m. über und redeſt] unerfreuliches H^{30} 8983 rege —
Verdrießliches] ſprich nicht andern zum Verdruß H^{26} über dieſer
geſtrichnen Faſſung rege nicht Verdrießlichs auf g H^{1} 8984
Es iſt geſchichtlich, keineswegs vorwürflich [ein Vorwurf g über
vorwürflich H^{1}] iſts $H^{30}H^{26}H^{1}$ *8985—8998 Skizze H^{30}:

Zog Menelas hinweg, du auch, und er ſodann
Zog weiter und das Haus und Erbe ſtand verwaiſt
Wie ſichs Laomedon nicht hoffte [als er] dich [aus du] mit ihm
Und ihn mit dir am Hochzeit Tag verband

H[elena].

Was soll das Alles ungeduldig machst du mich
Nicht guten Willen zeigen wohl die Reden an

Ph[orkyas].

Du hörst sogleich was eigentlich die Rede sey
Verlassen stand so viele Jahre dies Gebirg
Das hinter Sparta nordwärts sich erhöht
Taygetos und alle Höhen [Einschub, zum Ersatz für Und —
                                        Raum?]
Und manches Thales Kreis und Raum sich umschließt
[Doch]*

8985 Raubschiffend ruderte] Seeräuberisch umschiffte $H^{26}H^1$ zu
Bucht fehlt H^{26} (Siebenfüssler H^1)   8986 Zu Bucht [dann
ausgewischt zu Bucht] die Inseln sämmtlich streift er an H^{26}
streift' C 41 gegen streift   8988 Ilios] Ilium H^{26} aus Ilion
erst H langer — zehn] zehen Jahre lang H^{26} zehen lange
[g üdZ] Jahre lang H^1 8989 fehlt H^{26} aber fehlt (Fünffüssler) $H^1H^2H^{III}$ üdZ g H 8990 hier üdZ H^{26} am
Platz fehlt (Fünffüssler) H^2H^1 Tyndareos] Laomedons H^{26}
Tyndareus g über Laomedons H^1 Tyndareus H^2H^{III} g aus
Tyndareus H 8991 Erhabnes] Erhabenes H^1 stehet] steht H^1
mit dem] um das H^{26} über um das g H^1 8992 gänzlich Schuchardt üdZ H 8993 du — Lippe] du den Mund nicht
H^{26} feine Lippe du g über du den Mund nicht H^1 feine Lippe
du H^2 8994 Thal-Gebirg] Thal- fehlt $H^{26}H^1$ 8995 in —
steigt] hin sich zieht (Fünffüssler) $H^{26}H^1$ 8996 als muntrer]
ein rauschender H^{26} erst als [g üdZ] rauschender H^1 8997 Erst
der Eurotas stürzt eh er zu unserm Thal H^{26} Sich der Eurotas
herstürzt eh er durch [g über zu] unser [g aus unserm] Thal H^1
8998 An — hinfließend] Durch [eigentlich Durchs] Rohre [aus
Rohr] ziehend [aus sich zieht und] H^{26} g aus Durch Rohre breiter
ziehend H^1 8999 still — Geschlecht] im Gebirge hat ein kühnes
Volck $H^{26}H^1$ 9000 aus — Nacht] von Cimmerien H^{26} cim-
merischer g über chimärischer H^1 9001 Verweisungszeichen

Halbmond s. zu 9071 H^{31} über Und Burgen [Spat.] unersteigliche H^{31} 9002 placken unter meistern H^{31} behagt] beliebt $H^{31}H^1$ *9003—9010 keine Überschriften H^{32} 9003. 9004 — isolirt in der 9023—9029 vertretenden Partie — Das alles hatten sie geziemlich auferbaut Sie hatten Zeit es sind nun volle zwanzig Jahr H^{30}* 9003 Ganz — scheint's fehlt H^{32} 9004 vielleicht — sind's] es laufen volle zwanzig Jahr H^{32} viel= leicht an] nun volle $H^{31}H^1H^2H^{III}$ g über nun volle H 9005— 9007 fehlt H^{32} 9005 viel, Verbündete] viel verbündete H^1 Beibehaltung der Majuskel ist durch die Änderung g H^2 ge- boten. 9008 Wohl — er] Er konnt uns [undeutlich, scheint es H^{30}] H^{30}—H^{32} 9009 Frei fehlt H^{30}—H^{32} nannt' er's] hieß es H^{30}—$H^{32}H^1$ hies — Tribut über und so schützt er mich H^{30} nach Tribut ein correspondirendes Verweisungszeichen auf H^{32} hin, es folgt aber noch 9010 H^{31} 9010 fehlt $H^{30}H^{32}$ daneben Druckereisign. 17. 257 (C^1 Bogen 17) Fol. 113² H

Phorkyas — schon] ich denke wild wie Cacus wohl H^{33} diese Lesart (aber war statt wohl) gestrichen H^1 9011 Ph. Es ist ein muntrer abbrechend H^{33} 9012 Verständiger [Ver= ständger H^2H^{III}] Mann wie unter Griechen wenige [wenig H^1H^{III}] sind $H^{30}H^{32}H^1H^2$ corrigirt g H wenig'] wenig *9013—9044 Skizze — nicht erste — H^{31} (daneben o. Nacht):

Man schilt
Daß einer
Gar mancher
Ich acht
                    dort [9021]
Ist alles nett und starck zugleich und groß
An solchen Wänden
Steilig
Auch der Gedancke gleitet ab.
Und innerlich
So würdig als ergözlich
Hofmann
Galan

Säulen Knäufe Bogen

Doch scheinet alles immer hin und her zu gehn [? vgl. 9150]

Die Wapen   Ritterbilder

Die Treppe stattlich nach dem Hofe zugewandt

Und Säle grenzenlose wie die Welt so weit [vorher ohne
                  grenzenlose sammt folgender Z]

Da könnt ihr tanzen*

9013 Man — Volk] Man nennt sie [verschrieben sich] zwar H^{30}
Hier schilt man sie aus Man schilt sie zwar H^{32} g aus Hier
schalt man sie H^1 9014 grausam einer] einer grausam $H^{30}H^{32}H^1$
Ilios] Ilium H^{30} aus Ilion erst H 9015 erwies] bewies
$H^{30}H^{32}H^1$ 9016 Großheit] Großmuth $H^{30}H^{32}H^1$ 9018 an=
deres] anders $H^{30}H^{32}H^1$ gegen plumpes] als das plumpe [üdZ]
H^{30} aus als das plumpe H^{32} 9019—9021 auf g^1 H^{30} 9019 auf=
gewälzt aus aufgethürmt [aufgebaut g^1] H^{30} 9021 Auf —
stürzend] Dem rohen Steine fügend H^{30} dort — dort fehlt H^{30}
Zusatz g H^{32} 9022 nur regelhaft H^{33} Ist] Doch H^{30} über
Dort H^{32} senk=] grad H^{30} wagerecht aus recht H^{30} *9023 —
9043 fehlt H^{32} 9023—9029 Skizze H^{30}:

    Der Hof geräumig [9026]

    [9003. 9004 s. o.]

    Und Gallerien Säulchen Knäufchen Fensterchen

    Und wieder Säulchen Knäufchen wieder Fensterchen

    [folgt quer aR 9043—9047]*

9023 Schaut sie von außen, himmelan strebt sie empor $H^{33}H^1$
9024 spiegelglatt] glatt (Fünffüssler) $H^{33}H^1$ 9025 Zu klet=
tern] Kein Klettern H^{33} g aus Kein Klettern H^1 ja fehlt
$H^{33}H^1$ 9026 Raumgelasse] Räumlichkeiten $H^{33}H^1$ 9027 aller Art
John über da seht ihr H^1 Zweck'] Zweck   9029 Und Galerien
umzuschaun heraus herein H^{33} Altane, g über Und H^1 aus —
ein g aus heraus herein H^1 *9030—9044 geklebt auf der
alten Fassung (= H^1, aber 9031 wie — gesehn g^1 üdZ) H^{2*}
9030 Chor aus Chorf[ührerin] H 9031 Geschlungene] John
gegen (H^{33}?) $H^1H^{2\alpha}$ Geschlungne H^2 was, von Goethe undeut=
lich corrigirt, sich behauptete.   Schlang' g aus Schlangen H^1

wie — gesehn] denkt ihrs noch, es folgt 9037 H^{33} das gedenkt
ihr noch H^1 *9032 ff. g^1 völlig ausgewischt H^{59} 9032—
9036. 9039—9041 fehlt $H^{33}H^1H^{2"*}$ 9033 Ein — Schilde Riemer
aus Auf allen ihren Schildern H^2 9034 sah g üdZ (war vergessen) H^{111} Stern' — Himmelsraum Riemer aus Sterne näch-
tigen [radirt aus mächtigen] Himmels H^2 Sterne H^{111} Stern'
aus Sterne H 9036 Städten grimmig g corrigirt aus Schreibfehler — Dictat? — stetig grimmlich H^2 grimmig g aus
grimm H^{111} 9037 Und solch Gebild führt hier ein jeder Heldensohn unter solcherley Gebild führt jeder auch von seinen Ur-
urahnen her H^{33} Und solch Gebilde führt ein jeder Heldensohn H^1
9038 in] im H^1 9039—9041 fehlt $H^{33}H^1H^{2"}$ 9041 schwarz
und silbern] schwarz und Silber Riemer aus Schwarze, silbern
H^2 9042 Dergleichen über Umber unn H^{33} Reih aus
Reihe H^1 9043 s. o. 9023.   Ganz allerliebst doch Saale [Säle H^{32}
wie die Welt so weit $H^{30}H^{32}$ In Sälen gränzenlosen [über weiter]
als die Welt so weit [s. w. über sie scheinen unendlich.
Mögtet da zu tanzen] H^{33} 9044 Chor] Ch. H^{30} Chor-
f[ührerin]. H^{32} aus Chorf. H^1 Sage — da g aus Giebt
es Tänzer auch daselbst $H^{30}H^{32}$ 9045 Und welche! Goldlockige
und frische Buben [darunter duftende nach Knabenart] H^{30} g aus
Und welche! goldgelockter frischer Bubenschaar H^{32} 9046 Die] D i e
$H^{32}H^1$ einzig] nicht $H^{34}H^{30}H^{32}H^1$ 9047 nahe] nah H^{30} Helena fehlt H^{30} Du fällst] Lästermaul — vom Chor gesprochen?
— H^{30} 9048 Rolle,] Rolle! ... Interpunction g H^{32} 9049 mit
Ernst fehlt H^{34} Zusatz g H^{32} 9050 Sogleich — Burg Und ich
versetze sicher [v. s. über entführe] dich zu jener Burg H^{34} Sogleich
entführ ich dich [folgt üdZ g aber getilgt und diese] zu jener Burg
H^{32} Chor] Chorf. H^{32} 9051 und vor uns über mit (H^{34} und)
John H^1 9053 sich — schädigen] werde sich zuletzt [fehlt H^{34}
Zusatz g H^{32}] an mir vergehn $H^{34}H^{32}$ sich verginge mich be-
schädigend g über werde sich an mir zuletzt vergehn H^1 9054
deinen] doch g über den H^{32} 9055 unter Des Paris Bruder
H^{34} kämpften unter schlagnen H^{34} 9056 starrsinnig — dich]
dich die Witwe sich $H^{34}H^1$ 9057 ab] ihm ab H^1 9058 Ver-

stümmelte so fort und fort ein Gräuel wars H^{34} Und stümmelte
so fort, ein Greuel wars (Fünffüssler) H^1　9059 jenem, meinet=
wegen] ihm um meinet willen H^{34}　9060 jeneswillen] seinet=
willen H^{34}　*9061. 9062 inmitten der Skizze H^{34}:

Die Schönheit ist ein einzig hohes Gut
Getheilt nicht denckbar, man zerstört sie lieber selbst
Zum zehnten Mal den Mann verändern ist nicht gut
[9061. 9062]

Zum zweytenmal schon dächt ich wäre schlimm genug*
9061 die $H^{34}H^1H^2H^{111}HC\,41$ deine $C\,4$ halte ich für Corruptel, welche metrische Härte giebt und die allgemeine
Sentenz sinnwidrig zerstört.　der] wer H^{34}　9062 fluchend]
fluchet H^1　nach 9062 der [das $H^1H^2H^{111}$ über das H] — zu=
sammen Zusatz g H^1　9063 scharf fehlt H^1　9066 einst fehlt H^1
nicht mehr] und nicht H^1　*9067—9070 Halbverse H^1H^2
9069—9073 angeklebt John auf älterer Fassung H^{111}*　9069
ihren] ihren H^1　nach 9070 Pause fehlt $H^1H^2H^{111}$　9071
g nachträglich und daneben Halbmond (s. zu 9001 H^{31}) H^{35}
9071 was] das H^{35}　darf.] darf . . . . Interpunction g^1 H^1
9072. 9073 fehlt $H^{35}H^1H^2H^{111}$　9074 Vor allem fehlt H^{36}
aber] Doch H^{36} also $H^{35}H^1H^2$ auf Rasur für also H^{111}
9075 andre] andere H^1　was . dabei] aber was die Königin
$H^{35}H^{36}H^1H^2$ corrigirt g^1 H^{111}　9076 aus Im Busen sich ver=
bergen mag es sey H^{36}　Im tiefen $H^{36}H^{35}H^1H^2$ In tiefen H^{111}
aus diesem Schreibfehler entsprang In tiefem HC　9077 vgl.
Paralip. Nr. 105.　aus undeutlichem Sey jedermann Geheim=
niß laß uns gehn H^{36}　geh] geh den Weg [d. W. g eingeschoben H^{35}] $H^{35}H^1$　*9078—9087 Fassung H^{36}:

O wie gern gehen wir hin [hin üdZ vor eilenden Fußes]
Eilenden Fußes
Hinter uns Tod
Vor uns der Veste
Unersteigbare Mauer
Stärcker herrlicher als Ilion
Und beschüzt von tapfern

Rüstigen Männern [über Kriegern] die den stärckſten
Von allen [B. a. üdZ] Griechen kühn wiederſtehn. [Spat.,
          Paralip. Nr. 175.]*

9084 Schütze aus Beſchütze H^{35} 9085 Jlios aus Jlions erſt H
9087 Niederträchtiger] Riemer aR Niedrig trachtender H^{22} nach
9087 Fol. 15² leer H^1 Nebel — Belieben fehlt $H^1 H^2 H^{111}$ vor
9088 für ſich unter Chor Riemer H^{22} Str. Riemer H^{22} 9089
verbunden mit 9088 $H^{37} H^1 H^{22} H^2$ ſchaut] ſchauet $H^{37} H^1$ 9090
aus Wie am heiterſten Tag H^{37} 9091 aus Nebel ſtreifig ſteigen
H^{37} 9092 Aus] Aus des H^{37} heil'ger] heiliger $H^{37} H^1 H^{22} H^2$
Für H^{111} fehlt eine Übergangsſtufe (kaum Dictat), wo
heil'ger aus Gründen der hier freilich nicht ſtrengen Re-
ſponſion geändert.   9093 entſchwand] entzieht ſich $H^{37} H^1 H^{22} H^2$
liebliche] ſchöne H^{37} 9094 Schilfumkränzte Geſtade] Schilf-
reiche Uſer $H^{37} H^1 H^{22} H^2$ 9095 , zierlich =] und lieblich H^{37}
9096 Sanfthingleitenden] Ein her ziehende H^{37} Einherſtrebenden
$H^1 H^{22} H^2$ 9097 fehlt $H^{37} H^1$ Riemer aR H^{22} Einſchub $g^1 H^2$
geſelliger $H^{22} H^2$ vor 9099 Riemer Antiſtr. H^{22} *9099—9109
auch in älterer Faſſung verklebt durch die obere Hälfte
des letzten leeren Blattes auf Fol. 20² (nach der neueren auf
20¹) H^{111}*   9099. 9100 Aber tönen [nach ſin[gen] H^{37}] hör ich ſie
noch $H^{37} H^1 H^{22} H^2 H^{111a}$ 9101 fern fehlt $H^{37} H^1 H^{22} H^2 H^{111a}$
heiſeren] heiſern H^{37} 9102 Komma vor ſagen ſinngemäß
H^{111a} nach 9102 Schwänen [Jhnen H^{37}] verkündet er Tod
$H^{37} H^1 H^{22} H^2 H^{111}$ *9103—9109 $H^{37} H^1 H^{22} H^2 H^{111a}$:

Ach daß er nur nicht zuletzt,
Statt der verheißenen Rettung [verheißnen $H^{22} H^{111a}$]
Untergang uns verkünde;
Uns den ſchwanengleich
Langſchön weißhalſigen,
Und ach! ach! weh! weh! [Und ach unſrer H^{37} weh! weh! H^{22}]
Unſerer ſchwanenerzeugten Königin [Unſerer fehlt H^{37} Unſrer
H^{111a} Schwanengezeugten H^{37} Unſrer ſchwanerzeugten Riemer
aus Unſerer ſchwanenerzeugten Königin H^{22} Unſerer ſchwaner-
zeugten [g^1 aus ſchwanerzeugten Königin H^2]*   9109 Weh uns

weh ach weh Riemer aß H^{22} Weh! O Weh! Weh! g^1 H^2
9112 fehlt H^{37} 9115 Schrittes] Schritts H^{22} aus Schrittes H^2
Schritts $H^{111}H$ geändert aus metrisch-euphonischen Gründen C
am] den nach über H^{37} über den H^1 9116 Siehst nach Sch[aust]
H^{37} schwebt Absatz H^{37} etwa] etwan H^{37} 9118 gebietend]
herrschend H^{37} 9119 ursprünglich zwei abschliessende Z Zu
dem unerfreulichen [grautagenden] Grautagenden Hades H^{37}
9120 Gebilde über Gestalten H^{37} unter 9121 (In der Burg),
es folgt nach Spat. 9135 H^{37} halbe S leer H Das zweite Heft
H^{111} setzt ein. 9122—9126 Halbverse $H^{38}H^1H^2$ 9122 Ja
über Doch H^{38} Ja,] Ja Glanz entschwebt] Schein verschwebt H^{38}
9123 Dunkelgräulich, mauerbräunlich] Dunkelgrau und Mauergrau
$H^{38}H^1H^2H^{111}$ g aus Dunkelgrau und mauerbraun H vgl.
Paralip. Nr. 165. 9124 starr aus stark H^1 tiefe] eine H^{38}
9126 unter Schlimmer als je H^{38} nach 9126 Scenar fehlt H^1
Zusatz g^1 H^2 reichen] den reichsten H^2 Ich habe den Scenen-
wechsel durch Sperrung hervorgehoben; wirklich beginnt
die neue Scene der Phantasmagorie erst 9182. 9127 Vorschnell
und aus Vorschnelles H^{39} thöricht] thörig [aus thörig³ H^{39}]
$H^{39}H^1H^2H^{111}$ echt wahrhaftes] wahrhaft ächtes aus wahrhaftes
H^{39} 9128 Spiel der] Sklaven der H^{39} Sklaven jeder H^1 9130
Zu — Gleichmuth] Gleichmüthig zu bestehen $H^{39}H^1$ Eine widerspricht für In Masse schwatzet ihr worunter Eins in des [aus
die] andre schwazt H^{39} ja stets fehlt H^{39} der andern heftig H^1
9131 überquer — ihr] widerspricht auch w[ohl] sich selbst H^{39}
9132 heult vor ihr H^1 gleichen] gleiches $H^{40}H^1$ 9133 Herr-
scherin] hohe Königin (Siebenfüssler) H^{40} 9134 Hochsinnig] Be-
denkend H^{40} mag abbrechend H^{40} 9135 Pythonissa] Pytho-
nisse H^{37} 9136 düstern nach festen H^{37} 9137 etwa du] du
voraus $H^{37}H^1$ Heldenherren H^1 *9138 anzukündigen aus anzu-
melden H^{37}, wo Skizze folgt mit veränderter Schrift Doch eile
:Bewegung in den Gallerien herabschreiten Das Herz geht
mir auf [9182] Mit Asche [9164] Faust* 9139 ein — ihm] zu
ihm ein $H^{41}H^1$ 9140 nur] mir H^{41} g über mir H^1 9141
blickst] schaust H^{41} um — her] herum $H^{41}H^{36}H^1$ 9142 das —

vielleicht] die Häßliche, sie blieb (Fünffüssler) $H^{41}H^{38}H^1$ das —
Bild] die Häßliche H^2 g aus die Häßliche H^{III} 9143 hieher]
hierher $H^{41}H^{38}H^1$ geändert und darüber g^1 heran angedeutet
H^2 9144 sonder] ohne $H^{41}H^{38}H^1$ *9145—9147, 9151 nachträglich mit Einreihungszeichen H^{41} 9145—9151 auf Bl. 16^2
unten angeklebt H^{1*} 9146 aus — Burg] zerstückelt=eingge=
wordnen [= erst H^1] Burg $H^{41}H^{38}H^1$ 9147 fürstlicher —
halb] ob er wohl zu Hause sey H^{41} Hoch fehlt $H^{41}H^{38}H^1$
9148 regt — allbereits] reget sich in Menge schon $H^{41}H^{38}H^1$
9149 In] Auf nach Behend H^{41} Auf H^{38} rasch nach leicht H^{41}
9151 Das kündet an vornehm=willkommenen [= erst H^1] Empfang
$H^{41}H^{38}H^1$ willkommnen g aus willkommenen H^2 Fol. 17
Rücks. leer H^1 *9152—9164 neue Fassung von Riemers Hand
aufgeklebt auf Johns Copie der alten (H^1), mit Vermerk V
Anapäste H^2 H^{42} bietet aR die Skizze mit Zeilenstrichen
und fragmentarischer Scansion:

Das Herz geht mir auf | o seht nur dahin
Wie | sie schreiten und stehn | wie sie wallen herab
Die Stufen anmuthig
Das Herz geht mir auf.*

9152 Aufgeht — Herz] Das Herz geht mir auf $H^{42}H^1$, vgl. zu 9138
9153 so fehlt H^{42} mit — Tritt] verweilenden Tritts $H^{42}H^1$
9154 Jung] Die $H^{42}H^1$ 9155 Den fehlt $H^{42}H^1$ geregelten]
geregelten $H^{III}H$ Wie? fehlt $H^{42}H^1$ 9156. 9157 g aus Er=
scheint sie gereiht so fertig und jung H^{42} Nur fehlt $H^{42}H^1$ und
fehlt $H^{42}H^1$ 9157 Von Riemer über Aus [Von $H^{42}H^1$] H^2
*9158—9160 aus Was wundert mich mehr ists lockiges Haupt Ists
röthliche Wang H^{42*} 9158 Was — es] Was wundert mich mehr?
ein $H^{42}H^1$ 9159 Etwa fehlt $H^{42}H^1$ Oder H^2H^{III} g vor
Oder H um fehlt $H^{42}H^1$ 9160 Etwa fehlt $H^{42}H^1$ Oder
H^2H^{III} g vor Oder H Wänglein] Wängelein $H^{42}H^1$ die
fehlt $H^{42}H^1$ Pfirsiche] Äpfelchen H^{42} 9161 fehlt H^{42} weich=
wollig] mit Wolle H^1 beflaumt aus bepflaumt H^1 9162 biß']
biß ich schaudre] schaudr ich H^{42} schaudr' [aus schaudre] ich H^1
9163 Denn fehlt $H^{42}H^1$ da fehlt $H^{42}H^1$ 9164 Sich -- jagen

aus Zu gräßlich war es H^{42} über gräßlich — jagen steht g^1
wie sie erzählen H^{111} mit Absatz H^{42} Schluss von H^1 vor
9165 Scenar Fauſt herantretend einen Gefeſſelten zur Seite H^{43}
9165 nummerirt VI H^2 9166 Sie fehlt $H^{43}H^2$ Zuſatz g H^{22}
9172. 9173 corrigirt aus verwiſchter Faſſung H^{43} 9172 über=
wallt er] überwallend $H^{43}H^2$ g aus überwallend H^{42} 9173 fehlt
$H^{43}H^2$ Einſchub g H^{22} 9174 Unſrer aus Der H^{43} -9176 herr=
lichen Pfühl] herrliches Polſter $H^{43}H^2$ g aus herrliches Polſter
H^{22} 9177 Komma erſt C41   9180 Dreyfach Abſatz $H^{43}H^2$
9181 Ein Abſatz $H^{43}H^1$ nach 9181 Scenar Zuſatz g^1 H^2

Innerer Burghof.

Vor 9182 Scenar — 9191 angeklebt Fol. 20² unten H^2
Nachdem der lange Zug der Knaben und Knappen herabgeſtiegen
[darüber hernieder] erſcheint [Fauſt] oben an der Treppe [er=
ſcheint] und kommt langſam würdig [herab nieder ſteigt] herab
unter 9191 H^{44} in — Mittelalters fehlt H^2 g aK H^{111} Chor=
führerin — beſchauend fehlt H^{44} ihn — beſchauend fehlt H^2
Zuſatz g H^{111} 9183 aus Für dieſe Stunden ſonderbare Ge=
ſtalt H^{44} 9184 liebenswerthe aus liebenswürdige H^{44} 9185.
9186 wird — ſeys aus daß ihm alles was Er nur beginnt ge=
lingen mag H^{44} 9187 So unter Und H^{44} 9190 langſam=
ernſtem] = fehlt H^{44} vor 9192 keine Überſchrift H^{45} Fauſt —
Seite Zuſatz g H^2 ſ. zu 9165.   9192—9195 ſcheint ſpäter,
da oben in engerer Schrift H^{45} 9195 Kommata erſt C41
9199 Thurm] Thurn $H^{45}H^2H^{111}$ 9206 dieſem] dieſen H^{45}
*9207. 9208 vertreten durch Schon ſind ich dich zu meinem Hof
gelangt Kein Schall [über Wächter Ruf] des Wächters kündete dich
an Ich wäre dir entgegen abbrechend H^{42}*   9207 meldet's] et's
auf Raſur H 9208 ehrenvoller] ehrenvollſter C41   9216 nun]
denn H^{45} g über denn H^2 vor 9218 Thurmwarter H^{45} Lyn=
ceus Zuſatz g H^2 Thurmwächter, L. C41   9224 Ging — einmal]
Doch auf einmal ging H^{45} g aus dieſer Lesart H^2 9225 Mir
im Süden herrlich auf H^{45} g daraus H^2 9226 Zog über
Nur H^2 9231 Luchs] Lux H^{45} höchſtem] hohem H^{45} g aus

hohem *H*² 9233 düſterm] düſtern *H*⁴⁵*H*²*H*ᴵᴵᴵ aus düſtern *H*
9235 Thurm] Thurn *H*⁴⁵*H*²*H*ᴵᴵᴵ 9245 bändigt allen] bändige
den *H*⁴⁵ bändiget[t *g*] den *H*² t allen *g* auf Rasur *H*ᴵᴵᴵ 9250
Noch — verſchonten] Noch mich, noch nichts v. *H*⁴⁵ Noch irgend
ſonſt ein Würdiges verſchonten Riemer über Noch mich noch
nichts verſchonten *H*² ſonſt nach irgend *H*ᴵᴵᴵ 9254 verwirrt'
ich aus verwirrend *H*⁴⁵ 9262 überquer] ſie gekreuzt [darüber
im Kreuz] *H*⁴⁵ *g* über ſie im Kreuz *H*² 9263 Gefiedert] Ge=
fiedert: *H*ᴵᴵᴵ ſie in] inner *H*⁴⁵ *g* über inner *H*² 9264 bin]
darüber *g*¹ war verwiſcht *H*² nun' darüber *g*¹ erſt ver=
wirkt *H*² vor 9273 mit — nachtragen fehlt *H*⁴⁶ Zuſatz *g*¹ *H*²
andere] dergleichen undeutlich *H*² *g* über dieſelbe *H*ᴵᴵᴵ 9274
einen] Einen *H*⁴⁶ 9275 ſogleich] ſo eingeſchoben nach nun
*H*⁴⁶ 9283 lang=] lang 9284 wußte] *g* wußt *H*⁴⁶ aus wußt
*H*² 9288 Erſchlagne undeutlich *H*⁴⁶ *g* aus Erſchlagen *H*²
9291 heut über Spatium *H*ᵃ 9293 ſchauten] u aus t — An-
ſatz zu ſchätzten ſchätzten? — *H*ᵃ Gedankenſtrich fehlt *H*ᵃ*H*⁴⁶
üdZ *g*¹ *H*² 9294 Der] vor eine *H*⁴ allerſchönſte aus ſchönſte
*H*ᵃ 9295 Der griff aus Unb der *H*ᵃ 9296 alle *g* üdZ *H*²
9300 gebörrtes] geborrtes *H*⁴ 9307 Nun ganz unzweideutig
g *H*⁴⁶ Nur unnöthige Änderung gegen *H*C¹41 erſt C41 (vgl.
zu 9375), die einen Pleonasmus nur allein ſchafft und den Sinn
ſtört: „jetzt iſt allein der Smaragd vor allen Steinen
würdig dich zu zieren, während die Rubinen verſcheucht
werden"; zwei Nun anaphoriſch, Contraſt zwiſchen Jetzt
und Bisher vgl. 9326, 9328. Auch hat Goethe hier genau
revidirt (9309 ſchwanke *g* aus ſchwankte *H*). 9316 Die Erndte
auf Rasur *H*⁴⁶ 9330 Ein] Erſt über Iſt *H*⁴⁷ Ein *g*¹ über
Erſt *H*² welches über dürres *H*⁴⁷ 9331 aus D gieb darum
durch einen Blick *H*⁴⁷ unter 9332 W. 31. März 1826 *H*⁴⁶
Spat., links unten *g* 31. März 1826 *H*² 9335 Ihr aus ihr *H*
9341 lebeloſem] lebloſem C41 (corrigirt (2) 9345 Göttliche]
Majuskel nach *H*² (auch C41) 9346 Schwach über Leer *H*⁴⁸
9352 unter geſtrichnem 9354 *H*⁴⁸ nach 9355 ab *g*¹ *H*² vor
9356 zu Fauſt *g*¹ *H*² 9373 auch] der — obwohl corrigirte —

Schreibfehler euch *H* giug in *C*4 (nicht *C*41) über. 9375
*H*⁴⁸ ist abgeschnitten (9374 scheint geschlossen zu haben
wechseln) wir — gleich] du übst es selbst *H*⁴⁸ 9376 lockt —
ruft's] treibt es leicht *H*⁴⁸ 9377 denn nach mir *H*⁴⁸ 9378
von *H*⁴⁸*H*²*H*¹¹¹ vom eine Schuchardtsche nicht Goethische
Änderung *H* erhielt sich fortan. 9382 Sie] In *H*⁴⁸ 9383
Hochgewinn] und Gewinn *H*⁴⁸ nach 9384 ¹/₃ S leer *H*²
*9385—9392 nach 9400 *H*⁴⁹ Der Chor auf alter, VII nummerirter
Fassung — *H*²ᵃ — geklebt Bl. 26¹ *H*²; zur Fassung *H*²ᵃ
stimmt Schuchardts oben mit Vermerk *g*¹ 56 versehene Abschrift *H*²²; der Chor ist *H*²*H*²²*H*¹*H*¹¹¹ in 3 Systeme zerlegt:
9385—9392, 9393—9400, 9401—9410, die *H*⁷ 1—8, 1—8, 1—10 beziffert und mit den Überschriften VII Strophe Antistr.
Epodos ausgestattet sind. Das Fehlen der Spatia *H*C in
dem grossen dreigliedrigen Chor ist gewiss Versehen und
leicht aus der neuen S bei 9393 *H*¹¹¹ zu erklären. Zunächst
9385—9400 in der Fassung *H*²ᵃ*H*²² mit den Varianten *H*⁴⁹:

> Wer verdächt es unsrer Herrscherinn [nach 9400 s. o. *H*⁴⁹]
> Daß sie dem Herrn der Burg
> Sich gefällig erweist!
> Denn gesteht es euch nur
> Gefangene sind wir!
> Wie schon oft genug,
> Seit dem schmählichen Untergang
> Ilions, und der labyrinthisch-
> angst-kummervollen Irrfahrt. [Spat., darunter Aeos also die
> Liebliche *H*⁴⁹]
>
> Frauen, Männerliebe gewohnt [Männer üdZ *H*⁴⁹ gewohnte *H*⁴⁹]
> Wählerinnen sind sie nicht;
> Goldlockigen Hirten,
> Schwarzborstigen Faunen [folgt besondere Z Gestatten sie *H*⁴⁹]
> Über die schwellenden Glieder
> Geben sie gleiches Recht. [Ein g. R. *H*⁴⁹]*

9385 Fürstin *g* über Herrin *H*⁷ 9386 Gönnet sie *g* über
Wenn *H*⁷ Burg vor sie gern *H*⁷ 9387 *g* nach Sich gefällig

erweiſet H^7 9388 ſämmtliche g über ſelber auch H^7 9389
aR Strich — d. h.: verbeſſerungsbedürftig — H^{III} Ja g
über Nicht H^7 9391 Ilios aus Ilions erſt H unter
9392 NB g^1 H^{III} 9393 an g über der H^7 9395 g über
Ihrer Lagersgenoſſen H^7 9397 Vielleicht g über So auch H^7
9398 g über Einem Gott oder Ungethüm H^7 9400 Vollerthei=
len g über Geben H^7 aus Voller theilen H^{III} aus Voll er=
theilen H *9401—9410 H^{50}:

Näher und näher ſind ſie ſchon
An einander gerückt
Schulter an Schulter
Knie an Knie
Hand in Hand ſitzen ſie
Auf des Thrones gepolſterter Herrlichkeit
Nicht [über So] verſchmäht auch [über nicht] die Majeſtät
[Zeugen läßt ſie ihr
Auch dienen
Zu Vertrauten]
Heimlicher Freuden
Vor den Augen der Welt[?]
Übermüthiges Offenbaren*

9401 Nah] Näher $H^{2a}H^{22}$ 9402 gelehnet] gelehnt $H^{2a}H^{22}$ 9407
verſagt ſich) verſchmäht $H^{2a}H^{22}$ 9409 Volkes] Volks $H^{2a}H^{22}$
9410 Offenbarſein] Offenbaren $H^{2a}H^{22}$ ſeyn g aus en H^7 9412
nur g aus nun H^2 9417 Durchgrüble aus Durchgrübele H^2
9419—9422 auf Rasur H^b 9419 über in Spur eines ihr H^b
9420 Tändelnd grübelt] urſprünglich wohl Tändelt grübelnd H^b
nur] ihr H^b g^3 über ihr H^2 9421 fort] ihr H^b g^3 über
ihr H^2 9423 nach 9424 aber umgeziffert H^b 9424 Hört —
die auf Rasur vielleicht für Hört nur hört H^b 9427 heran=
gezogen] u g^1 über b H^2 9429 Sieger=Schaar] = fehlt H^b
9431 Fraun=Geleit] = fehlt H^b 9432 erſt] dann üdZ aber das
unleserliche Wort darunter in erſt corrigirt H^b 9433 gleich
nach ſchon H^b 9434 Neugeſchliffnes unter Teppich, Keſſel, H^b

9436 g^3 aus Auch in Gefahren lieb ich nicht das Ungestüm H^2
sinnlos nach eitles H^2 9438 Du] Du aber [g^3 üdZ] Siebenfüssler H^2 aber H^{III} Häßlichste] Häßliche H^2 aus Häßlichste
H^{III} gar g^3 üdZ H^2 9439 leeren] leeres   9440 Erschüttere
g^3 aus Erschütterst H^2 nach 9441 halbe S 27^1 leer H^2
Signale — Heereskraft fehlt H^2 nur (Signale) g H^{III} 9442
Nein über Nun H^c 9443 ungetrennten nach unbez[wungnen]
H^c nach 9445 Zu —, herantreten fehlt H^c zu den rasch an-
tretenden Riemer aR H^2 zu den rasch eintretenden H^3 von [ge-
nau nur n] — heran aufgeklebt H 9450 vom] von? H^c
9458 Mauern] Mauren H^{51} g aus Mauren H^2 Mauren H^{III}
9460 lauern] lauren H^{51} H^2 H^{III} H 9461 aus Es war von jeher
sein Geschick H^{51} 9464 ihr] Majuskel g^1 H^{51} 9466 Buchten
nach Veste H^c 9467 Vertheidige] Bestätige H^c H^{51} g über Bestätige H^{52} 9468 Achaia — mit] Dann Argolis mit H^c H^{51} aus
Dann Argolis und H^{52} *nach 9469 folgt Skizze:

Dem Sachsen Messene
Normannen Mantinea seyn
Doch Sparta soll euch überthronen
Hier herrscht die Königin [allein]

dazu der Rest verkehrt H^{c*} 9470 Der Franke soll nach Elis
wandern H^c corrigirt g H^{52} 9472 Normanne schaffe mit den
andern aus Normanne du mit allen andern H^c reinige — Meere
g über schaffe mit den andern H^{52} 9473 Wetteifernd, Mantinea gros H^c g über Wetteifernd Mantinea gros H^{52} 9474
Dann] Da H^c H^{53} aus Da H^{52} wird] soll H^c H^{53} häuslich]
friedlich H^c 9476 Doch soll euch alle [eigentlich all] überthronen [aus bethronen] H^c 9477 Die Kön[igin] abbrechend H^c
9478. 9479 nach 9480. 9481 aber umgeziffert H^{53} 9481 Recht —
Licht aus Licht und Recht H^{53} nach 9481 (Faust — Befehle
näher zu vernehmen. Hat, indem sie abziehn den Thron wieder bestiegen und sich neben die Königinn gesetzt). es folgt ohne Überschrift Chor 9735. 9736, die also hier ihre alte Stelle haben
H^{54} Faust — vernehmen g unter Faust hat — gesetzt H^2 vgl.

nach 9705. vor 9482 keine Überschrift H^{56} *9482—9505 von Riemers Hand, geklebt ohne Überschrift Chor mit Nr. VI und Bezeichnung Str. Antistr. Epodos sowie Zeilenzahlen 1—9, 1—9, 1—6 auf alter Fassung H^{2a} Fol. 28² H^2 (H^{22} oben rechts g^1 28ᵇ). H^{2a} trägt gleichfalls Nr. VI. Älteste Fassung H^{55}:

Wer der Schönheit begehrt
Vor allen Dingen
Seh er sich nach Waffen um
Den[n] gewinnt er sie auch
Durch freundliches Schmeicheln
Abschmeicheln wird man
Sie ihm nicht
Räuber entreißen sie
Mit trotziger Gewalt

Unsern Fürsten lob ich deshalb
Schätz ihn vor andern hoch
Wie gerüstet ist er
Wie reich verbündet
Tapfre verrichten
Seine Befehle
Sich selbst zum Vortheil
Ihm zu herrlichstem Gewinn

Den[n] wer entreißt die [über sie] jetzt
Dem gewaltgen Besitzer
Ihm gehört sie
Ihm sey sie gegönnt,
Auch von uns [die]
Die er [mit ihr] zugleich
Mit den sichersten Mauern
Mit dem tapfersten Heer umgab*

9482 die — sich] der Schönsten H^{56} H^{2a} H^{22} 9484 weise fehlt H^{56} H^{2a} H^{22} 9485 Schmeichelnd] Schmeichlend H^{56} wohl

fehlt $H^{56}H^{2''}H^{22}$ 9486 Höchste] Höchste bleibt $H^{50}H^{2''}H^{22}$
9487 Ruhig besitzt er es nicht $H^{50}H^{2''}H^{22}$ 9488 listig fehlt
$H^{56}H^{2''}H^{22}$ 9489 von Schuchardt als vergessen unter 9490
mit Umzifferung nachgetragen H fühnlich fehlt $H^{50}H^{2''}H^{22}$
9490 Dieses — hinderen] Diesen zu wehren $H^{50}H^{2''}H^{22}$ hindern
C 41   9491 lob'] belob' H^2H^{III} Diese Lesart einzusetzen
und damit die — übrigens in unserm Chor nicht streng
gewahrte — Responsion herzustellen, wird man doch nicht
wagen, da H^{III} nicht Schreibvorlage für H sein kann, vgl.
9494. 9497.   drum] deßhalb $H^{56}H^{2''}H^{22}$ 9492 höher — andern]
vor andern hoch $H^{56}H^{2''}H^{22}$ *9493—9499

>Wie er so reich sich verbündet!
>Wie ihm Tapfre gehorchen!
>Seine Befehle verrichten,
>Sich selbst zum Vortheil,
>Ihm zu herrlichstem Gewinn.

$H^{56}H^{2''}H^{22}$*   9494 g^1 (von Riemer überzogen u. s. f.) aus Wie
ihm Starke gehorchen rings H^2 ihm Starke g aus die Starken
H^{III} 9495 Jedes g^1 aus Nur des H^2 9497 eignem] eigenem g^1
üdZ H^2 9498 lohnendem g^1 üdZ H^2 9499 höchlichem Ruhmes]
Bindestrich fehlt H^2 geändert in höchlichen Ruhmes durch
Rasur H^{III} wiederhergestellt H In solchen Fällen ist
natürlich Besprechung des gebildeten Secretärs Schuchardt
mit Goethe möglich.   9501 gewalt'gen] gewaltigen $H^{56}H^{2''}H^{22}$
9502 ihm Absatz $H^{56}H^{2''}H^{22}$ 9503 die Absatz $H^{56}H^{2''}H^{22}$
9504 Sammt] mit fortlaufend $H^{56}H^{2''}H^{22}$ Sammt g^1 über
Mit H^2 innen Absatz $H^{56}H^{2''}H^{22}$ mit g^1 über in H^2
9505 Außen] Draußen $H^{56}H^{2''}H^{22}$ Es folgt (Faust hat, indem
die Fürsten abziehen, wieder den Thron bestiegen und sich neben
Helena gesetzt) g $H^{2''}H^{22}$ s. o. 9481.   *9506—9573 lückenhafte
Skizze H^{37}:

Wie groß die Gaben sind die du verleihst [9506]
Glückselig Land [vgl. zu 9511]
Nichtinsel du [über und] mit leichtem Hügelsaden [9512]

Europen[ʒ] letztem Berg Ast angeknüpft. [9513]

Die Ziege nimmt genäschig ihren Theil [9529]

Die Quelle springt vereinigt [unter und Quellen] stürzen
Bäche [9530]

Und schon sind Schluchten Hänge Matten grün [doppelt. 9531]

Schon heerdet sich das Schaaf und Rinder weiden [9533. 9535]

Die Schaafe sind vertheilt vorsichtgen [über mit sicherm]
Schritts [9534]

Auch Wohnung ist den Wandernden bereitet [9536]

Zu hundert Hölen wölbt der Fels sich aus
sich Felsenwand [9537]

Pan schützt sie dort der Nymphen jede [9538]

Besucht sie hegt sie scherzt alda

Und in Aetherischen Regionen [9540]

Im nahen Eichwald [Spat.] Schatten [9542]

Des Ahorns Breite [9544]

Obs Götter oder Menschen sind [9557]

Denn wo Natur am allerreinsten [aller üdZ] waltet [9560]

Berühren beyde sich unmittelbar [9561]

O laß uns dort

Denn [nach Doch] du die [eigentlich wohl dir der] Gott=
gebohrne [9564]

Arkadien [nach Gehört] gehörst du an [9565]*

9506 diesen] die du $H^d H^{38}$ 9507 Nach allen Seiten Land [allen
Seiten über jeder Himmelsgegend hin. also Land erst zugesetzt]
H^d 9509 Wir nach Sie langen H^d 9511 unter Glückselig
Land H^d 9512 Hügelkette aus Hügelstrecke H^d 9513 letzten H^2
angeknüpft] angehüp[ft] H^d 9515 Bewohn ich [darunter Sey
dem Bewohner eingeschoben] nun entzückt H^d 9516 Nun] Für
H^d aus Von H^{38} meiner] meine H^d 9517 Das Land das
[sie H^d] an ihr [der jüngsten H^d] aufgeblickt $H^d H^{38}$ 9518 mit]
in $H^d H^{38}$ Riemer aR bey H^{III} 9519 leuchtend — der] anmuths=
voll die H^d 9520 nach 9521 aber ungeziffert H^d 9524 Erd=
kreis g^1 aus Weltkreis H^{38} 9525 g^1 für Den Vaterboden zieh

ihn vor H^{58} 9526 duldet über wendet H^{50} feiner] dürrer [?]
H^{59} deiner oder dem undeutlich H^e 9527 Das Zackenhaupt fich
nackt der Sonne Pfeil [über zu] H^{50} 9528 nun] bald $H^{59}H^e$
9532 hundert Hügeln] Hügel wohl als erstes Compositionsglied
H^{59} 9533 Wollenheerden] du fchon Heerden H^{50} undeutlich
Sieh Schafe über Siehft du nun Heerde[n] H^e *9534—9536
skizzirt (vgl. o. H^{57}) H^{59}:

Schon heerdet fich das Schaaf und Rinder weiden
Am fchroffen Rand vertheilt vorfichtgen Schritts
Auch Wohnung ift bereitet*

9534 Am fchroffen Rand vertheilt vorfichtig fchreitet darunter
Gehörntes Rind abbrechend nach Vorfi[chtig] H^e 9535 Aeßt
[auf gelöfchtem Vorfichtig] fich vertheilt am überfchroffen [über
üdZ] felfen Rand [die 2 letzten Worte zur Auswahl, Rand
in der 2mal gebrochenen Zeile unter Felfen] H^e jähen aus
gähen H^2 gähen H^{III} 9536 Obdach] Wonnug H^e 9538 und]
, die H^{59} 9539 In Fels und [Baum] Zweigen abbrechend H^{59}
9540—9545 skizzirt Und in den ätherifchen Regionen [Spatium]
Der Eichwald ftarrt [nach fchw] Der Ahorn, es folgt nach Spatium 9566 H^{59} 9549 Honig] Hönig dialektifch H^2 9551 Es
heitert Wang und über Schon lachelt uns ein jeder Mund H^f
9552 Ein — Platz über Und alle find H^f jeder aus jedes H^g
9554 unter Hier ift das Wohlbehagen erblich Und alle find un-
fterblich War [oder Was] es gefund genannt H^f reinen]
frohen H^f 9555 Vaterkraft] Vaters Kraft H^f Vaterskraft H^g
9556 Wir — drob] Befchauen wirs H^f 9558 So hat fich eins
dem andern zugeftaltet H^f Wie oberftes dem untern zugeftalltet H^g
9559 Weft [?] hier und dort gemeinfchaftlich H^f Nun weft im
Glück gemeinfchaftlich H^f 9560 in — Kreife] am allerreinften
H^fH^g 9561 Unmittelbar berühren beyde fich H^fH^g nach
9561 Scenar erft g H^{III} 9562 So] Nun H^f fo] nun H^f auch
über fo H^g 9563 fei über ift H^f *9564. 9565 Denn du die
Gott erzeugte [aus Gottgebohrne] Arkadien gehörft du an (vgl. o.
H^{57}) nach 9565 H^{d*} 9564 aus Denn von [den] einem Gott

geboren H^f vom höchſten] von einem H^f von höchſtem [über
einem] H^g 9565 einzig fehlt H^f 9566 die Strophe nachträglich H^g 9567 zirft] ſteht H^d 9568 über uns abgebrochen zu heim[atlicher?] H^d wonnevollem] Wacht und H^d
heiterm nach Spat. H^{59} Bleiben] Wohnung H^d 9570 aus
Schon ſind wir auf dem ſeeligen Grund und Boden H^d Gelockt]
Beſtimmt H^d 9571 in's heiterſte] zum heiterſten H^d 9572
Zur aus Zu H^d Zu H^f Laube] Endſilbe unklar $H^d H^f$
9573 undeutlich Beſch[?irmen?] ſo arfadiſch unſer Glück H^d
ſei unſer] ergehe ſich das H^f nach 9573 Scenar (Alles verwandelt ſich. Vor einer Felſen Höhle ſteht eine geſchloſſene Laube,
ſchattiger Hayn bis an das Felſen Geripp heran. Das Chor liegt
ſchlafend umher.) H^g An — von g^1 über Mäandriſche H^2 ge-
ſchloſſ'ne] geſchloſſene H^2 Fauſt — geſehen fehlt H^2 g nachgetragen H^{III} Der] Das $H^2 H^{III}$ g über Das H Ich gebe
die Worte Der — durchaus geſperrt, um die Verwandlung
augenfälliger zu machen.

Arfadien.

Den geplanten Prolog, resp. Einſchaltung nach 9579, s.
Paralip. Nr. 176.   *9574—9580 in alter Faſſung — fünf-
füſſige Jamben — geſtrichen auf der letzten S 30² des
1. Heftes $H^2 = H^{59}$:

Phorfyas |: tritt aus der Höhle :|
Wie lange dieſe ſchlafen weis ich nicht,
Ob ſie ſich träumen ließen was ich ſah
Blieb ebenfalls mir völlig unbekannt. [Bl. über Iſt   vö. üdZ
unb. vor geblieben H^{59}]
Drum wed' ich ſie, damit ſie drob erſtaunen,
Und ihr zugleich, die ihr daunten [aus drunten H^{2c}] harrt
Glaubhafter Wunder Löſung zu vernehmen.
Hervor! Hervor! [H.! h. an's abbrechend H^{59}]*

vor 9574 Phorfyas fehlt H^{60} 9578 unter Und Ihr zugleich die
ihr daunten harrend ſitzt H^{60} da drunten] daunten H^{60} da-

drunten *g* aus daunten H^{61} 9579 endlich anzuschauu] bald zum
Schluß H^{60} 9581 Blinzt — so corrigirt in blinzet nicht H^{60}
9582—9628 Halbverse $H^{60}H^{61}$ ebenso, aber Verbindungshaken g^1
bei den ersten und Striche zu den als Systemschlüsse ver-
bliebenen Halbzeilen H^2 9583 fehlt H^{60} 9587 idyllischem
Liebespaare aus Idyllischen Verliebten H^{60} 9588 Frauen] Frau
$H^{60}H^{61}H^2$ *g* aus Frau H^{III} 9589 die Eine] allein H^{60} 9591
Schaut' — andrem] fehlt H^{60} Saß ich mich wo anders um
$H^{61}H^2$ mit Strich aR H^{III} *g* über dieser Lesart H Wendete
mich] Wendet ich mich H^{60} *9593 fehlt, dafür Schalkisch wie
der jüngste Faun Schmiegend mich ins Labyrinthe H^{60} worauf,
indem 9594—9597 fehlt, 9598 ff. folgt, das aber früher geschrieben ist H^{60} 9594—9597 unten nachgetragen H^{61}*
9594 drinnen undeutlich H^{61} brinne $H^2H^{III}H$ 9595 Seen;] Seen
Zweisilbigkeit durch drei e zu markiren ist unnöthig und
gegen die Schreibung Melodien ein- oder zweisilbig (9626).
9599 Schau — hin] Sehe mich um H^{60} ich hin über herum H^{61}
Frauen] Mutter H^{60} Frauenschooß H Manne] Vater H^{60}
9600—9602 fehlt H^{60} 9600 Von — Mutter eingeschoben H^{61}
9601 Sch. — L.] Schmerz [so verschrieben] Geschrei und Lust=
gelächter [darüber jauchze] H^{61} 9602 Wechselnd] Wechslend H^{61}
*9603—9606 Skizze H^{60}:

> Nackt wie Amor nett und zierlich [n.—z. unter glatt und
> koj[end]]
> Etwas bläßlich doch behende
> Springt er bald zum Boden nieder
> Hüpft von abgebrochen
> und auf Rücks. quer:
> Tritt er frank und frey den Boden
> Tritt und springt, mit solchen Sprüngen*

9603 ein Genius über wie Amor H^{61} Thierheit] Thierheit C 4
aber Komma sehr kräftig *g H*   9604—9623 Halbzeilen H^{63}
9604 gegenwirkend] darunter wie elastisch H^{63} 9605 Schnellt
über Wirft H^{63} lust'gen] lustigen H^2H^{III} 9608 eingescho-

ben [Spat.] fliegen [Spat.] ift bir verjagt H^{63} 9609 Zn [der] Erde liegen [aus liegt bie] Kräfte H^{63} Zu der Erde liegen Kräfte H^2 9610 treibt, berühre] treiben [aus treibt] rühre [aus berühre] H^{63} treiben rühre H^2 9611 unten für Und fo bift bu nun geftärckt H^{63} der — Antäus] Enceladus der mäch= tige [M H^{63}] $H^{63}H^2H^{III}$ Ich bemerke, dass Fol. 130 (9603— 9628) als Ersatzblatt für ein ausgeschiedenes, dessen Ände- rungen uns fehlen, eingeklebt ist H 9612 Und — Maſſe] Und fo [üdZ] fpringt er [üdZ] auf die Maſſe [nach Kanten] H^{63} hüpft] fpringt H^2 9613 dem] der H^{63} den H^2H^{III} und — fo üdZ H^{63} 9614 Doch aus Und H^{63} der aus die H^{63} Schlucht] Kluft aus Klüfte H^{63} ift — verfchwun= ben über fchlupft er hinein H^{63} 9616 ängftlich] da $H^{63}H^2H^{III}$ g aus da H nun wieder über auf einmal H^{63} wieder] wieder! H^2H^{III} 9619 unten nachgetragen H^{63} aR John H^2 fchwanken über hangen H^{63} 9620 völlig — Phöbus] Phöbus ähnlich nur im Kleinen ohne Ersatz H^{63} Phöbos H^2H^{III} corrigirt Göttling H 9621 zur Kante] heraus H^{63} g^1 nach heran H^2 zu dem] Auf den H^{63} aus Auf den H^2 9622 Und nach Frene (abgebrochenes Freudig?) H^{63} vor] für $H^{63}H^2H^{III}$ über für Göttling H 9623 nur fchwer zu fagen H^{60} ebenso, gestrichen H^{64} Denn] Doch H^{63} g über Doch H^2 9624 Geiftestraft] dazu Fragezeichen und aR luft H^{64} 9626 Künftigen — Schönen] Meifterfchaft des höchften Schönen aus g^1 als der Meifter alles Schönen H^{60} Künftigen aus Künftiger H^2 9627 Durch — Glieder g aus g^1 In den Glie= bern H^{60} 9628 fehn zu] fehen H^{60} aus fehen H^{64} nach 9628 anderthalb S des Fol. 3 leer, nur g^1 Chor H^2 Der vor- gehestete Bogen Fol. 1. 2 und Fol. 3 (3 aus 31; angeklebt an Riemers Chorbll. 4. 5, abgeschnitten von dem ausgeschal- teten Johnschen Chorbl.) zeigen dieselbe Schrift. 9629 Der Chor eingeheftet, 2 Riemersche Bll. (4¹ 9629—9644. 4² leer, 5¹ 9645—9661. 5² 9662—9678. Scenar g) mit Nr. VIII und Über- schriften Strophe Antistrophe 2. Strophe Antistrophe Epodos au Stelle des ausgeschalteten als Vorlage zu H^{22} stimmen-

den Johnschen (mit Scenar *g*) Bl. das ursprünglich *g*¹ mit
32 bezeichnet war *H*² *9629—9636 *H*⁴⁹:

Kennst du ein Wunder dieß
Cretas erzengte du?
Dichtend belehrenden [be üdZ]
Hast denn du niemals zugelauscht [zu üdZ]
Hast du von alten Zeiten [oder alter Zeit]
Niemals gehört
Nie vernommen Hellas [nach von]
Urväterlicher Sagen
Göttlich=heldenhaften Reichthum*

9630 ?] du! *H*ʰ*H*²² 9631 belehrendem Wort] belehrenden
*H*ʰ*H*²² *g* aus Belehrenden *H*² 9632 Hast du niemals du zu-
gelauscht *H*ʰ*H*²² *g* aus Hast du niemals zugelauscht *H*² *9637—9678
*H*²² mit den früheren Varianten *H*⁴⁹*H*ʰ und von 9645 an *H*²⁷:

Alles was je geschieht
Trauriger Nachklang ists [Nur ein [Tag] N. i. *H*⁴⁹]
Unsrer Tage, der Tage
Herrlicher Ahnherrn.
Dein Erzählen vergleicht sich nicht [D. E. aus Was du er-
zählst? *H*⁴⁹]
Jenem was lieblich=glaubliche Lüge [lieblich über mir *H*⁴⁸]
Von dem Sohne der Maja sang. [vor Von Nachtrag Uns *H*⁴⁹]

Diesen zierlich kräftig [Jenen *H*²⁷]
Gebohrenen kann
Faltet in reinste Windeln, [Wicklet aus Hüllet? *H*²⁷ Faltet
geklebt auf Wicklet *H*ʰ reine üdZ *H*²⁷]
Strenget in köstliche Wickeln [köstliche üdZ *H*²⁷]
Klatschender Wärterinnen
Unvernunft.

Kräftig und zierlich aber [unter Aber *H*²⁷]
Zieht schon die beugsamen, [über Schlüpft er zur Schaale *H*²⁷
biegsamen? *H*²⁷]

Dehnsamen Glieder [Dehnsamen fehlt H^{27} Glieder lustig H^{27}]
Listig heraus, die purpurne [Zu purpurner Schaale H^{27}]
Ängstlich drückende Schaale [Lustig heraus H^{27}]
Lassend an seiner Statt. [Unleserliches Schlüpft ... vgl. o.
                         H^{27} in H^h]
So wie der Schmetterling [wie üdZ H^{27}]
Aus dem starren Puppenzwang [starren üdZ H^{27}]
Flügel entfaltend schlüpft, [Fl. entfaltet und schlüpft H^{27}]
Sonnedurchstrahlten Äther [Sonnen durchstrahlenden H^{27}
                          Sonnendurchstrahlten H^h]
Muthwillig durchflatternd.

So auch er, der behendeste,
Daß er den Dieben sey,
Vortheilsuchenden allen
Ewig günstiger Dämon,
Das bethätigt er gleich [bethätiget H^{27}]
Schwingt zum hellen Olymp sich auf, [sammt den 2 ff. Versen
               unten H^{27} hellen üdZ H^{27} fehlt H^h]
Nieder zum tosenden Ocean, [tosenden üdZ H^{27}]
Über der Erde Breites hinweg
Nicht verschont er des Vaters
Nicht des Cheims
Würdige Herrscherkraft.*

9638 Heutiges Tages aus Unserer Tage H^2 Heutiges   9654
Listig alle Hss. (nur H^{27} s. o. lustig) im Einklang mit Schalk,
Lustig $C4$ halte ich danach für keine beabsichtigte Änderung.
9662 er fehlt $C4$ (steht $C^1 4$)   9668 Schnell g^1 über Gleich H^2
9671 Phöbus g^1 über Apoll H^2 9672 dem g^1 üdZ H^2 9676
Ringerspiel Riemer aus Kämpferspiel H^2 9677 auch — los't]
g über der ihm kosenden Cypris auch H^2 nach 9678 Ein —
auf H^{65} g Johns ausgeschaltetes Bl. 32 $H^2 H^{22}$ rein über
höchst H^{65} erklingt] tönt H^{65} merken auf] werden aufmerksam H^{65} und — gerührt erst g H^2 Von — Musik erst H

9679—9694 ohne Scenarisches H^{66} fehlt H^2 wo die Foliirung von 5 zu 7 (aus 33, einen Bogen mit 14 — aus 38 — bildend) springt und ein angeklebt gewesenes Fol. 6 fehlt. Fol. 133 oben „Sig. 19. p. 289" auf C^1 bezüglicher Druckereivermerk H 9684 Wir begehren andern Zoll dazu aR Fordern wir H^{66} 9686 auf aus zu H^{66} nach 9686 Sie — zurück fehlt H^{66} den] dem C 9691 Selbſt der Sonne Glanz [über Ach die ganze Welt] verſchwindet H^{66} Laß neben Wie über Denn aber ver= ſchwindet nicht geändert H^{65} 9692 Wenn] Dem aus Wenn H^{66} über Dem H^{65} 9693 Wir im] Der [aus Wer?] in H^{66} Sich im aus Der in H^{65} eignen] ſeinem H^{66} über ſeinem H^{65} finden] findet $H^{66}H^{65}$ vor 9695 kein Scenar H^{67} Coſtüm] Coſtum H^2 9699 menſchlich über nm uns H^{67} 9700 Nährt ſie aus Wählt [darüber Bildet aR Paart] ſie ſich H^{67} 9701 gött= lichem über wiederhergeſtelltem himmliſchem H^{67} 9702 unter Sie vollendet ſich ein Drey H^{67} köſtlich] herrlich über himm= liſch H^{67} 9703 über Und ſo reichet euch die Hände H^{67} 9707—9710 nachträglich H^{67} 9711 laßt] laß H^{67} 9712 laßt̄ laß $H^{67}H^{111}$ 9713 Zum höchſten Aet[her] H^{67} 9716 faßt über wirſt H^{67} 9720 nicht nach nie H^{67} 9721 nach Mit ins Verderben H^{67} 9733 errungene nach erworbene H^{67} 9734 aus So mein als dein H^{67} 9735 vgl. zu 9431. nach 9744 den] das H^2H^{111} g über das H ihn] es H^2H^{111} g über es H 9745 hie] hie, HC 9749—9754 g oben Bl. 8 aufgeklebt H^2 vor 9755 verſchlungenem g H^2 verſchlungenen John $H^{111}H$ (wo aber leichte Correctur g^1) danach C, vgl. 9751. 9758 Schüttelnd] Schüttlend $H^2H^{111}H$ *9767—9810 Nachtrag H^2 s. o. 9767 — Scenar zu 9811 ohne die drei erſten Über= ſchriften $H^{68}*$ 9768 Rehe nach ſeyd ihr H^{68} 9769 über Jhr ſeyd ſo viele H^{68} 9770 Nur friſch und munter H^{65} 9771. 9772 1 Z unter Zu wildem [darunter raſchem] Spiele H^{68} 9774 aus So ſey behende H^{68} 9776 Doch nur] Denn doch H^{68} 9778 Du ſchönes aus Das ſchöne H^{68} 9779 Nur] Nun C 41 9782 für Verbitt ich mir H^{65} 9783 darunter Die allerſchnelleſte H^{68} 9784 Die greif [aus Ergreif] ich mir H^{66} Ergreif ich)

ſchier [nach mir] H^{69} 9786 Keine Mäßigung unter Nichts
Vermeßnes H^{68} 9788 nachträglich H^{68} Über nach Durch
H^{68} 9789 Welch ein aus Welchen — Dictat? — H^2 vor
9790 einzeln — eintretend fehlt H^{68} 9791 Mit Verachtung] Uns
verachtend aus Mit Verachtung H^{68} 9792 Die [nach Doch]
die Unbändigſte vom Haufen H^{68} Schleppt] Schleppt' C 9793
Schleppt er [Spat.] herbey H^{68} vor 9794 ein — hereintragend
fehlt H^{68} 9794 her] mir H^{68} g^1 über mir H^2 nach 9807
Sie verwandelt ſich und flammt und lodert H^{68} 9808 in —
Lüfte für nur in die Grüf[te] H^{68} 9809 in ſtarre für nur in
die H^{68} vor 9811 die — abſchüttelnd [Schluss H^{68}] John
unter g in der Mitte, Chor im Kreiſe H^2 nach 9818 felsauf
normirt (wie wurzelauf u. s. w., sogar thalhernieder C 4, 196)
gegen Fels=auf $H^2 H^{111}$ Fels auf HC nach 9826 gestrichen
9835. 9836 H^2 9827 Magſt] Magſt du C 4   9828 verweilen?] verweilen, sinnwidrig, denn es ist Frage-, nicht Bedingungssatz.
9835 ohne Interpunction C 4   9837 Krieg!] Ausrufungszeichen
fehlt HC 9843—9850 eine der schwierigsten und manierir-
testen Anakoluthien des Goethischen Altersstils: die Überlieferung H^2 g — C 4 hat kein Komma nach Muth? und
Sinn, aber Punct nach Blut? und bietet 9847. 9848 Den nicht
zu dämpfenden Heiligen Sinn, was Riemer C 41 umdichtet Mit
nicht zu dämpfendem Heiligem Sinn. Die Überlieferung ist
unverständlich, Riemers Besserung unzulänglich und gewalt-
thätig: ich wage nur — worin mich Zarncke bestärkt —
9847 Dem zu schreiben, nach Blut? Semikolon (Riemer
Komma), nach Muth? und Sinn Kommata zu setzen.   9852
er ſcheint] erſcheint $H^2 HC^1 4$ C 41 aus erſcheint H^{111} 9853 Wie
g vor Steht H^2 9854 Wie von unter Iſt es H^2 der Schein
unter und Stein H^2 9855 Wälle] Welle C 9866 ſo nach
noch H^{70} 9871 In auf Rasur H^2 9875 Nun g über Und
H^{70} Nur C 41   9876 zum] dem H^{70} 9879 Sehnſt du dich
von' [Spat.] Stufen H^{70} Sehneſt aus Sehnſt H^2 von vor
den H^2 9881—9883 fehlt H^{70} 9884. 9885 Und und Dort
Zusatz aR H^{70} widerdonnern gegen wiederdonnern normirt

nach den Vorschriften unserer Ausgabe.   9496 Jöbliches H^2
Loos!] ! undeutlich H . C 4   9899—9906 ohne Scenarisches
H^{71} nach 9902 Aureole erläutert von Goethe, Abgesandte
Briefe Juli—December 1827 Fol. 157¹ Schuchardt — nach
Brief an Fritsch 8. September (John), 157² Schuchardt *Serenissimo* o. D. über das von Ludwig I. empfangene Grosskreuz,
an Kanzler Müller 15. September (John) —: *Aureole* ist ein im
Französischen gebräuchliches Wort, welches den Heiligenschein um
die Häupter göttlicher oder vergötter[ter] Personen andeutet. Dieser
kommt ringförmig schon auf alten pompejanischen Gemälden um die
göttlichen Häupter vor. In den Gräbern der alten Christen fehlen
sie nicht; auch Kaiser Constantin und seine Mutter erinnere ich
mich so abgebildet gesehen zu haben. Hiedurch wird auf alle Fälle
eine höhere geistige Kraft aus dem Haupte gleichsam emanirend
und sichtbar werdend, angedeutet; wie denn auch geniale und hoff-
nungsvolle Kinder durch solche Flammen merkwürdig geworden.
Und so heißt es auch in Helena: [folgt 9623. 9624] Und so kehrt
diese Geistesflamme, bey seinem Scheiden, wieder in die höhern
Regionen zurück.   9903 vgl. o. die Beschreibung von H^2
9905. 9906 doppelt H^{71} 9905 Mutter o laß mich nicht H^{71a}
9906 Mutter fehlt H^{71a} H^{71} nach 9906 Pause g H^2 vor 9907
Trauergesang erst g H^2 9913 unter Lied und Muth in
schönen Tagen H^{70} Hielt in [über Wie in trüben] klar und
schönen [verschrieben für trüben unter trüb und schönen] Tagen
H^{70} Dir] Hielt H^{72} vor Hielt [darüber Wie] H^2 9914
war] dich H^{70} ihn H^{72} g unter ihn [darüber g dir] H^2
*9915—9918— 9927—9930 (H^{70a}), 9919—9926, wiederholt mit Cor-
recturen 9915—9918 + 9927—9930 H^{70*} 9916 Kraft nach Macht
H^{70a} 9917 Leider über Aber H^{70a} 9918 Jugendblüthe]
Bald [über Schon] im Innern H^{70a} 9919 unter gestrichnem
9923 H^2 Scharfer über Hoher H^{70} 9921 unter Und die
Leidenschaft der Frauen   Hoch geliebt [Spat.] verflucht Leiden
schaft der schönsten Frauen H^{70} 9922 ein aus dem Schuchardt (Dictat?) H^2 9924 aus Willig willenlos ins Netz H^{70}
9925 So g über Und H^2 du gewaltsam aus dich mit allem H^{70}

9926 aus Mit Gesetz und Sitte dich H^{70} 9928 fehlt (Spat.)
H^{70a} Gab dir reinen [über frischen] Muths Gewicht H^{70} Giebt
dem [G. b. g^1 über Prachte] reinen Muth [aus Muths] Gewicht H^2
9929 Edel war es zu gewinnen H^{70a} aus Herrlich wär es zu gewinnen H^{70} 9930 es — dir] dir gelang es H^{70a} 9933 unter
Der [Spat.] am Entscheidungs Tage Die Sibylle selbst ver-
stummt H^{70} Wenn] Wo H^{70} 9935 Schonet nicht der muthgen
Lieder H^{70} g aus Doch frisch auf erneute Lieder! H^2 9936
nicht länger] auch hier nicht H^{70} 9937 Denn] Und H^{70}
9938 von — er über er ewig H^{70} nach 9938 nur Pause g
$H^2 H^{III}$ Völlige g H vor 9939 keine Überschrift H^{73} zu
Faust g H^2 *9939. 9940 fehlt H^2 g aR H^{III} Eckermann
(—9941 Lebens) angeklebt H Goethe an Factor Reichel in
Augsburg 18. März 1827, Acta privata die Ausgabe letzter
Hand betreffend 3, 86, 90: Einzuschalten wären in Helena einige
Zeilen und zwar die letzten Worte derselben folgendermaßen ab-
zudrucken: folgt 9939—9943*   9939 An mir bewährt sich leider
auch das alte Wort $H^{73} H^{III}$ 9940

Daß hoher Schönheit holdes Glück sich nicht gesellt
Daß dauernd Glück die Schönheit nicht begleiten mag
Daß nie vom Glück begleitet sey die schönste Frau
Erfreuen darf sich nie die Schönheit großen Glücks.

    groß udZ]

Die schönste Frau entbehrt gewiß des süßen Glücks
Nie war ein dauernd Glück der Schönsten zugetheilt
Ein dauernd Glück entbehret stets die schönste Frau

H^{73}

Vor allem unglückselig ist die schönste Frau darunter Riemer
Daß Glück und Schönheit dauerhaft [unter gleicher und Spat.]
sich nicht vereint H^{74} dauerhaft — vereint nachträglich g auf
g^1 in freigelassenem Spat. H^{73} wo Riemer unten:

Daß Glück und Schönheit dauerhaft sich nicht vereint
Daß dauerhaft sich Glück und Schönheit nicht vereint
Daß Glück und Schönheit lange nicht zusammengehn

9941 Zerrissen über Geschwunden H^{74} ist] ist's $H^{76} H^2$ wie
über und H^{76} Band über Glanz H^{74} 9942 Bejammernd

H^{75} (an Reichel) C Betrauernd $H^{76} H^2 H^{111} H$ beide] beyde
aus beydes H^{75} sag' ich] sage H^{75} ebenso im Brief an
Reichel   schmerzlich über traurig H^{76} 9943 Und werfe mich ꝛc
abbrechend H^{76} 9944 auch auf Rücks. aus Persephoneia
nimm ihn auf und mich zugleich H^{76} vor 9945 keine Überschrift H^{77} 9948 Halte fest unter Wie du H^{77} 9949 mehr
über selbst H^{77} 9950 dich wiederhergestellt H^{77} hohen vor
Gunst H^{77} 9951 unter Und hebe dich empor H^{77} Unschätz=
barn nicht ausgeschrieben H^{77} Unschätzbaren $H^2 H^{111}$ daraus H
9952 alles] das H^{77} 9953 Am] Im H^{77} 9954 wieder vor
oben [?] H^{77} nach 9954 Scenar nachträglich H^2 *9955 mit
Scenar — 9961 mit Scenar geklebt auf dem vorausgehenden
Scenar und 1. Fassung (wo das Scenar zu 9955 schon g corrigirt aus nimmt Euphorions Kleider von der Erde, hebt sie, ins
Proscenium tretend in die Höhe und spricht, 9955—9957 fehlt,
9958—9961 mit kleinen Varianten $H^{2\alpha}$, letztes Scenar gleich)
H^{2*} 9957 mir] mir ꝛ H^{69} darunter ist mirs nicht H^{69} 9958—
9961 ohne Scenar H^{78} 9958 Genug den Dichterling zu weihen
H^{78} genug,] Komma fehlt   9959 Zu abbrechend H^{69}
stiften] rechtem nach regem über reichem H^{78} 9960 Und
aus Denn H^{78} vor 9962 Panthalis für Chorführerin erst H
9964 viel=verworrner H getrennt C 4 wo aber nur das, 9963
gegen H eingeschobene, = ausgefallen.   *9970—9980 auf=
geklebt H^{79} nummerirt g^1 IX H^{79*} 9977 zugesellt aus ge=
sellt H^{79} 9979 = fehlt   piepsen nach zwittschern H^{79} vor
9981 Panthalis erst Eckermann oder g für Chorf. H Chor=
führerin C 41 gegen C 4   nach 9984 ab g. $^1_3$ S und 12^2 leer H^2
9985 dem Absatz H^{80} 9988 nimmer] nie H^{80} 9989 Ewig]
Hat doch H^{80} 9990. 9991 skizzirt Natur braucht Geister Geister
brauchen Natur H^{76} Über uns Geister das Recht Wir an sie
vollgültigen [unter aufs neue in] Anspruch H^{80} Wir g aus
Wie H^2 *9992 ff. Zu den Schlusschören springende Skizzen
H^{57} :

    Um zu pipen [? vgl. 9979] und zum Fluße
    Richtiger als nichtig dort.

Nicht wer einmal sich des Lichtes
Zarter Kräfte sich erfreuet
Der verläßt sie nicht mit Willen
Augenlos [nach Ohne] empfand er sich.

Theilen wir ... [unleserlich] [2. System]
Felsenwänden schmeichelnd an
Horchen lauschen jedem Laute
Antwort sey von uns bereit
Donnerts, donnert [abgebrochen]
Verdoppeln wetteifernd [skizzirt]

unten:

Immer nieder eilig nieder [für 4. System]
Zu des Weinberg [abgebrochen]
Laß uns dort der Trauben pflegen
Laß sie keltern laßt sie zechen [?]
Winzer dann und Winzerinnen
Theilen jauchzend wir das Fest

Vorders. (unter 9512 ff.):

Laßt uns eilen laßt uns schweben [für 3. System]
Ohne Ziel und ohne Richtung
Doch verlasset nicht den leichten [lichten?]
Grün beblümten Boden
Hellas soll die unsre bleiben
Wir erbauens, hier [und] stellens
Wie es nimmer wird und sey*

*9992—10029 ohne Überschriften H^{81} 9992—9996 Halb-
zeilen H^{57}*   9992 Äste] Zweige H^{37} Flüsterzittern] Flüsterungen H^{37} aus Flüsterungen H^{81} Säuselschweben] plauderhaften H^{57} aus Säuselungen H^{81} 9993 Reizen] Regen Zusatz
für fort und [nach Tandelnd aus Tandeln] H^{57} über Regen H^{81}
wurzelauf] von [Von H^{37}] dem Stamm $H^{57}H^{81}$ g über von
dem Stamm H^2 9994 In die Zweige und [über Bald mit

Blättern bald] mit Blüten H^{57} überschwenglich $H C4$ normirt,
9995 Zieren wir das Locken Haar H^{57} 9996 versammeln]
versammlen H^{57} und fehlt aus Versehen H^{57} Heerden]
Thiere $H^{57} H^{81}$ 9997 oben nachgetragen H^{81} 9999 weithin=
leuchtend nach Spiegel H^{81} 10000 Wellen] Wogen H^{81} 10001
Vogelsängen] Vogelstimmen über seys gezwitscher H^{81} Vogel=
singen schwerlich eine beabsichtigte Änderung C Röhrig=
flöten] Hirtenflöte nach Sey es flöte H^{81} 10002 ist] sey H^{81}
10004 erschütterndem Verdoppeln] erschütternder Verdopplung H^{81}
10005 ff. Halbverse H^{57} 10005 Schwestern nach Wir H^{57}
Sinnes] Lebens $H^{57} H^{81}$ den Bächen] dem Bache H^{57} weiter]
fort H^{57} nach fort H^{81} 10006 reizen aus reizt uns H^{81} Ferne
aus Weite H^{81} 10007 tiefer über ferner H^{81} mäandrisch wallend
für mit leichtem Schweben H^{81} 10008 dann] jetzt H^{81} gleich]
jetzt H^{81} 10009 Dort, umgeben von Cypressen, streift [? streckt?]
es alter Bäume Wipfel H^{81} 10010 Oft ererbten [über Kündet
alten] Frohbesitzes kündende [über glänzende] Befriedigung H^{81}
10011 Wallt über Weilt H^{81} wo's beliebet] wo ihr möget H^{81}
10012 Die durchaus gepflanzten Be[rge] wo an Staben Rebe grünt
H^{81} 10013 zu — Tage] durch alle Tag und H^{81} läßt über
sehn wir H^{81} 10015 Häufeln — Binden] Binden, bald mit Häu=
feln H^{81} 10016 fördersamst] fordersamst H^{31} vördersamst $C41$
10017 Weichling] weiche H^{91} den — Diener] des Bergs gedeihen
H^{81} 10018 faselnd — jüngsten] denkend an den jungen H^{81}
10019 unten nachgetragen H^{81} 10020 eingeschoben H^{81}
10021 fehlt H^{81} 10022 Haben aber] Aber haben H^{81} 10023—
10025 fehlt. nach Spat. Dann aber dann ist er zur Hand
H^{81} 10024. 10025 Halbzeilen, dann Langzeilen H^{80} 10025
raschelt — Stock skizzirt Raschelt nun [darüber nach] jeden
[darüber den] Stock H^{80} 10026 ächzen hin] sind [vor gefüllt
H^{81}] im Gange $H^{81} H^{80}$ 10027 unten nachgetragen H^{81}
zu] nach $H^{81} H^{80}$ kräft'gem] raschem [?] $H^{81} H^{80}$ kräftigem
$H^2 H^{111}$ 10028 reingeborner — Beeren] reingeboren erst zer=
stampfet H^{81} 10029 Erst zerquetschet weiß und weißer [?]
schäumets aus H^{81} Erst zertreten [aus zerstampfet, darüber zer=

quetſcht] ſchäumend ſprüht ſie Alles miſchet ſich zerquetſcht H^{30}
*10029 — Actschluss fehlt, folgt Dann jedoch [Spat.] und aus-
gewischt Mit den .... ſchlaſen [? ſchleiſen?] Sey ein ewiger
Genuß H^{31}* 10032 Ziegenfüßlern] Ziegenfüßleren $H^2 H^{III}$
daraus H 10037 nachgetragen H^{66} 10038 Denn über
Und H^{66} nach 10038 Der — fällt g H^2 s. o. Beschreibung
der H^2 aber fehlt C 41 von vor C^1 41Q wäre g aus
war H^2 zu g H^2

4. Act.

H (fehlt 10524) *H*^{1} Fol. John : 10039—10066, Rücks. quer *g*^{3} 10917—10930 *H*^{2} zwei Fol. John : 10067—10211 (fehlt 10071—10106, 10115) *H*^{3} Doppelfol. *g* : 10067—10134 *H*^{4} Quartbl. *g* : 10095—10129 (fehlt 10105—10123, 10126. 10127), Rücks. *g* Fünfter Act und verwischte nicht auf „Faust" bezügliche Z *g*^{1} *H*^{5} zwei Fol. *g*^{1} : zu 10122—10129, 10130—10175 (fehlt 10157), 10547—10553, Paralip. Nr. 187.—189. *H*^{6} zwei Fol. *g* und *g*^{1} : 10156, 10159, 10247—10251, 10280—10292, 10297—10310, 10313, 10315— 10318, 10555. 10556 $\div$ 10561. 10562, Paralip. Nr. 185. 186. *H*^{7} Fol. John : 10212—10263 *H*^{8} sieben Bll. (6 Fol., 1 Quartbl.) John und *g* in Umschlag, worauf *g* Fauſt Vierter Act. Zweyte Hälfte (der entsprechende 1. Umschlag wurde leer gefunden) : 10297—10344, 10531. 10532 Fol. 2. 3, 10345—10366 Fol. 1 auf Umschlag angeklebt, 10640—10848 *g* und Paralip. Nr. 184. John Bl. 4—7 (7 Rochlitzsches Couvert mit Stempel „Leipzig 21 May [1831]") *H*^{9} Fol. *g*^{1} : 10345—10398 (fehlt 10363. 10364, 10385—10392, 10395), oben 10427. 10428 *H*^{10} Fol. John : 10367— 10406, 10393—10398 angeklebter Zettel *g* (10398 John), auf dessen Rücks. *g* 10455—10462 *H*^{11} Quartbl. *g* und *g*^{1} : 10385—10392, 10399—10406, Rücks. *g*^{1} zu 10455—1060, 10427—10438 *H*^{12} zerschnittnes Fol. *g* und John : 10407—10422 (fehlt 10419. 10420) auf unterer Hälfte *g*, oben John „Herausforderung" 15, 341, Rücks. Paralip. Nr. 183. 192. *H*^{13} drei Fol. John : 10407—10564 (fehlt 10429—10438, 10524, 10557—10560) *H*^{14} Fol. *g*^{1} : 10423—10454 (fehlt 10427—10438), Rücks. 10473. 10474 *H*^{15} Halbfol. *g* : 10427— 10438, Rücks. *g* auf *g*^{1} 10463—10472 *H*^{16} Quartbl. *g*^{1} (Frachtbrief Frankfurt a. M. 8. December 1831) : 10442—10446 *H*^{17} Quartbl. *g* : 10475—10502 (10487—10502 Rücks., fehlt 10493—10496),

auf Vorders. nach der Raumbenutzung wahrscheinlich älter
10565—10570 H^{18} zwei geklebte Fol. g und g^1 : 10475—10546
H^{19} Fol. g^1 oben abgeschnitten (Rücks. Adresse von Sorets
Hand) : 10512—10518, 10525. 10526, 10534, 10545. 10546, „Herausforderung" 15, 341 H^{20} Fol. John, g^1 und g^3 : Paralip. Nr. 182.
mit 10555—10562 (fehlt 10557—10560), Vorders. g^3 10899—10916
H^{21} Streifen g^1 : 10557—10564 H^{22} zwei Fol. g^1 und (Paralip.
Nr. 178.) John, datirt b. 16. May 1831 : 10598—10639 (fehlt
10628. 10629)

H^a Fol. John g im Besitz des Herrn Rudolf Brockhaus
Leipzig : 10270—10285, Rücks. 10292—10296 mit Scenar H^b Fol.
g ebenda : 10419. 10420, skizzenhaft 10899—10901, 10910, 10917—
10922, Rücks. Paralip. Nr. 197. H^c Doppelfol. John und g^3
ebenda : Fol. 1 10565—10570 mit Scenar, g^3 10849—10866,
Fol. 2^1 g^3 10867—10888, Fol. 2^2 „Belehnung" 15, 342 H^d Fol.
g^1 (Rücks. Stück Adresse von Sorets Hand, schwarz ge-
siegelt) S. Hirzels Sammlung Universitätsbibliothek Leipzig :
10693—10702, 10707—10716 (fehlt 10710) und Skizze 10725. 10726,
10737—10741, Rücks. 10768—10773 H^e Quartbl. g ebenda :
10762—10775, 10780. 10781 H^f Querfol. g^3, signirt 1 oder 2
(vgl. H^g) R. Brockhaus : 10889—10899 H^g zwei Fol. g (das
zweite 10981 ff. paginirt g^3 3. 4) ebenda : 10931—11022 (fehlt
10987—10990) H^h Fol. g (zu H^g gehörig) Culemannsche
Sammlung Hannover : 11023—11042.

Hochgebirg.

Vor 10039 nur Fauſt H^1 Act nach Aufzug II ſtarre]
ſtarfe vgl. Paralip. Nr. 180., zu 10545, 10370, 10548, endlich zu
9126, wo derselbe Schreibfehler Johns. Es handelt sich um
eine malerische Vorschrift für die Inscenirung. 10041 mich
ſanft g^1 über behend H^1 10042 An — Tagen g^1 aus Am klaren
Tag mich H^1 10046 theilt g^1 über folgen H^1 10060 quellen]
quollen H^1 10061 Schwung] Schwungs, C 41 vor 10067 Ein
anderer] der Zweyte H^2 alsbald] also bald H^2H^3 *10071—
10106 fehlt, aber g Nähere Schilderung H^{2*} 10074 wieder für

du schon *H³* 10076 tiefste aus tiefsten *H³* 10082 auszu=
pusten *C* 41 10083 Hölle] Höle *H³* 10084 Das ging] es
ging *H³* 10085 flache über schwache *H³* 10090 Unterste nach
Oberste *H³* 10091 entrannen nach gela[ngten] *H³* 10093
Ein offenbar über Bisher war's ein *H³* 10094 aus Nur durch
Verrath ward's allen offenbart *H³* unter 10094 |: Ephes 2
[aus 1] : 2 *g¹ H³* unser Citat Eckermann auf *g¹ H* 10096
Der Philosoph so wie das Volck ist dumm *H⁴* 10100 gereiht]
erneut *H⁴* 10101 bequem] hat sie *H⁴* hinab] herab *H⁴* aus
herab *H³* 10103 wächst's] wächsts *H⁴* wächst *H³ g* aus wächst *H*
erfreuen *g* aus erfreun *H* 10104 folgt fortlaufend 10124 *H⁴*
10105. 10106 *g* aR *H³* 10107 Ich — dabei] Da war ich auch *H²*
da drunten] dort unten *H²* aus daunten *H³* 10110 Gebirges=
Trümmer] Gebirg in Trümmern *H²* Gebürges Trümmer *H³*
schlug unter trug *H³* 10111 Noch — Land] Die Ebene starrt
H² 10113 nachträglich *H²* 10115 fehlt *H²* eingeschoben
H³ 10116 Das treu=gemeine] Doch treu=gemeines *H²* 10117
Und über Das gläubige *H²* im Begriff *g¹* üdZ *H²* 10119
Satan *g¹* über Teufel *H² g* unter Teufel *H³* 10120. 10121
g¹ aR *H²* Mein über Der *H²H³* *10123—10129 *H²H³*:

Fauft [M. passender *H³*]

Mir ift es lieb daß das Gebirge ftumm ift, [vgl. 10095 und
zu 10096]

Und mach dir nicht vergebene Pein! [m. d. *g¹* aus macht ihr
— Dictat? — *H²*]

So lang das Volk so übermäßig dumm ift,
Der Teufel braucht nicht klug zu fenn.*

10125 's ift] Mein *H⁴* über Mein *H³* war *g¹* (von Eckermann überzogen) über weis [war undeutlich *H³*] *H* Es
folgt 10128. 10129 *H⁴* 10126. 10127 unten nachgetragen *g H³*
10128 endlich] diesmal *H⁴* 10130 ungemeff'nen] ungemeffenen *H²*
nach 10131 Citat fehlt *H² g* eingeschoben *H³* 4 fehlt *H³*
10133 Du fühlteft wohl gar fein Gelüft. *H²* wohl] dir *H³* 10134

Fauſt ꝛc Ja wohl ꝛc Und doch ꝛc. abbrechend *H³* 10136 eine *g*
über ᷓ ne *H²* 10138 Krummenge aus Krummengen *H²H* ſpitze
aus ſpitzen *H²H* 10139 Kohl, Rüben] nur Kohl und *H³* 10141
anzuſchmauſen] vorzuſchmauſen *H⁵* 10142. 10143 nachgetragen
aR *H⁵* 10144 Dann *g* über Da nun *H²* 10145 Vornehmen
nach Anſt[ändgen] *H⁵* 10148 Rolle nachträglich über frei-
gelaſſnem Spat. *H⁵* 10149 lärmigen] ewigen *H⁵* Wider
normirt nach den Principien unserer Ausgabe gegen Wieder.
10153 Erſchien'] Erſchien immer] ewig *H³* 10156 + 10159 spruch-
mässig gepaart *H⁶* 10157 fehlt *H⁵ g* eingeschoben *H²* 10158
nach 10159 aber umgeziffert *H⁵* 10160 Dann *g¹* aus Da *H²*
grandios] groß *H⁵* 10163 prächtig nach zierlich *H⁵* umbeſtellt]
b aus g *H²* 10166 durch] mit *H⁵H² g¹* über mit *H* zu Felſ
üdZ *H⁵* 10168. 10169 unten nachgetragen *H⁵* 10168 ſteigt *g*
über däucht (Dictat?) *H²* an — Seiten] zur Seite *H⁵ g* aus
an der Seite *H²* 10169 pißt'ꝰ] piſſt *H⁵* pißſt'ꝰ aR *g* für
piſſts *H² g¹* aus pißſtꝰ *H* piſcht'ꝰ *C* 41 10170 allerſchönſten]
ſchönen *H⁵ g* über ſchönen *H²* 10172 Und da verbrächt ich
meine Zeit *H⁵* daraus *g* corrigirt *H²*   *Isolirte ältere Skizze *H⁵*:

> Eh iſt eꝰ ſo verbrächt ich meine Zeit
> In allerliebſt.geſelliger Einſamkeit
> Da giebt eꝰ Wald und Hügel Feld und Rain
> Dann aber ließe ich ſchönen Frauen
> Vertraut bequeme*

10175 bie] darüber *g* der *H²* 10183 Erſtaunenꝰwürdigeꝰ nach
Das *H²* 10190 Glanz über Ruhm *H²* 10200 ſchüttete]
ſchüttelte *C* 41 10202 mich; wie] mich. Wie *H²H* vor 10210
ad Spectatores Zuſatz *g¹ H²* vor 10212 Überſchrift *g H⁷* 10212
Sie *g* über Es *H⁷* 10214 Nun ſchwillt'ꝰ *g* aus Es ſchwillt *H⁷*
rollt *g* über kommt *H⁷* 10218 beängſtigen könnte *g* nachgetragen *H⁷* 10227 faßt' *g* aus faß *H⁷* 10230 Der *g* aus
Des *H⁷* Breite *g* aus breite *H⁷* Gränzen] Gränze *H⁷*
10232 zu] für *C¹* 41 10237 am Rande ein Riemersches Blei-
ſtiftzeichen *H* Auꝰ jedem Umſtand ſeinen Vortheil ziehen *C* 41

10247—10251 Skizze *g* (die beiden 1. und die letzte Z *g¹*) *H⁶*:

Wie er so jung zum Throne kam
Beliebts dem Herren [über wie andern] falsch zu schlie[ßen]
Er bildete sich fälschlich ein
Das konnte wohl zusammen [*g¹* aus beysammen] gehn [*g¹*
                             ' nach seyn]
regieren und Genießen [*g¹* umgeziffert aus G. u. r.]
Und sey recht wünschenswert und schön

10258 Aller fehlt *H⁷ g¹* üdZ *H*   10280—10288 die ersten Vers-hälften weggeschnitten *H⁶*   10280. 10281 *C* 41 fälscht den guten Sinn und die klarere Construction durch die Interpunction wählen den neuen Kaiser, neu   10286 nur ihren Bauch] *H⁶*   10293—10296 unten *g* nachgetragen *H*ᵃ   nach 10296 Scenar (sie steigen über das Mittelgebirg und überschauen das Thal) folgt auf 10292 *H⁶*   Trommeln — auf Zusatz *g H*ᵃ   10297 seh' ich fehlt *H⁶*   ist sie fehlt *H⁶*   10298 dann] so *H⁶*   voll-kommen] willkommen *H⁶*   10301 Kriegslist unter Genug *H⁶*   10302 Befestige unter Erhalte *H⁶*   10306 gränzenlosem unter meilenlangem *H⁶*   10310 Bist — der] Spielst du den *H⁶*   10313 Laß — den] Da mag der *H⁶*   10314 fehlt *H⁶*   10315 hab'] hatt *H⁶*   längst] schon *H⁶*   10316 Den — gleich] Den hab ich dir *H⁶*   10317 In diesen Bergen steckt die Kraft *H⁶* vor 10323 Citat Zusatz *g¹ H⁸*   10324 verschiednen] verschie-denen John *H⁸H*   10325 Rüstung *g* über Harnisch *H⁸*   10329 wie *g* über da *H⁸*   Lumpe] Lumpen *C* 41   10330 Sie — um] So werden sie nur *H⁸* corrigirt *g¹ H*   vor 10331 jung nach neben an *H⁸*   10336 verdirbt John aus vertreibt *H⁸*   zwi-schen 10338 und 10339 leerer Zettel aufgeklebt zur Deckung der Verse Eilebeutes 10531. 10532 *H⁸*   nach 10344 Scenar *g H⁸*

Auf dem Vorgebirg.

Vor 10345 nur CM[arschall — dann immer O, vor 10359 CF[eldherr] —] *H⁹*   10347 gedrängt fehlt, Spatium *H⁸H⁹*   10348 Ich — fest] Und hoffe denn *H⁹*   10349 Es gehe nun so muß sichs

zeigen H^9 10350 bie — baß] ein ſolches H^9 10351 rechte] linke
H^8 die Stelle ganz verwiſcht H^9 g über linke H 10352 Solch
ein g aus Solchen — Dictat? — H^8 10353 allzugänglich C^1 41
10354 Den] Die H^9 10355 wellenförmigem aus wellenförmigen — H^9
undeutlich — corrigirt H^8H 10356 Die] Und H^9 10358 Hier g
vor Ehr H^8 Arm — Bruſt] Fauſt und Bruſt und Fuß H^9
Arm] Fauſt H^8 g über Fauſt H 10359 flachen Räumlichkeiten
unter flachem Raum H^9 10363. 10364 fehlt H^9 10363 wogt]
ſcheint H^9 g über ſcheint H 10366 Kraft] Schaar H^9 10368
ſolches] treues H^9 10369 unter Von unſrer Linken bleibt nichts
zu Von unſrer Linken [Spat.] melben H^9 10370 beſetzen undeutlich, wohl beſch[ützen? irmen?] H^9 wackere ganz undeutlich H^9 10371 Waffen g^1 aus Wachen H 10372 der — Klauſe]
auch ohne Mannen H^9 10373 Und wunderbar [Spat.] Kräfte H^9
10374 Kein Werth [? Vorth[eil] ?] [Spat.] Geſchäfte H^9 10376
Die mich Ohm die mich Vetter nannten H^9 10379 Dann] Nun g^1
aus Da nun H^{10} 10381 im] in H^9 10382 Dann unter Doch
H^9 10383 unter Auf Kundſchaft [darüber Ein treuer] ausge-
ſandt H^9 nach 10384 nur (Kundſch.) H^9 10385—10392 fehlt H^9
10394 Nicht] Vor H^9 Pflicht nach und H 10395 fehlt H^9
10396 Euch] ihn H^9 10398 Dem — zittern] Jedoch mich dünkt
ihm beben H^9 10403 vorgeſchriebnen] regelmäßigen $H^{10}H^{11}$ g^1
über regelmäßigen H vor 10407 Die Herolde (gehen ab) H^{13}
10410 höherm g H^{12} John gegen dieſe Vorlage höherem $H^{13}H$
10411 wenn'ß über das H^{12} 10412 mir unterſtrichen g^1 H
10414 athmete über wollte das H^{12} *10415. 10416 nach 10418 H^{12}
nach 10420 H^{13} nach 10420 aber ungeziffert H^* 10415 Und —
nicht] Ihr habt mir ſtets $H^{12}H^{13}$ g^1 über Ihr habt mir ſtets H
vom g^1 aus von H 10416 glänzt' g^1 aus glänz' H^{13} 10419.
10420 fehlt H^{12} iſolirt H^8 nach 10422 Die — Gegenkaiſers
fehlt H^{12} Die — abgefertigt g H^{13} zu — Gegenkaiſers fehlt
H^{13} g^1 H Fauſt — Helme.] Fauſt Mephiſt. (geharniſcht mit
geſchloſſenen Helmen). $H^{12}H^{13}$ corrigirt g^1 H gerüſtet — ge-
kleidet] gekleidet und gerüſtet H^{13} ebenſo, aber geſtrichen,
Fol. 150² u. H Das ganze Scenar endgiltig wiederholt

Fol. 151¹ o. _H_   10426 _g_ _H_¹⁴   Ift (eigentlich Ju) über Hat
_H_¹⁴   in _g_ über die [nicht Hat] _H_¹³   es folgt 14439 _H_¹⁴   *10427.
10428 _g_¹ Ende der S   10428 fonst] je _H_⁹   *10429—10438 fehlt,
angedeutet _g_¹ Continuation _H_¹³*   10429 Sie wirfen dort in
langen engen [über weiten] Klüfte[n] _H_¹¹ Sie wirfen dort durch
[über in] labyrinthifche[n] Klüfte[n] _H_¹⁶   ftill _g_ üdZ _H_   10431
nach 10432 _H_¹¹   Ju _g_ über Und _H_   Im fteten _C_ 41   10433
einziger über ewiger _H_¹¹_H_¹⁵   10435 Dann] Und _H_¹¹   10439 Nefro=
mant Eckermann aus Negromant _H_ Negromant _C_ 41   10440
dein — ehrenhafter] _g_ aus ihr getreufter e. _H_¹³ aus der [un=
deutlich, blieb ungeändert] getreufte ehrenhafte _H_¹⁴   10441
Welch] Gedenc Welch [über Ein] _H_¹⁴   droht'] droht _C_¹ 41
*10442—10446 nur Schon dampft um ihn du retteft ihn vom
Feuer _H_¹³_H_¹⁴ angeklebt John unter Schon dampft's um ihn,
du retteft ihn vom Feuer _H_*   10445 unter Die Hölle konnte
nicht die Hölle retten _H_¹⁶   10447 Dort war's] Es war _H_¹⁴_H_¹³
_g_ aus Es war _H_   10449. 10450 unten nachgetragen _H_¹⁴ John
nachträglich aR _H_¹³   10450 fragt Praesens (wie 10447 bleibt)
Johns fragte (gegen _H_¹⁴ in fragt corrigirt _H_¹³   10451 als
— Gefchäfte] zum eiligften Gefchäfte unter befahl gewiffermaßen
_H_¹⁴ eiligftes _g_¹ aus eiligfte _H_¹³   10454 Stumpffinn _g_ aus
Stummfinn _H_   Zauberey John über Heuchel[ey] _H_¹³   *zu
10455—10460 _H_¹¹:

> Sey uns gegrüßt denn zu der beften Zeit
> Kommt jeder neu Verbündete zu Ehren
> Wie anders muß bey zweifelhaftem Streit
> Ein neuer Tapfrer uns behaglich mehren.

und auf derselben Rücks.. Kay[fer] überschrieben, Sey uns
willkommen — Zu der beften Zeit.*   10455 die — grüßen] den
Gaft begrüßen _H_¹⁰_H_¹³ corrigirt _g_ _H_   10456 Der heiter kommt
zum heiterften Genießen _H_¹⁰_H_¹³ corrigirt _g_¹ _H_   10457 fchiebt
über drängt _H_¹⁰   10463 lenfet über haltet _H_¹⁵   10465 Ehrt
den ans Ju [vor An] dem _H_¹⁵   10466 mich] Komma _H_ störend.
10467 Selbft — Mann] Da trat ich auf _H_¹⁵_H_¹³ _g_¹ unter Da
trat ich auf _g_¹ (aR _NB_) _H_   10469 Sey vor Und _H_¹⁶   uns

über ihm H^{15} erſtanden] Goethe hat wie das Komma g^1 H
vor das zeigt. den Satz auf Interpunction hin revidirt. C 41
ſetzt unnöthig Komma am Versende, Attribut in Prädicat
ändernd. ſo daſs iſt zu ergänzen wäre. 10470 unſern über
meinen H^{15} 10472 Ende der 2. S, Vermerk g^1 (bis hierher)
H^{13} 10473. 10476 unten verkehrt H^{17} 10475 aus Wir ſehn
das Haupt mit Helm und Buſch geſchmückt H^{17} 10476 Er
ſchützt] Dort iſt H^{17} Dort wogt [über iſt] H^{18} über Dort wogt
H^{13} das fehlt H^{16} 10477 Denn ohne Haupt was wären alle
Glieder H^{17} Was vor Denn H^{15} 10478 Denn — jenes]
Schläft jenes er und H^{17} aus Schläft jenes nur und H^{18}
10479 Wird — gleich] Das Haupt verletzt und $H^{17}H^{18}$ 10480
Erſtehen] Und alle H^{17} für Und alle H^{16} 10481 Schnell]
Gleich $H^{17}H^{18}$ 10482 den Schild] das Schild H^{17} 10483 ge-
wahret — Pflicht über beweiſet ſich H^{17} 10484 kräftig üdZ H^{17}
10485 tüchtige über ſchnelle H^{17} Glück] Glücke $H^{17}H^{18}H^{13}$
doch nicht zweifellos, ob John eigenmächtig Glück H
vgl. 10497. 10486 Setzt nach Und H^{17} Erſchlagnen g H^{17}
undeutlich H^{18} Erſchlagenen John $H^{13}H$ Genick] Genicke
$H^{17}H^{16}H^{13}$ 10487 Zorn] Sinn H^{17} über Sinn H^{18} 10488
in Schemeltritt] zum Schemel zu H^{17} 10492 Lachten] Lachen
über Spotten H^{17} 10493—10496 fehlt H^{17} 10493 Euer vor
Jener H^{18} 10496 Anführungszeichen g^1 H^{13} 10497 Beſten]
Deinen für der Treuen die dich ehren H^{17} über Deinen H^{15} ge-
ſchehn] geſchehen H^{16} 10498 Die aus Der H^{17} ſtehn] ſtehen H^{18}
10499 Dort — Feind] Sie ziehn heran H^{17} aus Dort ziehn ſie
her H^{16} 10501 hier unkenntlich H^{17} heut H^{18} 10506 Jugendkraft geprüfter] Jugendkraft, der mächtigen H^{16} 10508 deine g^1
aus ſeine H^{13} nach 10510 Er] Fauſt H^{16} *10511—10518 nachträglich auf dem Nebenbl. S 3 H^{18}* 10512 zerſchlagnen] zer-
ſchlagenen H^{16} 10513 gleich — ſchlapp aus ihm liegt ſogleich H^{19}
10515 dann] dann, C 41 10517 der üdZ H^{19} über über auf H^{19}
10518 eigenen aus eignen H nach 10518 Ab erſt H 10519 be-
gegn' undeutlich H^{18} begegne H^{13} 10521 rechts,] kein Komma
C 41 bereits über ſchon H^{18} 10522 Unſern undeutlich g H^{18}

Unſeren nach Johns Neigung $H^{13}H$ vor 10523 auf — beutend]
winckt rechtß H^{18} 10524 fehlt $H^{13}HC$ 41 Da kein Grund
zur Streichung erſichtlich, 10523 einen Reim fordert, Fauſt
auch Raufebold charakteriſirend eingeführt hat, ſetze ich
den Vers aus H^{18} (reißt) ein und erblicke in dem Fehlen ein
bloſses Verſehen, leicht erklärlich bei dem Hin- und Her-
ſchauen vom Hauptblatt zum Nebenblatt, das ſogleich
wiederholend das Scenar mit Verweiſungszeichen bietet
Fauſt (winckt nach der Mitte) Habebald (tritt vor).   10525. 10526
erſte Faſſung H^{19}:

<blockquote>
Wir fahren zu wie Flammen Gluth
Die Habſucht giebt den wahren Muth
</blockquote>

10530. 10531 (vgl. zu 10338) ſammt Scenar aufgeklebt auf (ab)
Fauſt winckt nach der Lincken Halteſeſt tritt auf Eilebeute (tritt
vor [über auf]) H^{18} 10534 Die — grimmig) Daß [aus Die]
Weib [nach Frau] iſt grauſam (aber ſie) H^{19} nach 10536
Beide ab erſt H vor 10541 Überſchrift und Verweiſungszeichen
zu den unten nachgetragnen V 10541 (unter abgebrochnem So
laß auch dieſem Antheil an dem). 10542 H^{18} 10545 Der Ruhm
iſt Narrheit, Weißheit iſt Beſitz unter 10546 mit Spat. H^{19}
10546 unter Die Donnerkeile zeigt Zeus bleibt in Stich [darüber
zuzuſchlagen] über Der Ruhm iſt Narrheit. Weißheit iſt Beſitz
H^{19} Kein — ſpaltet] Kein Donnerſtrahl zerſpaltet H^{19} nach
10546 Ab erſt H (Schlacht) H^{18} von — kommend fehlt H^{18}
zurückkommend von oben herunter H^{13} daraus g corrigirt H
auf 10546 folgt:

<blockquote>
Sie habenß wohl und richtig ausgedacht [richtig] weißlich H^{18}]
Doch ſchwächte dieß des Heerß geſammte Macht, [aus ſchwäch=
          ten ſie dadurch des H^{18}]
Und prallen hier mit Noth und Mißgeſchick
Vom ſtarren Felß zum ſtarren Volck zurück.
</blockquote>

$H^{18}H^{13}$, wo g^1 (Später) aR   10547 unter Vom — zurück H
Nun — wie aus Und ſchaut wie ſich H^{13} ſchauet g aus

ſchaue *H* 10550 Sie] Den *H*[13] Pfade] Steinpfad *H*[13] 10551
Mit Helmen, Harniſchen [nach Schwe[rtern],] und Schwertern
H[6] nach 10553 (für ſich) *H*[5] Leiſe — Wiſſenden *g* nach ad
ſpectatores *H*[13] 10555 Ich — freilich] Ihr ſeht ich habe *H*[6]
über Ihr ſeht ich habe [aus hab mich] *H*[20] 10556 aus=
geräumt] aus geräumt *g H*[6] *g* aus Johns aufgeräumt *H*[20]
trotzdem aufgeräumt John *H*[13]*H* 10557—10560 fehlt *H*[13]
(fehlt auch *H*[20] Paralip. Nr. 182.) 10561 darein] damit *H*[6]*H*[20]
darin *H*[21] nach 10562 (Poſaunenſchall von Oben) *H*[6] 10563.
10564 *g* und dazu aR Verweiſungszeichen, das aber wieder
geſtrichen wie das S 6 unten mit demſelben Zeichen von
John geſtrichene Scenar zu 10570 Furchtbarer — oben *H*[13]
vor 10565 Laut *g H*c 10565 erboßen] erboßen *C*[1]41*Q* 10566
Blechklappernd] Wild klappernd *H*[17] Blech *g* vor Wild *H*c
10567 Dort flattern alte Fahnen dort Standarten *H*[17] Auch *g*
über Dort *H*c Fahnenſetzen] alte Fahnen *H*c *g*[1] aus alte
Fahnen *H* 10570 auch — neuen] in erfriſchten [?] *H*[17] nach
10570 Scenar *g H*c 10580 geſchäftig emendirt A. Rudolf für
— den Johnſchen Hörfehler — beſchäftigt. Der V liegt nur
in *H* vor. 10600 nach geſtrichnem 10602 *H*[22] 10606 als
nach anders *H*[22] 10610. 10611 ſehen : vergehen] ſehn : vergehn
H[22] Da der ganze Paſſus ſo reich an klingenden Reimen
iſt und Mittelglieder fehlen, darf man die Lesart *H* nicht
als eine nur Johnſche verwerfen. 10612—10619

> Zufällig ritt [über kam] ich dort vorbey
> Macht ihn vom grauſen Pfahle frey [aus Ich macht ihn von
> dem P. f.]
> Nun ſoll ich, nach ſo manchen Jahren
> Die Wirkung ſeines Geiſts erfahren?

H[22] geklebt John auf dieſen 4 V *H* 10620 Freiherzige] Die
freye *H*[22] 10622 Mich beucht] Mir ſcheint *H*[22] 10623 undeutlich Die Deutung findet es ſogleich *H*[22] 10624 im Himmel=
hohen aus in Himmelshöhen *H* 10625 mit — Drohen] und
ſcheint zu drohen *H*[22] 10626 unter Das iſt ein fabe[lhaftes]

*H*²²   10627 Greif] Dies *H*²²   10628. 10629 fehlt *H*²²   10630
weitgedehnten] weitgezognen *H*²² daraus *g*¹ *H*   10631 gleichem]
einem *H*²²   10647 und fehlt *H*ˢ *g* üdZ *H*   10649 sturm=
erregte *g* *H*ˢ err *g*¹ über bew *H* sturmbewegte *C* 41   10661
vielleicht] auch schon *H*⁵ *g* über auch schon *H* nach 10663
Pause fehlt, ¹₃ S leer *H*ˢ Einschub *g*¹ *H*   10681 Felsenrand]
Felsenwand *C* 41   10689 aus Erneute Kraft zum letzten Kampfe
*H*ˢ vor 10693 — d. h. oben quer — ein paar unleserliche
Buchstaben und Zahlen *H*ᵈ   10695 unter Denn allerwärts
ist Unnatur [?] *H*ᵈ unter 10698 (K[aiser). O[bergeneral].
M[ephistopheles]. Zelt) *H*ᵈ   10700 eingeschoben *H*ᵈ   10701
garstigen] fremden *H*ᵈ   10702 Raben vor Raben *H*ᵈ   10707 der
stumpfe] doch sein *H*ᵈ   10708 Uns könnt er [das häufige wie
ʒ aussehende Schluss-r] freylich gar nichts nützen *H*ᵈ   10710
fehlt *H*ᵈ   10715 Verstehn sie ihn vom [v aus ʒ] Seyn [S aus ſ]
zu trennen *H*ᵈ vom — Schein aus den Schein vom Seyn *H*ˢ
10716 das sei] es war *H*ᵈ er sey aus es wär *H*ˢ *g* aus er sey *H*
10722 Um nach Und *H*ˢ jener] jenen *H*ˢ aus jenen *H*   10724
kühnsten] kühnen *H*ˢ *g* aus kühnen *H* Klettrer *g* *H*ˢ John
gegen diese Vorlage Kletterer *H* *10725. 10726 sehr undeutlich skizzirt unter 10716 Es glückt [?] Schon [?] stürzet [?]
Bach nach Bach Durch jene abgebrochen *H*ᵈ*   10725 zu
über auf *H*ˢ   10728 in — Felsenbreite] ins Breite *H*ˢ *g* aus
ins Breite *H*   10731 tapfres üdZ *H*ˢ   10732 strömt] kommt
*H*ˢ *g* über kommt *H*   10737 fort] ab *H*ᵈ ganzen nach dich=
[ten] *H*ˢ hellen fehlt *H*ᵈ   10738 wähnen] glauben *H*ᵈ   10739
frei — Lande] ganz im Trocknen *H*ᵈ schnaufen nach stehn *H*ˢ
10740 Und lächerlich fehlt *H*ᵈ vor laufen ein unleserliches
Wort — wundersam? — *H*ᵈ   10741 Und unsre Treuen [?] schlagen
zu *H*ᵈ   10744 glühnden] John gegen *g* *H*ˢ glühenden *H*   10750
Zwar über Ein *H*ˢ   10751 Blick] Wind vor Ein *H*ˢ *g* über
Wind *H*   10752 jede [danach üdZ lange] Sommernacht aus
jeden Sommertag *H*ˢ   10754 feuchten üdZ *H*ˢ   10756 So vor
Das *H*ˢ   10758 ff. andre Schriftzüge *H*ˢ   10762 alles aus
aber *H*ˢ   10763 braucht[s] *H*ᶜ Schreckgetön] ein Getön *H*ᶜ

aus ein Getön H^s *nach 10763 — aber aR ein Zeichen g^1 —
fortlaufend ohne Fauſt H^e für 10764—10767:

> Erſchreckend, widerwärtig, paniſch)
> Mitunter grell und ſcharf ſataniſch
> Dadroben klappertʼs und raſſelt ſchon.
> Die alten Waffen aus der Säle [aus Säale] Grüften,
> Empfinden ſich in freyen Lüften
> Und geben wunderbaren Ton.*

10765 erſtarckt üdZ H^s 10766 klappertʼs, raſſeltʼs] raſſelts,
klappertʼs aber umgeziffert H^s diese nicht recht deutlichen
Ziffern von John nicht beachtet H (C 41) lange üdZ H^s
10768 Ganz — mehr] Die Waffen ſelbſt ſind nicht H^d 10769 Es
[nach Sie H^d] geht ſchon wieder an ein feindlich [fehlt H^d]
Prügeln $H^d H^e$ ſchalltʼs — ritterlichen aus ſchallt ein ritter=
liches H^s 10770 Wie nach Zu H^d in] zu H^d 10771 Arm=
ſchienen] Der Arme $H^d H^e H^s$ g aus Der Arme H wie über
ſelbſt H^d Beine über Füße H^d 10772 unter Sie ſtellen [?] ſich
als Gi[bellinen] H^d 10773 raſch] jene unter ſie H^d ewigen] ewgen
H^d alten H^e 10774 Und nicht dem [Spat.] Sinn gewöhnlich H^e
im aus dem H^s Sinne wöhnlich aus Sinn gewöhnlich H^s 10775
Schon — Toſen aus Und ſchon erklingt es H^s 10780 vgl. zu
10763 Schallt über Schreckt H^s wider= über immer H^s wider=
wärtig] widerwärtiger aus widerwärtig (gewiss vor der Streichung des immer) H^s radirt aus widerwärtiger H nach
10782 ½ S leer, unten verkehrt g Fauſt. Raufebold (darunter
ganz verwischte Spuren g^1), Rücks. dieses Fol. 5 John Paralip. Nr. 184., unten verkehrt Fauſt Habebald, 10783 ff. Fol. 6,
10833—10848 Quartbl. 7 H^s

Des Gegenkaiſers Zelt.

10803 Das g H^s leichthin g^1 corrigirt aus Dieß H Dieß
C 41 10806 hucke $H^s H$ huckʼ C 41 vor 10811 kauert nieder
H^s als vergessen von Eckermann nachgetragen H 10818
dem] ben H 10828 heißet nach heißt C H^s nach 10830 Zu

Eilebente Nachtrag *II*⁸ 10832 nicht unter kein *H*⁸ willᵏ
tommner Gaſt] r nicht ganz deutlich *H*⁸ daher John willᵏ
tommne *H*(*C* 41) nach 10832 Ab fehlt *II*⁸ *g*¹ *H* 10838 Da — ich
aus Es flimmerte, ni[ch]t] *II*⁸ 10842 anbre undeutlich *H*⁸ John
copirte anbere *II* 10845. 10846 unten nachgetragen *H*⁸
vor 10849 vier] Vier *II*, aber ſpäter Minuskel, die ich durch-
führe. 10850 Des aus Der *H*ᶜ 10852 umhüllt aus verhüllt
*II*ᶜ 10853 ehrenvoll ohne Komma gemäss *II*ᶜ 10857 Kampf
über Streit *II*ᶜ 10859 bem] ben *C* 41 10865 er aus es *H*ᶜ
10866 Herr Gott üdZ *H*ᶜ 10867 beginnt Fol. 2 angeklebt *H*ᶜ
10876 Erzmarſchall *g* *H*ᶜ Erbmarſchall *H*, ebenso vor 10877.
10880 Väterburg] Vaterburg *II* *C* 41 10881 bir — vor aus vor
bir her *II*ᶜ 10888 allen] Allen aus Allem *H*ᶜ vor 10889
Erzi[ſchenk] *H*ᶠ 10889 zu förbern] befördern *H*ᶠ 10895 bamit
über ſo wie *H*ᶠ 10898 frohmüthiges Beginnen aus fromüthig
zu beginnen *II*ᶠ 10899 Du! Sey Erztruchſeß abgebrochen *II*ᶠ
unter Du ſey Erztruchſeß. A[lſo] *H*²⁰ unleserlich .. mir zu
ſeyn .. ausgeſanbt *H*ᵇ 10900 Dir Jagd und Vorwert Mich [?]
abgebrochen *II*ᵇ Dir *g* aus Die *II* 10901 Die Lieblingsſpeiſen
[undeutlich] laß mich alle Jahreszeit *H*ᵇ Der Lieblingſpeiſen
Wahl aus Die Lieblingsſpeiſen laß *H*²⁰ Da in *II*²⁰ das n in
Lieblingsſpeiſen gestrichen und nur durch 2 Puncte darunter
restituirt ist, copirte John Lieblingsſpeiſe *II*(*C* 41) 10902
und über mir *II*²⁰ 10905. 10906 (im letzten V undeutlich *II*²⁰)
die unregelmässigen Alexandrinerausgänge vgl. 10973, 11017
emendirt durch Synkope *C* 41 10907. 10908 aR *H*²⁰ 10907
Fern und Früh] Majuskel gegen *H*, weil sonst missverständlich. 10909 ſich's] ſich *II*²⁰ *II* 10910 Erz Schenk überschrieben, nur Erzſchenke! nenn ich dich *H*ᵇ 10912 verſorgt
nach be[ſorgt] *II*²⁰ 10913 ſelbſt ſei aus ſelber *H*²⁰ 10917
Erzi[ſchenk] überschrieben, nur Schon verſetzt zu jenem Kayſer
Feſte *II*ᵇ Auch — mich aus Ich fühle mich verſetzt *II*¹ 10918
Kaiſerlich] herrliches *II*ᵇ 10919 Von Schwerſtem Werte [? Schön-
ſtem Werte?], Gold und [G. u. aus Golden] Silber allzumal *II*ᵇ
10921 Ein blank] Es ſey *II*ᵇ vor Es ſey *II*¹ worin] in bem

H^b über in dem H^1 10928 Doch — Bekräftigung aR für Doch für die Folgezeit H^1 vor 10931 nur Kahſer H^g Erz= biſchof=Erzcanzler] Zur Klarstellung, da die geplante Bestätigung des Erzbischofs als Erzcanzler nicht ausgeführt, schreibt Q Erzbiſchof=Erzcanzler, s. zu 10977 und 11020 ff., woraus aber nicht auf zwei Personen zu schliessen, sondern wo vor 10977 Goethe selbst die Doppelbezeichnung anwendet, der wir hier dem, sonst verdunkelten, Verständniss zu Liebe folgen. 10931 Wenn über Wie H^g nach 10935 kleines Spatium H^g 10938 erweitr'] erweitre H^g g aus erweitre H 10942 Weitre g H^g John Weitere H 10943 skizzirt Sodann ſey Euch aus zu üben un= geſtört H^g Sauppe, der H^g kannte, vermuthet Goethiana p. 17 scharfsinnig eine Corruptel, indem in einer — nicht bekannten — Mittelstufe beſtimmt und vergönnt zur Auswahl notirt gewesen seien; doch kann beſtimmt ganz wohl im Sinne von „Form Rechtens" gebraucht sein. „Itaque Goethium, cum in priore versu [10943 H^g] numerorum rationes non constarent, sic eum corrigi voluisse coniicio:

Sodann ſei euch vergönnt zu üben ungeſtört,

sed cum euch primum omisisset, deinde addidisset et dubitans idem, utrum beſtimmt an vergönnt praeferret, utrumque, unum super alterum, scripsisset, errore factum esse, ut euch locum non suum occuparet et vocabula beſtimmt vergönnt coniungerentur." 10944 euch] dem H^g s. Sauppe zu 10943, der dem verlangt, weil Landesherrn eo ipso die Gerechtsame gehören; doch ist letzteres nicht richtig: die Regalien wurden angemasst und durch Schwäche der kaiserlichen Gewalt allmälig staatsrechtlich bestätigt. 10946 euern] Euren H^g 10947 Beth'] Beet $H^g H$ Wir wählen mit C41 die Adelungsche Schreibung (statt Bede). 10948 Berg=, Salz=] Das Berg= H^g 10952 ſtark und feſt umgeziffert g^1 aus feſt und ſtark H 10953 erhöhtere auch g H^g Würde H^g g^1 aus Würden H Würden C41 10954 zu leben g^1 aus zum Leben H 10959 erhebt aus erhebet H^g heiligem g H^g heiligen John, der darin öfters nachlässig, $H(C$41) unter 10960 noch Rest der älteren

Niederschrift g^1 kenntlich Die Fünfe (neigen sich) Hg 10961
in — Bruft aus im Herzen Hg mit] in üdZ Hg 10962
Stehn — gebeugt über Vor dir gebeugt Hg wo also Blankverse
durchschlagen, vgl. die „Belehnung" und zu 10992, 10995 f.,
11024, 11026 f., 11037.   10963 Blut nach Bruft Hg 10964 Sind
wir] Die durchscheinende Skizze g^1 hat Wir find und nur
anstatt leicht Hg 10972 Zum — uns umgeziffert aus Dem
Reich und uns zum Glück Hg 10973 die Canzelei] gleich
die Canzley Hg 10974 der] o Hg nach 10976 weltlichen
üdZ Hg vor 10977 Der Geiftliche [ich schreibe geiftliche
im Gegensatz zu weltlichen mit Ergänzung Fürft] über
Der Erzkanzler Erzb. bleib[t] Hg pathetisch fehlt Hg 10979
bangt's] bangs verschrieben Hg bangt H $C 41$, aber solche
Wortstellung ist auffallend, die Wiederaufnahme mit es dagegen sehr häufig in diesem Werk und bangt nur eine Schrei-
bercorrectur aus bangs.   10985 schnell g^3 über gleich Hg
10986 Reich g^3 über Glück Hg *10987—10990 fehlt Hg John
angeklebt H*   10989 Von deinem g^1 aus Da warf dein H
10990 Traf g^1 über Auf H der erfte g^1 aus den erften H
10992 mäßig aR nachgetragen Hg 10995 ein aus dein Hg
horchfam üdZ Hg 10996 belehrt üdZ Hg 10998 fetter g
Hg Johns fteter H ($C 41$) halte ich für Corruptel.   10999 dann
üdZ Hg unter 11004 Ende der S Halbmondzeichen g^3, wiederholt auf folgender S oben Hg 11013 tönt's nach sch[allt's]
Hg 11020 Als g^3 über Der Hg fördr' ich g^3 aus fördre
[fordre] Hg 11021 der — eignen g^3 aus dir alles anzueignen Hg
11022 Du legft g^3 aus Er legt Hg unter 11022 Zeichen ⊙
auf H^h deutend Hg vor 11023 um] wieder um $C 41$ 11024
Gefammte g^3 über Des H^h Beth'] Beet H^hH vgl. zu 10947
11026 schwere g^3 üdZ H^h 11027 schnellen g^3 üdZ H^h 11030
Schiefer nach Zieg[el] H^h 11034 harten] schweren H^h g^1 über
großen H 11035 Verzeih abgekürzt Veih H^h 11037 der
aus dem H^h hohen nach Kirchenschatz H^h 11041. 11042 aR
H^h nach 11041 Ab fehlt.

5. Act.

H^1 sieben Fol. g : 11143—11383 (fehlt 11201—11204, 11234, 11285), 11398—11407 H^2 dreizehn Fol. John — einiges g — mitten eingeschnitten, in Schleife, worauf g^1 Mundirt, signirt g^1 b—m : 11384—11831 (fehlt 11400. 11401, 11507—11510, 11551—11554, 11585. 11586. 11591. 11592), k^2 „Chor" 15, 343 (Paralip. Nr. 203., l m „Abkündigung" „Abschied" 15, 344. beigelegt die c^3 signirte Doublette Johns 11422—11429, nicht signirt der Einschub 11511—11530 H^3 Streifen g^1 : 11402—11411 (—11410 doppelt) H^4 Quartbl. g^1 (altes Papier, neue Schrift) : 11402—11422 (fehlt 11406—11409, 11412—11419), Paralip. Nr. 198., Rücks. 11437—11439 H^5 Quartbl. g^1 : 11402—11423 (fehlt 11406—11409, 11412—11419) H^6 Drittelfol. g : wie H^5: Rücks. Briefconcept John Hier endlich der Rest des Briefconcepts ... *Sine me ibis liber* H^7 Fol. g : 11402—11423 H^8 Quartbl. g^1 (altes Papier, neue Schrift) : skizzenhaft 11407—11409, 11414—11419 H^9 Quartbl. g^1 (altes Papier, neue Schrift : 11424—11436; Rücks. Briefconcept Mit dem *flos ipsissimo* bin ich nicht ganz zufrieden (an Nees von Esenbeck, Februar oder März 1825) H^{10} Quartbl. g^1 : 11439—11452; auf der S, wo 11439—11441. Zeichnung g^1 : Architektur, aufgebahrter Leichnam (Fausts Parabebette?) H^{11} Kleinfol. g : 11467—11486, zu 11487—11498 H^{12} zwei Streifen g^1 : 11487—11502, auf dem zweiten 11503. 11504 H^{13} Kleinfol. g und g^1 (oben g^1 Quednow) : 11487—11506, Rücks. 11511—11530 H^{14} Fol. g^1 : 11511—11530; Rücks. John Bildende Kunst für Kunst und Alterthum zunächst anzuwenden. Nachträglich ausgearbeitet. Dr. Carus Gemälde ... Nachträglich unausgearbeitet.

10*

Berliner Pasten ['Über Kunst und Alterthum VI 2 1828] ...
H^{15} Octavbl. g und g^1 : 11519—11526; Rücks. zwei Anfragen
an die Bibliothek: die erste vom 12. März 1825; die un-
erledigte, wohl nicht abgegangene zweite lautet Was von
Gedichten des *Pays* auf der Bibliothek wäre G H^{16} Streifen
g^1 : 11573—11576 H^{17} Quartbl. g und g^1 : 11593—11595, Rücks.
zu 11701, 11614. 11615, 11618. 11619; Briefconcept Der ich mit be-
sonderem Vergnügen die Gelegenheit H^{18} Octavbl. g : 11595—11603
H^{19} Quartbl. g : 11620—11635, zu 11670? H^{20} Drittelfol. g und g^1 :
11622—11629, Rücks. 11648—11651 H^{21} Quartbl. g Rücks.: 11636—
11655, 11685—11698 H^{22} Quartbl. g^1 : 11638—11647, Rücks. 11653—
11655, 11685—11692 (fehlt 11689. 11690) H^{23} Quartbl. g : Rücks.
11638. 11639, Paralip. Nr. 199.—202., 206. 207., Vorders. 11735—
11743 (fehlt 11741), 11779—11782 H^{24} Fol. g^1 : 11656—11658,
11676—11684, 11753—11755, Paralip. Nr. 205.; Briefconcept an den
Grossherzog Sollte der im *Petito* berührte, isolirt in schöner
Antiqua *de Goethe*, worunter doppelt alles gelegen H^{25} Quartbl.
g^1 (altes Papier, neue Schrift) : 11658. 11659, 11670—11675, 11711—
11723 (fehlt 11712, 11714. 11715, 11720) H^{26} Halbfol. John und
g : 11699—11709, Rücks. g 11735—11744 H^{27} Quartbl. g^1 : zu
11710—11716; John Meteorologisches H^{28} Quartbl. g^1 : 11710—
11716 doppelt; Rücks. [So] Geschehen in dankbarster Anerkennung
so vieljähriger mit grösster Genauigkeit und Treue durchgeführter
mannigfaltiger Geschäfte, Weimar H^{29} Halbfol. g^1 (alter Umschlag) : 11716—11725; Rücks. g Variante zu 5. 6 aus So ist
denn Tieck Q I 1. 138, Schuchardt Vom 6. bis zum 20. Juny
1822 (Auszug für „Annalen"?) H^{30} Fol. g^1 : 11726—11734,
11745—11752, 11801—11808, 11817—11824 H^{31} Halbfol. g^1 : 11726—
11734, 11825—11831, Rücks. John „Chor" 15, 343 (Paralip. Nr.
203.) H^{32} Fol. g : 11753—11831 (fehlt 11779—11782, 11801—11808,
11817—11824, 11826) H^{33} drei geklebte Fol. g (von Göttling —
wann? — angekauft, von seiner Schwester Alwina 1878
Goethes Enkeln geschenkt) : 11844—11980 (fehlt 11902—11905)
H^{34} Fol. g^1 : 11854—11865; Rücks. Anweisung für Kräuters
Custodie der Sammlungen H^{35} Fol. g^1 : 11866—11889 (fehlt

11874—11885), 11997—12103 (fehlt 12013—12019, 12032—12095) H^{36}
Streifen g^1 : 11910—12921 H^{37} Fol. g^1 (Wellersches Adressbl.) :
11942—11953; späteres (16. Februar 1831) Briefconcept an Maria
Paulowna Ew. Kaħſerl. Hoħeit tragen meħr alš ich ausbrüđen
kann zur Vollſtändigkeit meineš Dafeħnš beħ H^{38} Fol. g^1
(Packetumschlag, angekauft aus einem Leipziger Antiquariat
im Juli 1888) : 12037—12068 skizzenhaft, ohne Umlautzeichen
und mit lässiger Behandlung der Flexionssilben.

H^a Fol. g^1 S. Hirzels Sammlung Universitätsbibliothek
Leipzig, nach Loeper von mir verglichen : 11308—11357 (fehlt
11350. 11351) H^b Octavbl. von unbekannter Hand in S. Boisserées Nachlass Universitätsbibliothek Bonn (wahrscheinlich Copie einer eigenhändigen Beilage zum Briefe vom
7. April 1825, wohl auf die Bitte um Autographen für
Mlle. Cuvier, vgl. „S. Boisserée" 2, 381) : 11699—11709 als ein
besonderes Sendeblatt überschrieben Senbung, unterzeichnet
Weimar ben 6. Apr. 1825 J. W. Göthe. H^c Fol. g^1 im Besitz des Herrn Rudolf Brockhaus Leipzig : 11836—11839 Rücks.
aR, 11926—11941 und fortlaufend 11954—11957, Rücks. zu 12000 ff.,
11958—11965, 12076—12079, Paralip. Nr. 208.; verwischt ohne
Überschrift das Gedicht an die Pastorin Krafft Wenn ſchöneš
Mäbchen — Eitelfeit unb Dünđel Q 1 1, 144 H^d Fol. John und
g^1 mit Correcturen $g\,g^1$ im Besitz des Herrn v. Loeper Berlin :
11954—11980 (fehlt 11958—11965), Rücks. g^1 11989—11995, 12013—
12019, Paralip. Nr. 208. 209. H^e Fol. John und g ebenda :
11981—11996, Rücks. 12013—12019, Paralip. Nr. 210. H^f Fol. g im
Besitz des Herrn C. Meinert Dessau : 11981—12031 H^g Quartbl.
g^1 im Besitz des Herrn Rudolf Brockhaus Leipzig (Acten-
umschlag mit Stempel 1830) : 12032—12075 (fehlt 12037—12068,
12070. 12071) mit einer Fortsetzung; dazu Fol.: Johns Copie
ohne die zwei letzten Verse der Fortsetzung, John 12084—
12110 (fehlt 12096—12103) H^h Fol. g (Photographie vertheilt
durch Herrn Robert Boxberger) : 12032—12075 (fehlt 12037—
12068, 12070. 12071), 12084—12095.

Offene Gegend.

11043—11419 Fol. 165—172 ältere Bll. John als das Vorausgehende und Folgende *H* 11078 so *g* über zu *H* 11081 ihn erschrecken *g* aus laß erschrecken *H* nach 11082 (Ihm folgend) darunter Philemon (neben b. W. st.) *C* 41 Baucis' Abgang braucht nicht angemerkt zu werden, da sie im Gärtchen sichtbar bleiben kann. 11098 scheidet *C*¹ 41 *Q* scheinet *C* 41 11099 Tort *g*¹ aus Doch! *H* Doch! *C* 41 Tort *Q* vor 11107 Im Gärtchen (am Tische zu Drey.) Baucis (zum Frembling.) *C* 41 11137 Wasserboten John (wie im Schema Doriten u. dgl.) *H*

Palast.

Vor 11143 Palast — Canal aus Rückseite des Pallasts nach dem weiten Ziergarten hin, und dem großen, gradgeführten Canal *H*¹ im nach wandelnd *H*¹ Lynceus fehlt *H*¹ Zusatz *g H* 11151 Allzu über wie so *H*¹ 11155 neidische Laute aus neidisches Lauten (mundartlich) *H*¹ 11156 Mein aus mein nach Läuten *H*¹ 11160 fremdem] John gegen *H*¹ und den guten Sinn fremden *H* (*C* 41) vor 11163 Thürmer] Thürner (oben Thürmer) *H*¹ vor 11167 Gesellen fehlt *H*¹ Zusatz *g H* 11173 Nur nach Mit *H*¹ 11175 große nach wir *H*¹ 11182 hackelt] hackelt ist nur altmodische Schreibung, wie in unsern Hss. auch eckel räckelt usw.; 5582 Hafen. 11183 Da — denn] Darauf geht es *H*¹ corrigirt *g H* vor 11189 Gesellen fehlt *H*¹ Zusatz *g H* 11193 ein vor wie *H*¹ die Theilung wi= usw. gegen *H* beibehalten *C* 41 11196 auch gestrichen neben 11195 *H*¹ 11199 doch) vor en= *H*¹ *11201—11204 fehlt *H*¹ 11201—11206 geklebt auf 11205. 11206 *H** 11203 fordern Eckermann aus for= *H* 11205 Erst] Nun *H*¹ *H*ᶜ ordnet] ordnet *H*¹ oben Eckermann aus v= *H* 11211 er fehlt *H*¹ *g* üdZ *H* 11217. 11218 und Scenar nachträglich *H*¹ 11219—11246 aufgeklebt auf 11243—11246 *H*¹ 11225 hier vom aus du vom *H*¹ 11233 aus Von hier Mit dem verfluchten hier *H*¹ 11234 lastet's] lastet *C* 41 11235 Vielgewandtem aus altgewandtem *H*¹ Vielgewandten *H* 11241 wenig]

wenigen C 41 11242 den aus der H¹ 11243 Dort — weit] Ich
wollte frey H¹ᶜ 11244 Ein Luginsland [vgl. 11344] ein höchſtes
bauen H¹ᶜ 11245 Dem — eröffnen] Dadroben hätt' ich H¹ᶜ
11254 aus Erdbrücken mich wie in der Gruft H¹ 11255 Des All-
gewaltigen Willens=Kür C 41 Willens] Willes H¹ g aus Willes H
11257 Wie ſchaff'] Ja! ſchafft [aus ſchaff] H¹ auf Raſur H
11259 aus Mich wundert nicht daß der Verdruß H¹ 11261 Wer
läugnet's über Ganz richtig H¹ 11264 Umnebelnd] Umnebelt
H¹ g aus Umnebelt H Abend über Tages H¹ 11269 Das
Widerſtehn aus Der Widerſtand H¹ 11275 So geht ꝛc.. ¹⸝₂ S
leer (unten 11273. 11274 so wie oben), 11275—11287 auf Rücks. H¹
vor 11282 Drei] Drey aus Dreye H¹ 11283 gibt's] John gegen
H¹ giebt H(C 41) Gegen die Rückkehr zur Lesart H¹ darf
11215 nicht aufgerufen werden. 11284. 11285 und Mephiſtopheles
fehlt H¹ unten nachgetragen H vor 11286 Ab fehlt H ad
Spectatores aR über (bey Seite) H¹ nach 11287 Citat fehlt H¹
Zuſatz g H

Tieſe Nacht.

11288—11303 angeklebte Reinschrift, weisses Papier H¹
vor 11288 Thürmer] Thürner H¹ Wenn John hier abweicht,
so folgt er rechtmässig der schon im 3. Act streng durch-
geführten Norm. 11290 Thurme] Thurne H¹ nach 11303
Pauſe g¹ H¹ 11308 Funkenblicke] Feuer blicke Hᵃ aus Feuer=
blicke (auch Custos der vorigen S corrigirt) H¹ ſeh ich ſprühen
[nach blitzen] über nicht ſah ichs gerne Hᵃ 11309 der Linden
dichte über ? Hᵃ 11310 Immer ſtärcker über Unten [nach
Droben iſt es] ſtärcker Hᵃ wühlt ein] ſcheint[s] zu Hᵃ über
ſcheints zu H¹ 11312 innre] alte Hᵃ über alte H¹ lodert
nach flackert [aus brennet] Hᵃ 11313 bemooſ't — feucht] ſo
[üdZ] lang' bemooßt Hᵃ 11314 wird aus iſt Hᵃ 11315 vor-
handen] zu Handen Hᵃ 11317 um das] mit dem Hᵃ über mit
dem H¹ 11318 dem — zur] der Flammen über zur Hᵃ über
der Flammen des Feuers der Gluten H¹ 11319 aus Einem
frechen Abenteuer Hᵃ ſchrecklich] traurig Hᵃ 11320 Flam=
mend [aus Flamme] flammt, es roth [über wie] in [wiederholt

üdZ] Gluten *H*ᵃ 11321 schwarze über alte [könnte auch arme
heissen] *H*ᵃ 11323 über dritthalb gestrichenen Z Muß...
Geschick... Greulich [?] steigt [oder stürzt] ... stetig steigen *H*ᵃ
wildentbrannten] schnell entbrannten *H*ᵃ wild über schnell *H*¹
entbrandten aus entflammten über erglühten *H*¹ 11324 s. zu
11323 *H*ᵃ Blitze über flammen *H*¹ 11326 Wie die dürren
[über alten] Äste brennen *H*ᵃ aR für Und die dürren Äste
brennen *H*¹ 11327 Glühen schnell] Und sie glühn *H*ᵃ aus Und
sie glühn *H*¹ 11328 über Ach was muß ich es erblicken *H*ᵃ
11331 aus Von dem Sturz [der] glühenden [?] Last dies aus Von
der glühnden [?] Last *H*ᵃ 11332 Und sie haben Flamm nach
Flammen *H*ᵃ sind über hat's *H*¹ *11334—11337

Ja [aus Und] schon glühn die hohlen Stämme
Funcken steigen Funcken sprühn
Und Jahrhunderte sind hin [nach Tod].

aber aR *g* die vier Ersatzverse — wo daneben *g*¹ Seh ich die
[die] Eingeweide Altgeschonter [?] [Alle] Stämme glühn — *H*ᵃ*
11335 purpur] dunkel *H*ᵃ über dunkel *H*¹ nach 11335 Scenar
fehlt *H*ᵃ unten *g*¹ für (Pause singend) *H*¹ 11336 sich — dem]
dem Blick sich sonst *H*ᵃ 11337 aus Und Jahrhunderte sind hin
*H*ᵃ Mit aus Seit *H*¹ Danach ¹⁄₃ S 170² leer *H* 11338
ohne Überschrift, aber Rücks. oben Nacht Rückseite des Pallastes
nach den Dünen Faust auf dem Balkon. *H*ᵃ 11339 Das — der]
Hier ist ein Wort ein *H*ᵃ corrigirt *H*¹ 11340 Mein] Der *H*ᵃ
über Der *H*¹ Thürmer *H*ᵃ *H* Thürner undeutlich *H*¹ 11341
ungeduldge *H*¹ *11342—11349 Rücks. unter 11352—11356 *H*ᵃ*
11342 (Sind auch der [aus die] Linden Wuchs [über schnell] vernichtet) *H*ᵃ 11343 unten, oben z. Th. gestrichene Skizze:

Die Linden sind verdorben vernichtet
Nach meinem Westen [? meinen Werften ?] mehr zu schaun
Die werden gräulich Morgen pr .. [?]
Muß ich nun eine Warte baun
Hinweg der [über Die prächtigen] Genug die [? Genug der?
Gewächs der? steht üdZ] Linden [sind]
vernichtet

worauf 11343—11345 *H*ᵃ   11346 Und ſeh ich da die neue Wohnung mit unklaren Correcturen Da ſeh ich auch jene die [?]
Ge abgebrochen *H*ᵃ   11348 Das [nach Erf] vor dem Sch [die
folgenden Buchstaben ganz undeutlich] m[einer] Schonung *H*ᵃ
aR für Das eingetauſcht-erwünſchte Lohnung *H*¹   11349 Der
— Tage] Des fernen [?] Tages *H*ᵃ   11350 (ſammt Scenar).
11351 fehlt *H*ᵃ   11351 Verzeiht] Verzeih *H*¹ aus Verzeih *H*
11352 klopften] pochten *H*ᵃ   pochten] klopften *H*ᵃ   11354 Wir
pochten fort wir klopften fort *H*ᵃ   11355 morſche] ſchwache *H*ᵃ
unter 11357 Custos Und wie's nachträglich, auf nächſtem
Fol. o. Mephiſto und die andern ab *H*¹   11358 aus Wie aber
ſolchen Falls geſchicht *H*¹ geſchicht *g* aus geſchieht *H*   11361
ans Und ſie ſogleich dir weggeräumt *H*¹   11362 viel über
lang' *H*¹   11367 Von über Die *H*¹   11368 Entflammte Stroh]
aus Entflammten gleich) *H*¹   11372. 11373 Nachtrag *H*¹   11377
Gedankenſtrich üdZ *H*¹   vor 11378 auf nach allein *H*¹
11378 Blick und unten für ihren *H*¹   11381 Bringt — Dunſt
aus Und bringt den Rauch *H*¹   11383 ſchwebet aus ſchwebt
hier *H*¹   heran] dortan über heran *H*¹   darunter (Das
Feuer iſt nieder es ſchweben Schatten heran) und Custos Vier
graue ꝛc, Rücks. leer, dann 11398—11407 *H*¹

Mitternacht.

Vor 11384 Mitternacht] *g* Pallaſt, Raum davor, Meeresufer
zur Seite Nacht *H*²   vor 11386 Zu vier *H*²   11386 können]
kommen — nach einer Vorlage kounen? — *H*²   11390 könnt
nicht *g* aus könnet *H*²   nach 11397 Ab fehlt   vor 11398 im
Palaſt] auf dem Balcon Zusatz *g* *H*²   11399 Den — der über
Und ihre *H*²   Rede] Worte *H*²   11400. 11401 fehlt *H*²
11401 düſtres Reimwort aus düſtrer Reimklang *H*¹   *11402—
11411 (11422 *H*⁴)

*H*³ᶜ ſkizzirt:

Es klang ſo hohl mir ſchauderte die Haut
Ich habe längſt dem Spuck nicht abgeſagt

Die Zaubertünste williglich verlernt
   Man wird den Spuck
     nicht los
Doch ist die Welt vom hin und wieder
Des Geister Schwandes
Doch ist die Welt des Geister Spucks so voll
Daß man nicht weis wie man ihn meiden soll
Zwischen *H³ᵃ* und *H³* liegt *H⁴*:
Es klang so hohl gespensterhaft gedämpft
Magie hab ich schon längst entfernt [aus Ich habe l. ich. die M. e.]
Die Zaubersprüche williglich verlernt
Ihr seyd mir fremd ich mag euch nicht beschweren
Doch ist die Welt vom Geister Spuk so voll
Daß man nicht weis wie man ihn meiden soll
Ist jemand hier
   Die Frage fordert ja
Und du [üdZ] wer bist du
     Ich bin nun einmal da
Entferne dich
   Und bin am rechten Ort
    H³ Rücks.:
Es klang so hohl gespensterhaft gedämpft
Noch seh [über hab] ich mich ins Freye nicht gekämpft
Magie hab ich schon längst entfernt
Die Zauber frevel williglich verlernt
Do[ch]
Ich mühe mich das magische [d. m. über Magie] zu entfernen
Die Zaubersprüche gänzlich zu verlernen
Doch ist die Welt von solchem Spuk so voll*

11402 Es tönte] Es klang so *H⁵H⁶H⁷* vor 11404 *g* (im Pallaste
wandelnd) *H²* 11404 Ich mühe mich was magisch zu entfernen
unter
   Magie liegt zwar schon längst entfernt
   Die Zaubersprüche williglich verlernt

H^5 Ich mühe mich Magie [g^1 über (das) was magisch] zu ent=
fernen H^6 11406—11409 fehlt H^4—H^6 11407 Spat. Mensch
zu seyn H^8 11408 ich's im Düstern] ich z dadrüben H^6 ich es
drüben H^7H^2 ich's g aus ich H 11410 Am] Doch H^5H^6
Lust] Welt H^5H^6 Zeit H^7H^2 11411 Daß] Und H^6 niemand]
man nicht H^5 er] man H^5 11412—11419 fehlt H^4—H^6
11415—11419 Skizze H^8:

> Die Pforte knarrt und [aus Da kracht d. Pf.] niemand kommt
> herein [11419]
> Doch man durchdringt des Raums [darunter die Schranken]
> gedehnte Schranke
> Und uns ergreift ein Liebender Gedanke
> [Ausgänge sinds Ahnung[en] die verscheuch[? ten?]]
> Vom Aberglauben sind wir so umg︗arnt] [11416, eingeschoben]
> Es eignet sich es zeigt sich an es warnt [11417]
> Ein Vogel krächzt er scheint zu prophezeyn [11415]
> Ein Traum
> Ein Lügentraum scheint mein bestimmt Geschick

nach 11419 ¹⁄₃ S leer, dann jüngere Schrift H 11420 hier]
daneben g Traum, Ahnung H^6 Sorge fehlt usf. H^5 S usf.
H^6 11421 Und Zusatz g^1 H^6 Komma fehlt H denn
fehlt H^5 üdZ H^6 Bin einmal] Nun einmal bin ich H^6 Bin]
Ich bin H^5 vor 11423 keine Überschrift H^5 F. (erzürnt sich
fassend) abbrechend H^6 erst fehlt Doppelbl. H^{2a} üdZ H^2
vor 11424 S. H^9 unter 11432 Kanntest du die Sorge nie H^9
vor 11433 keine Überschrift H^9 11436 ließ] ließ nach
hi[n] H^9 ziehn aus hin H^9 11439 durchgestürmt abbrechend
H^4 Doppelbl. H^2 Erst Einsatz H^{10} 11441 unter Mir selbst
gehör ich viele Jahre lang H^{10} vgl. zu 11449. Erdenkreis] Erden
[g aus Erde] Kreis H^2 genug] nun all H^{10} g über nun all
H^2 11442 ist] darüber bleibt H^{10} 11443 Thor — Augen aus
Er der sein Auge H^{10} blinzelnd nicht ausgeschrieben H^{10}
blinzend C 41 11448 läßt sich über kann er H^{10} 11449
Er — so] Gehör er sein [aus sich] H^{10} 11452 Nur mißvergnügt

in jedem Augenblick *H*¹⁰*H*² Er! unbefriedigt *g* aufgeklebt *H*
11454 Dem] Ihm *H*²   11476 Dinge über Sachen *H*¹¹   11477
andre] andere *H*²   *11487—11498 Spat., zwei V *g*¹, zwei V *g*
(darunter leere Klammern) *H*¹¹:

Fauſt

Die armen Menſchen! gar zu gern
Verſtricket ihr ſie ſolchen Schlingen

Sorge

Erfahre ſie wie ich mich von dir wende.
Sie ſind im Leben blind, ſey du's am Ende.*

11487 behandelt über verwandelt *H*¹²   11488 zu tauſendmalen
über in dieſen K [abgebrochen] *H*¹²   11490 netzumſtrickter]
netzumwobner *H*¹² *g* aus umſtrickt[er] *H*²   11492 ſtrenge] düſtre
*H*¹²   11493 o Sorge über ſo heimlich *H*¹²   vor 11495 keine
Überſchrift *H*¹²   11496 auf Rücks. für Mit Grus und Fluch
mich von dir wende am Ende der Vorders. *H*¹²   11498 Fauſte
üdZ *H*¹²   nach 11498 Sie — erblindet fehlt *H*¹²   Ab fehlt
erblindet *g*¹ *H*¹³   11499 tief] noch *H*¹²   11503. 11504 Streifen *H*¹²   11505. 11506 alt *H*¹³   11505 und *g* über den *H*²
11507—11510 fehlt *H*²

Großer Vorhof des Palaſts. Grablegung.

11511—11530 eingelegtes nichtsignirtes Bl. *H*² ohne Scenarisches *H*¹³   vor 11511 Vor dem Pallaſt. Meph. [Mephiſt. *H*²]
als Aufſeher *H*¹⁴*H*²   Großer — Fackeln aufgeklebt (auf der
Faſſung *H*¹⁴*H*²) John *H*   voran *g* *H*   11513 Aus — Sehnen
*H*¹³*H*¹⁴*H*² geklebt *g* auf geklebtem *g* Aus Ligamenten (darunter erste = letzte Faſſung) *H*   11515 dazu auch Skizzen
unten und oben Was forderſt du was ſollen wir   Was ſchreyſt
[über rufſt] du ſo [über uns] was ſollen wir Was rufſt du uns
vom Grabe Wir bringen *H*¹³   11519 Geſpitzte] Die ſpitzen *H*¹⁵
die] ſie *H*¹⁵*H*¹³   11520 zum] fürs über zum *H*¹⁴ fürs *H*²
11523 gilt über iſt *H*¹⁴   künſtleriſch] ſonderlich *H*¹⁵   11524

Verfahret *g* aus Verfahrt *H²* 11525 Leg einer ſich die Länge
lang nur [da *H¹⁴H²*] hin *H¹³*—*H¹⁵H²* 11526 lüftet rings
umher] Spaten [als Anrede] ſtecht *H¹⁵* *11527. 11528 mit
kleinem Spat. nach 11530 *H¹⁴** 11527 Wie nach Und *H¹³*
nach Aus d[em] *H¹⁴* s. 11529. 11530 läuft] geht *H¹³* vor
11531 Überſchrift *g H²* *Lied 11531—11538, 11604—11607 s. Paralip. Nr. 92. 11539—11584 *g* lückenhaft *H²** vor 11539
Fauſt (an den Thürpfoſten ſich haltend) *H²* 11542 ſetzt wieder-
hergeſtellt vor zieht *H²* 11543 eingeſchoben *H²* vor
11544 (bey Seite) Nachtrag *H²* 11546 ſchon über nur *H²*
11551—11554 fehlt *H²* 11551 auch *g* aus nur *H* 11556 unter=
nommene] ungeheure *H²* vor 11557 (halblaut) Nachtrag *H²*
*für 11559—11580 *H²*:

> Dem Graben der durch Sümpfe ſchleicht
> Und endlich doch das Meer erreicht
> Gewinn ich Plaz für viele Millionen
> Da will ich unter ihnen wohnen,
> Auf wahrhaft [üdZ] eignem Grund und Boden ſtehn*

11562 Höchſterrungene im Reim auf Errungene verdächtig, obwohl Goethe gleich das nächſte Wort corrigirt hat. Düntzer
vermuthet Höchſtgelungene. 11563 Eröffn' *g* aus Eröffne *H*
11573 Ja! dieſem] Dem *H¹⁶* 11575 ſich] die *H¹⁶* wie] und
H¹⁶ 11578 Hier Eckermann über Von *H* 11580 freiem
nach wahrhaft *H* mit — Volfe *g¹* (von Eckermann überzogen) über und Boden *H* s. zu 11557. 11581 Ich darf zum
Augenblicke ſagen *H²* 11585. 11586 fehlt *H²* 11590 Der —
ihn] Den wünſcht der Arme *H²* 11591. 11592 fehlt *H²* *11593—
11595 ohne Überſchriften *H¹⁷** 11593 Die Uhr ſie ſteht ſie
ſchlägt nicht Mitternacht *H¹⁷* Sie Abſatz *H²* ²₃ S leer *H*
11594 Der Zeiger fällt es iſt vollbracht *H¹⁷* 11595 Vorbey!
ein dummes Wort *H¹⁸* Vorbey Abſatz, abbrechend *H¹⁷*
11597 Nicht *H¹⁸* nicht *H²* aus nicht *H* Nichts *C* 41 11598 ew'ge]
ewige *H¹⁸* 11599 Geſchaffenes] Geſchaffnes *H¹⁸* *g* aus Ge=
ſchaffnes *H²* 11602 doch] ſo *H¹⁸H²* üdZ *g H* 11604—11607

s. Paralip. Nr. 92.   11608—11611 *g* *H*² 11610 aus Das alles
war bisher geborgt *H*²   11614 Doch — man] Sie haben *H*¹⁷
11619 holen] haben *H*¹⁷   11624 Ich paß ihr auf wie einer
Grillenmaus vor 11622 *H*²⁰   die schnellste über einer schnellen
*H*¹⁹ 11625 Schnapps!] Schon *H*²⁰   hielt] hatt *H*²⁰ nach
hatt *H*¹⁹   *statt 11626—11629 *g*¹ und drei Schlusszeilen *g* *H*²⁰:

   Nun hat sie das besonderste Gelüst
   Erst die Verwesung abzuwarten
   Und [aus Auch] promenirt sich durch verstockten Mist
   Als wär es hold und glatt ein Rosengarten
   Sonst war sie gern aus diesem Kerker los
   Und sehnte sich nach andern Tagen
   Jetzt läßt sie sich vom Element verjagen
   [Spat.] Der Streit der Elemente*

11626 den schlechten Ort über um keinen Preis *H*¹⁹   11627 Des
starren [über alten] Leichnams düstres [über starres] Haus nicht
[üdZ] lassen [aus verlassen] *H*¹⁹   11628 aus Biß sie vor Ele=
menten die sich ewig [üdZ nach schm[ählich]] hassen *H*¹⁹   11629
unter Sich endlich nicht zu retten weis *H*¹⁹   schmählich nach
verschriebnem schwerlich *H*¹⁹   Darunter Erst die Verwesung
jagt sie fort *H*¹⁹   11630 aus Und wenn ich auch mich viele
Stunden plage *H*¹⁹   Tag'] Tag   11631 die Auszeichnungs=
striche erst *g*¹ *H*² die Fragezeichen erst *g* *H*   das — Frage
über auch das man sicht es an *H*¹⁹   die schwere Frage aus
zuletzt die Frage *H*¹⁹   11632 nach 11633 unter Ein Schein
Tod wars der Teufel ist gefoppt *H*¹⁹   11633 Auszeichnungs=
strich *g*¹ *H*² Fragezeichen *g* *H*   11634 Oft] Schon *H*¹⁹ *g* über
Schon *H*²   11635 das — regte] der Affe regt *H*¹⁹ *g* aus der Affe
rührt' und regt *H*²   das vor regte über und *H*   unter
11635 Ihr Firefaxe ꝛc (11670?) *H*¹⁹   nach 11635 Scenar fehlt
*H*² *g* *H*   Phantastisch=flügelmännische aufgeklebt *H*   11636
heran nachträglich *H*²¹   11637 Herrn] Herren *H*² aus
Herren *H*   g'raden und krummen in umgekehrter Folge aber
umgeziffert *H*²¹   Herrn] und *H*²¹   11638 Von altem] Ihr

seyd [fehlt *H²³*] von altem *H²²H²³* Von nach Bewährt *H²¹*
Vom altem *H* Vom alten *C* 41 Teufel schrot *H²²* 11639
eingeschoben *H²²* Bringt ihr] Ihr bringt *H²²H²³* aus Ihr
bringt *H²¹* mit fehlt *H²²* 11640 Zwar *g¹* über Doch *H²¹*
11641 unter Wie Lernäas Hyder *H²²* 11643 bedenklich] genau
mehr *H²²* nach 11643 Scenar erst *g* eingeschoben *H*
*11644—11647 skizzirt *H²²*:

Die Zähne klaffen gut, die [abgebrochen]
Ein Feuerstrom entstürzt dem [abgebrochen]
Die Ströme [über Wie Wasser Woge] stürzt [nicht corrigirt]
schäumend [nach hin]
Die Feuer Woge brauſt einher
Und in dem Qualm des Hintergrundes
Seh ich die hohe Flammen Stadt
Ragt hohe Flammen Stadt empor
Dem Gewölb des Schlundes [einmal gestrichen, dann Dem
aus Am]
Entstürzt der Feuerstrom in Wuth
Und in dem Qualm des Hintergrundes
Seh ich die Flammenstadt in Gluth*

11644 Eckzähne] Die Zähne *H²¹* 11645 Entquillt aus Entstürzt *H²²*
11646 Siede= üdZ *H²¹* 11647 ewiger üdZ *H²¹* 11648 rothe
Brandung] Fluth Glut [über sie] *H²⁰* Rothe [über Glut]
Flut *H²¹* Brandung] Flut *H²* *g* über Flut *H* hervor]
heran *H²⁰* her aus heran *H²¹* her *H²* *g* über her *H* 11649
Rettung aus retten sich) *H²⁰* 11650 zerknirscht über verschlingt
H²⁰ 11651 ängstlich] ihre *H²⁰* 11652 Wie vieles ließ zur
Sei[te darüber in Winckeln] sich entdecken, aber auf Rücks.
letzte Fassung *H²¹* 11653 So viel erschrecklichs in dem kleinsten
Raum *H²²* Erschrecklichstes aus Erschreckliches *H²¹* 11655 für
— Trug und] am Ende nur für *H²²* *nach 11655 gestrichen
11693—11698 am Ende von Fol. *f²* *H²* 11656—11675 geklebt auf
11656—11663 Spat. 11664—11669 (*H²ᵃ* John und *g¹*) *H²* vor 11656
Satane *g¹* *H²ᵃ* Scenar erst *gg¹* *H* 11656—11658 skizzirt *H²¹*:

Du wanstiger Schuft mit den Feuerbacken
Du siehst so recht vom Höllenschwefel satt
Den hagern tristen [nach Sch] krummgezognen Nacken
Nun hangt mir glühend Blum und Blatt [Bl. — Bl. über
                          das Geblüm[e] vgl. 11713]
               Matt
Seht wie sie schrumpfen [vgl. 11715]*

11656 Nun *g* über Ihr *H²ᵃ*   11657 feist *g* über satt *H²ᵃ*
11658. 11659 zwischen 11674 und 11675 *H²³*   11658 Den kurzen
feisten unbehelm[ten] Nacken *H²⁵* unter Ihr hagren tristen,
krummgezogener [r *g*] Nacken Wenn ihr nur piepset ist die
Welt schon matt *H²ᵃ*   11659 ob's] ob es *H²ᵃ*   11661 so]
dann *H²ᵃ* über dann zur Auswahl *H²*   11664 niedern *g¹* über
untern *H²ᵃ*   vor 11670 Scenar erst *g H*   11670 vgl. zu
11635 *H¹⁹*   Riesen für Schlucker *H²⁵*   11671 unter Blickt in
Schaut in die Luft und streckt die Klauen krumm und schaut
euch um und um *H²⁵*   11672 strack über stracks *H²⁵*   scharf
üdZ *H²⁵*   gewiesen nach sperrt elastisch *H²⁵*   11675 oben über
hoch bin *H²⁵*   vor 11676 kein Scenar *H²⁴* Glorie — oben *g H²*
rechts fehlt *H² g¹ H*   11676 Folget über Kommet *H²⁴*
11677 Himmels über Seelen *H²⁴*   11683 Wirket [über Lasset]
zu Seiten *H²⁴*   11686 unter Es kommt von oben *H²²*   11687
Es ist das Mädchen= [über Es ist gewis das] bubenhafte Ge=
stümper *H²²*   bübisch=mädchenhafte] Mädchen=bubenhafte *H²¹ g*
aufgeklebt *H²*   *11689. 11690 fehlt, Spat. *H²²* eingeschoben
*H²¹**   11690 menschlichem] dem *H²¹*   11691 erfunden] em=
pfunden *H²² H²¹*   11692 ihrer nach uns[rer, verschrieben] *H²¹*
eben recht] ganz gerecht *H²² H²¹*   *11693—11698 *g¹* unter Nun
kommen sie uns zu verwirren Nicht rührt *H²¹**   11697 ew'ge]
ewig *H²¹* ewige *H²*   vor 11699 Sendung *Hᵇ* keine Über=
schrift *H²⁶*   Rosen streuend *g H²*   *11701 ff. skizzirt *H¹⁷*:
               Schmücket Belebende
               Flatternde Schwebende
               [Purpur und Grün]
               Flügelchen Purpur grün*

11703 Zweigleinbeflügelte *C* 41   11704 Knospenentsiegelte *C* 41
11709 Dem Ruhenden] Der Liebenden *H*ᵇ Den R. *H*² *g* aus Den
R. *H*   vor 11710 zu — Satanen erst *g H*   *11710—11716
skizzirt *H*²⁷:

Was duckt ihr euch was duckt ihr euch hinw[eg] [über bey
Seite]
So haltet [nach laßt] Stand und laßt sie streuen
Auch mir verdrießlich sind die Blümeleyen
Vor Eurem Hauch sogleich verschrumpfen sie

*H*²⁶ᵃ:

Was weicht ihr von der rechten Seite
Entschließt euch kurz und gut zum Streite
Seyd leck nach altem Teufels Brauch [nach folgender Z aber
umgeziffert]
Was fürchtet ihr die Blümeleyen
Laßt sie doch schütteln laßt sie streuen
Es ist nur Schnee und schmilzt vor eurem Hauch.
Nun pustet fort ihr Püstriche

*H*²⁵:

Laßt sie das Puz[werck   Puz über Strauchw] immer streuen
Ihr fürchtet nicht die Blümeleyen [aus Was f. ihr d. B.]
Es ist auch mir nicht wohl dabey
Nur festern Fußes steht*

11711 So Eckermann vor und über Ihr *H*   11712 fehlt *H*²⁵
11713 unter Es mag nur immer Puzwerck schneyen *H*²⁸   Sie —
wohl] Gedencken sie *H*²⁸   11714. 11715 fehlt *H*²⁵   11716 püstriche
abbrechend *H*²⁸   Genug einsetzend — aber nicht etwa zerschnittenes Bl. — *H*²⁰   11717 Broden bleicht] Hauch verbleicht *H*²⁵   Broden nach Hauch *H*²⁹   Darunter und wie
die Leiche bleich *H*²⁵ vgl. Paralip. Nr. 202.   11718 Maul]
Mund über nur *H*²⁵   11720 fehlt *H*²⁵   11721 sich — brennt
fehlt *H*²⁵   11722 Es schwebt umher mit giftig hellen Flammen
*H*²⁵   heran über umher, das aber wiederhergestellt *H*²⁹

11723 Stemmt — dagegen] Nun haltet an und $H^{25}H^{29}$ *11724.
11725 am Ende von h^1 (John mit Bleistift) H^2 am Ende der S
(g^1, Eckermann Tinte) H^* 11724 Wohin die Kraft wohin der
alte Muth unter Ihr bebt und weicht, verschwunden euer Muth,
oben neuer Anfang Die Kraft verlischt abgebrochen H^{29}
11725 Verfänglich bleibt Satanen [darunter Satanen misbehag=
lich] Liebesgluth, dazu verkehrt ein paar — Brief? — Worte g^1,
oben neue Fassung H^{29} fremde] jene $H^{20}H^2$ *11726—
11734 Fol. h^1 nach Spatium g H^{2*} vor 11726 keine Über=
schrift $H^{30}H^{31}$ Chor. fehlt   11727 fröhligen H^2 statt
11730—11733:

Nichts unbezwinglich

Alles durchdringlich

[Nichts ist unmöglich]

Dem Wahren dem Licht

worauf nach Spat. 11734 folgt H^{30}; von diesen ausgefallenen
vier Z sind 1 2 4 weiter unten wiederholt (Alles nach Dem)
H^{30} dieselben drei sind unten gestrichen H^{31} dieselben drei
g^1 nach grossem Spatium unter „Chor“ 15, 343 Fol. k^2 H^2
11735 Fluch! o] ewige H^{23} ewge H^{26} Fluch und g über ewge H^2
11737 unten für Sie schlagen bubenhaft ein Rad H^{23} Plum=
pen] Buben $H^{23}H^{26}H^2$ g über Buben H 11739 Gesegn'] Ge=
segen $H^{23}H^{26}H^2$ verdiente fehlt H^{23} g^1 unten nachgetra=
gen H^{26} verdiente heiße g aus heiß verdiente H^2 vor 11741
Scenar erst g H 11741 fehlt H^{23} 11742 Du — gehascht]
Gefangen ists H^{23} 11743 du vor dich g^1 üdZ H^{26} 11744 mir
im unter Hals und H^{26} Darunter Custos Mir brennt ꝛc zu 11753
H^{26} *11745—11752 g geklebt Fol. h^2 i^1 auf älterer Fassung
g (H^{26}) H^{2*} vor 11745 keine Überschrift H^{30} 11745 euch]
uns $H^{30}H^{26}$ 11746 Müsset ihr] Müssen wir $H^{30}H^{26}$ 11747
euch] uns H^{26} das Innre] im Innern H^{30} 11748 undeut=
lich H^{30} Bringet nur Leiden H^{26} 11749 Dringet es auf
uns ein $H^{30}H^{26}$ 11750 tüchtig über verschriebenem flüchtig
H^{30} 11751 nur nach den H^{30} 11752 Führet aus Führt hier
H^{30} 11753 Mir] Es H^{24} über Es H^{32} 11754 Das ist ein

Teufels Element *H*²⁴ überteuflisch nach wahres *H*³² 11755
Höllenfeuer] höllisch Feuer *H*²⁴ 11760 doch *g*¹ über nicht *H*³²
in geschwornem *H*³²*H*² im geschwornem *H* im geschwornen *C*41
11763 sehn aus sehen *H* allerliebsten] hübschen *H*³²*H*² *g* über
hübschen *H* nach 11764 Spatium *H*² 11772 kämt] samt *g*
mit dem so überaus häufigen Fehlen des Umlautzeichens (wie
gleich 11774 hatt') *H*³² somt John *H*² sommt John *H*(*C*41) vor
11778 Engel] Chor *H*³² 11778 warum — zurück?] die Änderung
g was weichst du denn? o bleib! wieder getilgt *H*² *11779—11782
fehlt *H*³² nachträglich John Fol. *i*¹ unten, *i*² oben vor 11783
Mephistopheles *H*²* nach 11779 Scenar *g* aR *H*² umher=
ziehend aus umziehend *H* (umherziehend *H*²) vor 11780 der — wird
fehlt *H*²³ 11781 Und] Ihr *H*²³ vor 11783 *g*¹ Meph. *H*³² s. zu
11779. 11785 in] im *H*³² 11786 es im *g*¹ über mir der *H*³²
11788 bißchen über wenig zur Auswahl *H*³² holden fehlt *H*³²
g üdZ *H*² 11790 lächeln] lächlen *H*³² 11792 über wieder-
hergestelltem so wegradirt lüs[tern] *H* 11794 Bursche *g*¹ üdZ
*H*³² 11798 Falten üdZ *H*³² *11801—11808 fehlt *H*³² ohne
Überschrift *H*³⁰ angeklebt John *H*²* 11801 zur Klarheit
über nach oben *H*³⁰ 11802 über Flammende [? Flammen
und?] Sterne *H*³⁰ 11803 unter Lasset die *H*³⁰ 11807 Um —
dem aus Auch im *H*³⁰ vor 11809 nur (in sich gekehrt) *H*³²
11810 sich selber] dem Kerle über sich selber *H*³² 11811. 11812
vor 11809 *H*³² 11811 Und] Er *H*³² zugleich fehlt *H*³²
11812 und] und sich und verschrieben *H*³² 11814 unter Es
wirft der *H*³² 11817—11824 sammt Scenar fehlt *H*³² vor
11817 Engel noch über dem Grabe *H*³⁰ 11817 Heilige über
friedliche *H*³⁰ 11822 Hebt über Senckt *H*³⁰ euch üdZ *H*³⁰
12824 unter Lebe der *H*³⁰ nach 11824 Scenar — am Seitenende — erst *g* *H* vgl. Paralip. Nr. 203., das hier oder nach
11831 stehen sollte. vor 11825 nur sich umkehrend *H*³² 11826
fehlt *H*³² Unmündiges *g* aus verschriebenem Unwürdiges *H*³¹
11827 Sind] Schon *H*³² Beute *g* aus verschriebenem Braut
*H*³¹ 11828 an — Gruft] um dieses Grab *H*³² an aus um *H*³¹
11829 einziger fehlt *H*³²*H*³¹*H*² *g*¹ üdZ *H* 11830 hohe fehlt

$H^{32} H^{31} H^2$ g^1 üdZ H 11831 H^{32} bietet unten auch noch Spuren g^1:

> Die haben sie mir heimlich weggepascht
> Da ziehen sie so sittsam auf und ab
> Und endlich ist der Teufel selbst betrogen

11836 schimpflich fehlt H^c 11837 Der Aufwand [ist] [aR für Die Kosten sind] verthan H^c Ein großer John über Der H schmählich g aus schimpflich H 11838 Gelüst und Thorheit wandelt H^c 11839 Auch selbst den Teufel an H^c

Bergschluchten.

Vor 11844 gebirgauf fehlt H^{33} Gebirg auf g^1 üdZ H 11844 schwankt, schwebt H^{33} g aus schwebt H 11850 = fehlt H^{33} vor 11854 Ein Bruder in Verzückung H^{34} Scenar über Ein Bruder (auf dem Felsen in Entzückung) H^{33} ecstaticus] extaticus $H^{33}H$ schwebend] schweifend H^{33} 11862 ja] sich H^{34} 11864 Dauersten corrigirt mit Rasur aus verschriebenem ? H 11865 Ewiger, Sonnigter [?] H^{34} vor 11866 keine Überschrift H^{35} 11874—11885 fehlt H^{35} 11874 ein wildes g^1 über ein H^{33} 11881 Gist nach Dunst und H^{33} 11886 Ich fühle mich in engen Schrancken H^{35} Schrancken g^1 H^{33} 11887 Und allzu= peinlich ist der Schmerz H^{35} angeschloßnem g^1 nachträglich in offengelassnem Spat. H^{33} vor 11890 aR Anweisung g (latein. Lettern) H^{33} 11891 Tannen] Fichten H^{33} g^1 über Fichten H vor 11894 Chor — Knaben wiederhergestellt unter Quasi= modogenit[orum]. Chorus H^{33} 11898 Mitternachts über Nächtig erst H^{33} 11902—11905 fehlt H^{33} angeklebt John H 11907 erd] Erd H^{33} Minuskel g auf Rasur H nach 11909 Scenar fehlt H^{33} g^1 H 11910—11921 ohne Überschrif= ten H^{36} vor 11910 Selige Knaben H^{33} 11910 nur Das sind H^{36} 11911 Wasser das darüber stürzt H^{36} 11912 un= geheurem undeutlich H^{36} ungeheuren H^{33} ungeheurn John gegen seine zweifellose Vorlage, g corrigirt m H 11913 steilen] hohen H^{36} vor 11914 Selige Knaben wiederhergestellt

unter Quasimodogeniti H^{33} von innen fehlt H^{33} 11916
Mir erregts ein Schaudergrauen H^{36} 11918 zu höherm] in
höhere H^{36} höherm Kreise aus höhern Kreisen H^{33} höhrem K.
John gegen die Vorlage (H^{33}) H 11920 Wie sich nach
der ewigen Weise H^{36} 11924 Offenbarung g aus Offenbrauch
(das Wort sieht in H^{33} allerdings so aus) H vor 11926
um — kreisend] über dem Gipfel hoch in der Atmosphäre H^c
Scenar nach (Sie schweben aufwärts) Jenes das H^{33} 11931
vertrauen] Endsilbe undeutlich (wie auch 11933) H^c vertraun:
schaun gegen H^{33}H corrigirt $C\,41$ vor 11934 schwebend] hoch
H^c höheren fehlt H^c höhern John gegen die Vorlage H
Faustens — tragend fehlt H^c 11936. 11937 die Anführungszeichen g^1 zur Hervorhebung des Kernsatzes H 11940. 11941
unter

Er wandelt mit der Seeligen Schaar
Und bildet sich vollkommen
Ein Theil des Chors

corrigirt aus

Begegnet in der selgen [blieb] Schaar
Ihm herzliches Willkommen

H^c aus der Fassung $H^{c\,\prime\prime}$ corrigirt H^{33} *11912—11953 fehlt
H^c angeklebt (Rücks. ausgewischtes g^1) — nach H^{37} — H^{33}*
11942 den Händen aus dem Garten H^{37} 11945 Uns] Und $C\,41$
11948 flohen über wichen H^{37} 11952 spitzer über Feuer H^{37}
vor 11954 Chor der Engel (Faustens Entelechie heran bringend)
[über über dem Berggipfel] g H^d Ein Theil des Ch[ors] H^c
11954 Uns] Noch H^d Doch H^c g^1 über Doch H^{33} 11955 peinlich
nach lästig H^c 11957 es folgt 11966 H^d 11958 starke] hohe
H^c 11963 innigen] zarten nach frommen H^c 11965 Ver-
mags] 's = es, nicht = sie, j' *11966—11970 g unten nachgetragen mit Verweisungszeichen zwischen 11957 und 11971
H^d* 11966 Nebelnd um g^1 über An schroffer H^d 11970
darunter g^1 nach kleinem Spatium

Die hohe Geistesfraft
Sie ist gerettet

H^d 11974 Im Kreis g^1 über Hieher H^d 11977 Der obern
g^1 über Englischer H^d 11979 Steigendem] Wachsendem H^d
Komma H vor 11981 Knaben] Knaben untereinander H^e
11981 Freudig empfangen über Gern übernehmen H^e 11983.
11984 g^1 dann Spat. H^e vor 11989 Scenar g^1 H^e Doctor
über Pater H^e reinlichsten] reinsten H^d unter dem Scenar
Introductio H^d 11989. 11990 g^1 unter 11991. 11992 g^1 aber um=
geziffert H^e 11991 gestrichen vor 11989 H^d 11993 Herrliche]
Einzige H^e 11995 Es ist die Königin H^d H^e vor 11997 Ent=
zückt fehlt H^{35} 12000 Dein] Das H^{35} vor Das H^f Strophenspatium nach der je vierten Z H^{35} 12001 Billige]
Ehre H^{35} g^1 über Dulde H^f 12003 Und mit Glut und Liebes=
lust H^{35} *12005—12012 nachträglich H^{35} unter gestrichenem,
unten wiederholtem 12013—12019 H^{f*} 12006 Wenn vor Wie H^f
hehr aus streng H^{35} g aus verschriebenem Hohe H 12007
Plötzlich] Und gleich H^{35} 12009 nur Jungfrau H^{35} Die vier
Stichworte Jungfrau Mutter Königin Göttin aR unter einander
(vgl. 12102) H^{35} 12011 Uns] Du H^{35} Die H^f 12013—12019
fehlt H^{35} 12014 leichte] lichte John H^e 12016 Ein] Gar
H^e Zwischen 12016 und 12017 durch vier Puncte unter
einander eine Lücke angedeutet H^e 12017 Ihre Eckermann
aus ihre H Kniee] Knie H 12024—12031 unten
angeklebt H^f 12028 Wie über Wem H^{35} schnell] leicht
über nicht H^{35} 12029 glattem nach flachem H^{35} 12030 aus
Wen bethöret nicht der Gruß H^{35} 12031 Odem] Othem
H^{35} H^f g^1 schwach aus Othem H Es folgt als weitere
Strophe 12096—12103 H^{35} nach 12031 Mater gloriosa doppelt
unterstrichen H schwebt einher Zusatz g H vor 12032 ff. —
als Gretchenverse gedacht — keine Überschrift H^g 12036
nach 12035 aber umgeziffert H^h Gnadenreiche] Strahlenreiche
H^g H^h vgl. 12071.   Es folgt 12069 H^g H^h 12096 H^{25} vor
12037 M. P. H^{38} St. g H 12037 Die vier Strophen sind geordnet 4 und 1 auf der untern Hälfte, verkehrt dazu 2 und 3
auf der oberen (die Entstehung ist gewiss 2 3 1 4, wofür das
a tre unter 3 zeugt) H^{35} 12037 Liebe] Salbe H^{38} den Füßen]

die Füße H^{38} 12038 gottverklärten] Menschverhüllten [Mensch=
verhüllt] H^{38} 12039 Ließ erwarmt von Thränen fließen unter
Reich H^{38} 12042 Ließ die Wohlgerüche fließen über Ju sich
hielt Narden güsse [? nur N g deutlich, könnte auch Nieder
gießen bedeuten] H^{38} s. aber zu 12044.   Tropfte g^1 aus Tröpfle H
12043 Bei] B aus T H^{38} 12044 H^{38}:

> Trockneten
> Dieneten den heilgen
> Tropfte[n] Wohlgerüch[e] nieder
> Trokneten die heilgen Glieder

vor 12045 $M.\ S.\ H^{38}\ St.—IV\ g\ H$ 12045 Bronn aus Brunnen
H^{38} zu — schon unter den uns H^{38} weiland] weilands mit
nachträglichem ß H^{38} 12047 der — Heiland] der des Heilands
aus den dem Heiland H^{38} 12048 Kühl — Lippe] Gottes [unter
Netzend d] Lippe [aus Lippen] H^{38} unter 12052 $a\ tre$ Bey
den Flam[men] Kerzen H^{38} vor 12053 keine Überschrift H^{38}
Acta Sanctorum $g\ H$ 12053. 12054 fehlt H^{38} 12055 der —
Pforte] dem Unsichtba[ren] H^{38} 12056 Der mich dort zurück=
gestoßen H^{38} 12057 vierzigjährigen] vierzigjährgen H^{38} 12059
Bey den frommen Scheideworten, aber im folgenden V schwebt
schon die Änderung Scheidegrüße vor H^{38} 12059 unter Sand
[S aus T] geschrieb H^{38} nach 12060 $a\ tre\ H^{38}$ vor 12061 zu
drey über *Magna p.* H^{38} 12065 Gönn'] Sey über Laß H^{38}
12067 ahnte] wußte H^{38} 12068 angemessen ganz deutlich auch
H^{38} Die Gravität des Ausdrucks zu beseitigen, ist Corruptel
aus ungemessen vermuthet worden.   vor 12069 keine Über=
schrift der fortlaufenden Gretchenverse H^g vgl. zu 12032 ff.

Eine (sich anschmiegend) H^h sonst Gretchen genannt Zu=
satz $g\ H$ 12069 Reige] Jetzt neige $H^g H^h$ 12070. 12071 fehlt
$H^g H^h$, wo ja 12035. 12036 unmittelbar vorausgehen.   auf
12075 folgt (einem Gemälde nachgedichtet):

> Verweile weile [aus verweile]
> Den Erdball zu Füßen
> Im Arme den Süßen

Den göttlichsten Knaben
Von Sternen umkränzet [oder umtanzet]
Zum Sternall [aus Zu Sternen] entsteigst du

*H*s Verweile! Weile! *H*h 12078 treuer Pflege] ernster Liebe
*H*c vor 12084 keine Überschrift *H*s Die Eine *H*h 12085
kaum] jetzt *H*s 12086 ahnet] athmet John *H*s auf 12093
folgt 12104 *H*s 12096 Doch [über Aber] sie folgen [darunter
ehren] dem Retterblick ganz verwischt *H*³⁵ Blicket auf zum *g*
über Wendet zu dem *H* 12098 Euch] Sich *H*³⁵ 12099 Tausend]
Gläubig unter Völlig *H*³⁶ 12100 So ist jeder bessre Sinn
[darunter wie ich bin] *H*³⁵ vor 12104 *mysticus*] *in Excelsis*
*H*s 12109 ist's] ists *H*s ist es *H*C41 Warum soll Goethe, um
eine so gewöhnliche, eben im Parallelvers 12107 gebrauchte
Zusammenziehung zu vermeiden, das Ebenmass der Verse
wieder zerstört haben? Ich nehme ein Versehen Johns an,
der ja an so manchen Stellen seine Schwäche für volle
Formen gezeigt hat.   nach 12111 *Finis* fehlt *H*s

Endlich noch ein Wort zur Schreibung. Nach den
Principien der Ausgabe musste überall gegen die Überlieferung dieses einzelnen Bandes gedruckt werden echt für
ächt. deucht für däucht, Abentheuer für Abenteuer, Widerschein,
widerhallen usf. (erwidern schwankt), ergetzen aber nach der Norm
von *C*4*C*12 auch in den andern Partien usf.; das y war
dem „Vorbericht“ gemäss auszumerzen (auch in Hayisch
Leyer Geyer Tropfeney); die S-laute gleichmässig zu behandeln, Majuskel und Minuskel, ebenso die Apostrophe nach
den klaren, aber in *C* nicht mit voller Strenge durch-
geführten Regeln. Die Interpunction wahrt das eigen-
thümliche Schweben zwischen den Absätzen des Sprechers
und den Einschnitten des Schreibers, wie zwischen Fülle,
besonders bei adverbialen Bestimmungen, und Sparsamkeit.
Es ist Goethes allmälig gewordene Interpunction, an der es

nur Folgendes principiell, mit geringen Ausnahmen, zu
normiren galt: mehrere auch durch „und" oder „aber" zu
verbindende Adjectiva beim Nomen, Wiederholungen. Aus-
rufe. Bedingungssätze, asyndetisch coordinirte Wörter oder
Sätze haben Kommata erhalten, wo sie in der Vorlage
fehlen. Alle diese Fälle, über die einmal zusammen
näherer Aufschluss für die ganze Goetheausgabe zu geben
sein wird, hier zu buchen konnte bei der nicht durch grosse
geschlossene Überlieferungsacte laufenden Entwicklung des
Fausttextes, den wir vielmehr von chaotischen Bruchstücken
und kleinen Massen aus sprunghaft bis zu Druckfragmenten
oder zum Schreibermundum verfolgen, nicht erspriesslich
sein. Die Lesarten mussten in unserm Fall entlastet werden. Ich habe ebendeshalb auch nicht jede winzige ortho-
graphische Variante der eigenhändigen Blätter verzeichnet
und ohne Schaden für eine künftige Untersuchung Goethischer Orthographie so vorgehn dürfen, der es für die Jahre
des Alters nicht auf eine peinliche Statistik ankommen
kann. So massenhaft treten ja in diesem Apparat Varianten-
gruppen und Paralipomena mit genauer Wiedergabe jeder
Letter auf, dass alle Eigenthümlichkeiten der Schreibung,
die ɗ, die ȝ (weiȝ, reiȝt), die ȝ ȝȝ ß, die ɥ, die vereinzel-
ten inn, die Syncopen und Apocopen ohne Apostroph usf.
mehr oder weniger reichlich belegt erscheinen. Ein paar
tausend besondere Varianten dieses Schlags hätten den
Apparat zum Urwald gemacht. Und da die Skizzen, zumal
g^1, sehr oft mehr kühne Abbreviaturen als saubere Buchstaben geben, wäre die für unser Werk fragwürdige Statistik solcher Unterschiede doch ein Stückwerk geblieben.

Aus dem Nachlass.

In den Text anhangsweis aufgenommen als in sich geschlossene und formal abgerundete Bestandtheile der grossen
Masse. Besonders erwünscht schien es, die im Gang der
Handlung so wichtige „Belehnung" dem weitern Leserkreise
zugänglicher zu machen, als der Apparat allein es gethan
hätte. Kritische Bemerkungen findet man in den folgenden
„Paralipomena", denen diese Gruppe entnommen ist:
„Herausforderung" Nr. 191., „Belehnung" Nr. 193., „Engel-
chor" Nr. 203., „Abkündigung" und „Abschied" Nr. 97. 98.

Paralipomena

und

Schemata.

63. Skizze der Urgestalt, ungedruckt, bestimmt
für „Dichtung und Wahrheit" Buch 18. Vgl. Eckermann[4]
1. 112, 10. August 1824: „Das dritte [18.] Buch, welches den
Plan zu einer Fortsetzung des Faust u. s. w. enthält, ist als
Episode zu betrachten, welche sich durch den noch auszu-
führenden Versuch der Trennung von Lili den übrigen
Büchern gleichfalls anschliesst. Ob nun dieser Plan zu
Faust mitzutheilen oder zurückzuhalten sein wird, dieser
Zweifel dürfte sich dann beseitigen lassen, wenn man die
bereits fertigen Bruchstücke vor Augen hat und erst darüber
klar ist, ob man überall die Hoffnung einer Fortsetzung des
Faust aufgeben muss oder nicht". Bruchstücke zum 2. Theil
aus jener Frühzeit 1775 sind nicht erhalten, die uns vor-
liegenden setzen erst in den neunziger Jahren ein. Und die
Erzählung 1824 bietet gewiss z. Th. eine Ergänzung alter
Intentionen durch die nachschaffende und verbindende
Phantasie, wofür auch 100. zeugt.

Sechs Quartbll. Kräuter mit kleinen Correcturen g und g [1]
Anfang und Ende des Berichtes fehlt.

[Das damals beredete dichterische Vorhaben sei liegen
geblieben; nach so langer Zeit habe er beschlossen die Leser
seiner Lebensgeschichte] jenen früher theilnehmenden Freun=
den gleich zu achten und hier den Plan kürzlich vorzutragen.

Zu Beginn des zweiten Theiles findet man Faust schlafend.
Er ist umgeben von Geister Chören die ihm in sichtlichen Sym=
bolen und anmuthigen Gesängen die Freuden der Ehre, des Ruhms,

------

3 Theiles g[1] über Aktes   4 in′ g[1] vor mit

der Macht und Herrſchaft vorſpiegeln. Sie verhüllen in ſchmei=
chelnde Worte und Melodien ihre eigentlich ironiſchen Anträge.
Er wacht auf, fühlt ſich geſtärkt, verſchwunden alle vorhergehende
Abhängigkeit von Sinnlichkeit und Leidenſchaft. Der Geiſt, ge=
reinigt und friſch, nach dem Höchſten ſtrebend.   10
Mephiſtopheles tritt zu ihm ein und macht ihm eine luſtige
aufregende Beſchreibung von dem Reichstage zu Augsburg, welchen
Kaiſer Maximilian dahin zuſammen berufen hat, indem er an=
nimmt, daß alles vor dem Fenſter, drunten auf dem Platze, vor=
geht, wo Fauſt jedoch nichts ſehen kann. Endlich will Mephiſto=   15
pheles an einem Fenſter des Stadthauſes den Kaiſer ſehen, mit
einem Fürſten ſprechend, und verſichert Fauſten, daß nach ihm
gefragt worden, wo er ſich befinde und ob man ihn nicht einmal
an Hof ſchaffen könne. Fauſt läßt ſich bereden und ſein Mantel
beſchleunigt die Reiſe. In Augsburg landen ſie an einer einſamen   20
Halle, Mephiſtopheles geht aus zu ſpioniren. Fauſt verfällt indeß
in ſeine früheren abſtruſen Speculationen und Forderungen an
ſich ſelbſt und als jener zurückkehrt, macht Fauſt die wunderbare
Bedingung: Mephiſtopheles dürfe nicht in den Saal, ſondern
müſſe auf der Schwelle bleiben, ferner daß in des Kaiſers Gegen=   25
wart nichts von Gaukeley und Verblendung vorkommen ſolle.
Mephiſtopheles giebt nach. Wir werden in einen großen Saal
verſetzt, wo der Kaiſer, eben von Tafel aufſtehend, mit einem
Fürſten ins Fenſter tritt und geſteht, daß er ſich Fauſtens Mantel
wünſche um in Throl zu jagen und morgen zur Sitzung wieder   30
zurück zu ſeyn. Fauſt wird angemeldet und gnädig aufgenommen.
Die Fragen des Kaiſers beziehen ſich alle auf irdiſche Hinderniſſe,
wie ſie durch Zauberey zu beſeitigen. Fauſts Antworten deuten
auf höhere Forderungen und höhere Mittel. Der Kaiſer verſteht
ihn nicht, der Hofmann noch weniger. Das Geſpräch verwirrt   35
ſich, ſtockt und Fauſt, verlegen, ſieht ſich nach Mephiſtopheles um,
welcher ſogleich hinter ihn tritt und in ſeinem Namen antwortet [vgl.
6400]. Nun belebt ſich das Geſpräch, mehrere Perſonen treten näher

---

11 Mephiſtophles uſf.   25 ferner g^1 vor und

und jedermann ist zufrieden mit dem wundervollen Gast. Der Kaiser
verlangt Erscheinungen, sie werden zugesagt. Faust entfernt sich
der Vorbereitungen wegen. In dem Augenblick nimmt Mephisto=
pheles Fausts Gestalt an, Frauen und Fräuleins zu unterhalten
und wird zuletzt für einen ganz unschätzbaren Mann gehalten, da
er durch leichte Berührung eine Handwarze, durch einen etwas
derbern Tritt seines vermummten Pferdefußes ein Hühner Auge
curirt, und ein blondes Fräulein verschmäht nicht ihr Gesichtchen
durch seine hagern und spitzen Finger betupfen zu lassen, indem
der Taschenspiegel ihr sogleich, daß eine Sommersprosse nach der
andern verschwinde, tröstlich zusagt. Der Abend kommt heran, ein
magisches Theater erbaut sich von selbst. Es erscheint die Gestalt
der Helena. Die Bemerkungen der Damen über diese Schönheit
der Schönheiten beleben die übrigens fürchterliche Scene. Paris
tritt hervor und diesem ergehts von Seiten der Männer, wie es
jener von Seiten der Frauen ergangen. Der verkappte Faust giebt
beiden Theilen recht und es entwickelt sich eine sehr heitere Scene.

Über die Wahl der dritten Erscheinung wird man nicht einig,
die herangezogenen Geister werden unruhig; es erscheinen mehrere
bedeutende zusammen. Es entstehen sonderbare Verhältnisse, bis
endlich Theater und Phantome zugleich verschwinden. Der wirk=
liche Faust, von drei Lampen beleuchtet, liegt im Hintergrunde
ohnmächtig, Mephistopheles macht sich aus dem Staube, man
ahndet etwas von dem Doppeltseyn, niemanden ist wohl bey der
Sache zu Muthe.

Mephistopheles als er wieder auf Fausten trifft, findet diesen
in dem leidenschaftlichsten Zustande. Er hat sich in Helena ver=
liebt und verlangt nun daß der Tausendkünstler sie herbey schaffen
und ihm in die Arme liefern solle. Es finden sich Schwierig=
keiten. Helena gehört dem Orkus und kann durch Zauberkünste

----

43 zuletzt *g* üdZ   ganz *g* üdZ   47 betupfen *g* aus berühren
55 entwickelt *g* über belebt   56 der *g*¹ aus des   Erscheinung
*g*¹ üdZ   61 ohnmächtig *g*¹ üdZ   62 Doppeltseyn *g* aus doppelt
seyn   niemanden *g* aus niemand

wohl herausgelockt aber nicht festgehalten werden. Fauſt ſteht
nicht ab, Mephiſtopheles unternimmts. Unendliche Sehnſucht
Fauſts nach der einmal erkannten höchſten Schönheit. Ein altes
Schloß, deſſen Beſitzer in Paleſtina Krieg führt, der Caſtellan
aber ein Zauberer iſt, ſoll der Wohnſitz des neuen Paris werden.
Helena erſcheint: durch einen magiſchen Ring iſt ihr die Körper-
lichkeit wieder gegeben. Sie glaubt ſoeben von Troja zu kommen
und in Sparta einzutreffen. Sie findet alles einſam, ſehnt ſich
nach Geſellſchaft, beſonders nach männlicher, die ſie ihr lebelang
nicht entbehren können. Fauſt tritt auf und ſteht als deutſcher
Ritter ſehr wunderbar gegen die antike Heldengeſtalt. Sie findet
ihn abſcheulich, allein da er zu ſchmeicheln weiß, ſo findet ſie ſich
nach und nach in ihn, und er wird der Nachfolger ſo mancher
Heroen und Halbgötter. Ein Sohn entſpringt aus dieſer Ver-
bindung, der, ſobald er auf die Welt kommt, tanzt, ſingt und mit
Fechterſtreichen die Luſt theilt. Nun muß man wiſſen daß das
Schloß mit einer Zaubergränze umzogen iſt, innerhalb welcher
allein dieſe Halbwirklichkeiten gedeihen können. Der immer zu-
nehmende Knabe macht der Mutter viel Freude. Es iſt ihm alles
erlaubt, nur verboten über einen gewiſſen Bach zu gehen. Eines
Feſttags aber hört er drüben Muſik und ſieht die Landleute und
Soldaten tanzen. Er überſchreitet die Linie, miſcht ſich unter ſie
und kriegt Händel, verwundet viele wird aber zuletzt durch ein
geweihtes Schwerdt erſchlagen. Der Zauberer Caſtellan rettet den
Leichnam. Die Mutter iſt untröſtlich und indem Helena in Verzweiflung die Hände ringt, ſtreift ſie den Ring ab und fällt Fauſt
in die Arme der aber nur ihr leeres Kleid umfaßt. Mutter und
Sohn ſind verſchwunden. Mephiſtopheles der bisher unter der
Geſtalt einer alten Schaffnerin von allem Zeuge geweſen, ſucht
ſeinen Freund zu tröſten und ihm Luſt zum Beſitz einzuflöſen.
Der Schloßherr iſt in Paleſtina umgekommen, Mönche wollen

71 höchſten *g*¹ üdZ   87 der Mutter *g*¹ für den Eltern
nach Freude Ergänzungszeichen *g*¹   93 Mutter iſt *g*¹ über
Eltern ſind   95 ihm *g*¹ üdZ

oo ſich) der Güter bemächtigen, ihre Seegenſprüche heben den Zauber=
kreis auf. Mephiſtopheles räth zur phyſiſchen Gewalt und ſtellt
Fauſten drei Helfershelfer, mit Namen: Raufebold, Habebald,
Haltefeſt. Fauſt glaubt ſich nun genug ausgeſtattet und entläßt
den Mephiſtopheles und Caſtellan, führt Krieg mit den Mönchen,
05 rächt den Tod ſeines Sohnes und gewinnt große Güter. Indeſſen
altert er, und wie es weiter ergangen wird ſich zeigen, wenn wir
künftig die Fragmente, oder vielmehr die zerſtreut gearbeiteten
Stellen dieſes zweiten Theils zuſammen räumen und dadurch einiges
retten was den Leſern intereſſant ſeyn wird.

10 Dergleichen dichteriſche Seltſamkeiten, theils erzählt als Plan
und Vorſatz, theils ſtellenweis fertig vorgeleſen, gaben denn frei=
lich eine ſehr geiſtreiche und anregende [Unterhaltung]

64. Vgl. zu 9. Auch der übrige Inhalt des Bl. könnte
zum 2. Th. gehören, doch iſt klare Scheidung unmöglich,
wie ich ſchon in Bd. 14 erklärte. Ungedruckt.

Ad partem II. Bedauern der traurig zugebrachten frühern
Zeit. Kühnheit ſich in Beſitz zu ſetzen balancirt allein die Mög=
lichkeit der Unfälle.

65. Ein Bogen weimariſches Conceptpapier, Waſſer-
zeichen: ſächſiſches Wappen, *g²* ſehr eilig, verwiſcht. Von
Riemer mit eigenwilligen Zuſätzen gedruckt.

Bravo alter Fortinbras, alter Kanz, dir iſt übel zu Muthe
ich bedaure dich von Herzen. Nimm dich zuſammen Noch ein
Paar Worte wir hören ſobald keinen König wieder reden.

Canz[ler].

5 Dafür haben wir das Glück die Weiſen Sprüche Ihrer
Majeſtät deß Kayſers deſto öfter zu vernehmen.

M[ephiſtopheles]

Das iſt was ganz anders. Ew Ex[cellenz] brauchen nicht
[nach ſich] zu proteſtiren [vgl. 69.] was wir andre Hexenmeiſter
10 ſagen iſt ganz unpraejudicirlich

Fauſt

Stille ſtille er regt ſich wieder.

Eine Z Spatium.

= Fahr hin du alter Schwan! Fahr hin Geſegnet ſeyſt du
für beinen letzten geſang unb alles was du uns ſonſt [?] geſagt
haſt. ·Das Übel[;was bu thun mußteſt iſt klein bagegen   1:

Marſch[alck]

Rebet nicht ſo laut der Kayſer ſchläft Ihre Maj[eſtät] ſcheinen
nicht wol

M[ephiſtopheles]

Ihro Majeſt[ät] haben zu befehlen ob wir auf hören ſollen. 2(
Die Geiſter haben ohne dieß nichts weiter zu ſagen

S 2:

F[auſt].

Was ſiehſt du dich um

M[ephiſtopheles]

Wo nur die Meerkatzen ſtecken mögen ich höre ſie immer [?] 2:
reben [?]

Zwei Striche.

Es iſt wie ich ſchon ſagte ein Erzveſter König.

B[iſchof].

Es ſind heidniſche Geſinnungen ich habe bergleichen im Marck
aurel gefunben. Es ſind die heibniſchen Tugenben   30
Eine Z Spatium.

Glänzenbe [unter Unb bas] Laſter! Unb billig baß bie Gf
[Gefangenen Riemer] beßhalb ſämmtlich verbammt werben

K[ayſer]

Ich finbe es hart was ſagt ihr Biſchof

15 **B[ischof]**

Ohne den Ausspruch unsrer all weisen Kirche zu umgehn
sollte ich glauben daß gleich —

¼ S leer. S 3:

M[arschalck? Mephistopheles?]

Vergeben! — heidnische Tugenden ich hätte sie gern gestraft
10 gehabt wenns aber nicht anders ist so wollen [aus sollen] wir sie
vergeben — du bist vors erste absolvirt — weiter im Text
Kleines Spatium und Schnörkel. Sie — Herren g^1. Dann
halbe S leer.

Sie verschwinden — Ohne Gestanck Riecht ihr was Ich
nicht Diese Art [üdZ] Geister stincken nicht meine Herren
Der Bogen so gefaltet, dass Bl. 4 zwei Umschlagseiten
Quer- 8° bildet. Auf der unteren, signirt *g 20*, steht *g* Als
Phisicus des Hofs auf [auch?] Taschenspiel Künste (vgl. 70.),
darüber von Geists Hand:

66.   Ein Leibarzt muß zu allem taugen
    Wir fingen bey den Sternen an
    Und endigen mit Hühneraugen.

Die 20. Lage (vgl. 14, 253 f.) gehörte also zum ersten
Act, und diese Lagen erhielten nach dem Mai 1798 Zuwachs.

67. 68. Je auf einer Hülfte eines zerschnittenen Bogens.
gelbliches Conceptpapier (65. anders) mit sächsischem Wappen
wie alle folgenden Nrn., beide g^1 signirt *ad 20*. Geist. Vgl.
C 3, 233.

Mephist:

Pfui schäme dich daß du nach Ruhm verlangst
Ein Charlatan bedarf nur Ruhm zu haben.
Gebrauche besser deine Gaben
Statt daß du eitel vor den Menschen prangst.
5 Nach kurzem Lärm legt Fama sich zur Ruh,
Vergessen wird der Held so wie der Lotterbube,

Der größte König schließt die Augen zu
Und jeder Hund bepißt gleich seine Grube.
Semiramis! hielt sie nicht das Geschick
Der halben Welt in Kriegs und Friedens wage?
Und war sie nicht so groß im letzten Augenblick
Als wie am ersten ihrer Herrschertage?
Doch kaum erliegt sie ohngefähr
Des Todes unversehenem Streiche,
So fliegen gleich, von allen Enden her,
Skarteken tausendfach und decken ihre Leiche.
Wer wohl versteht was so sich schickt und ziemt
Versteht auch seiner Zeit ein Kränzchen abzujagen;
Doch bist du nur erst hundert Jahr berühmt;
So weiß kein Mensch mehr was von dir zu sagen.

68. Vgl. zu 67.

Mephistopheles

Geh' hin versuche nur dein Glück!
Und hast du dich recht durch geheuchelt,
So komme matt und lahm zurück.
Der Mensch vernimmt nur was ihm schmeichelt.
Sprich mit dem Frommen von der Tugend Lohn,
Mit Ixion sprich von der Wolke, [g aus Sprich mit Ixion]
Mit Königen vom Ansehn der Person,
Von Freyheit und von Gleichheit mit dem Volke!

Faust.

Auch diesmal imponirt mir nicht
Die tiefe Wuth mit der du gern zerstöhrtest,
Dein Tigerblick, dein mächtiges Gesicht.
So höre denn wenn du es niemals hörtest:
Die Menschheit hat ein fein Gehör,
Ein reines Wort erreget schöne Thaten.
Der Mensch fühlt sein Bedürfniß nur zu sehr
Und läßt sich gern im Ernste rathen.

Mit dieser Aussicht trenn ich mich von dir,
Bin bald und triumphirend wieder hier

Mephist:

So gehe denn mit deinen schönen Gaben!
Mich freuts wenn sich ein Thor um andre Thoren quält.
Denn Rath denkt jeglicher genug bey sich zu haben,
Geld fühlt er eher wenns ihm fehlt.

69. Schmaler Streifen, Geist. Ungedruckt.

Mephist.

Herr Kanzler protestirt nur nicht
Das was ein Geist in seinem Taumel spricht
Das ist politisch unverfänglich

70.—74. auf dem zu 1. Theil 333 beschriebenen Bl. Ungedruckt.

Meph als *Physicien de la cour*

Unten Faust wie er regieren und nachsichtig seyn wolle
Meph. Schade für die Nachkömmlinge.

71. Vgl. zu 70. Ungedruckt.

[Mephistopheles]

Und wenn du ganz was falsches perorirt
Dann glauben sie was rechts zu hören.

72. Vgl. zu 70. Als Spruch übergegangen in „Zahme Xenien" 5. Abth. *C* 4, 340.

[Mephistopheles]

Mit diesen Menschen umzugehen
Ist warrlich keine große Last
Sie werden dich recht gut verstehen
Wenn du sie nur zum besten hast.

73. Vgl. zu 70. Ungedruckt.

[Mephistopheles]
Wenn du sie nicht zum besten hast
So werden sie dich nie für gut und redlich halten.

74. Vgl. zu 70. Ungedruckt.

[Mephistopheles?]
Und was sie gerne wissen wollen
Ist grade das was ich nicht weiß.

75.—77. Streifen, Geist. Ungedruckt.

[Mephistopheles]
Wenn du was recht verborgen halten willst
So mußt du's nur vernünftig sagen

76. Vgl. zu 75. ˙Ungedruckt.

[Hofmann]
Er gefällt mir so besonders nicht
Ob er wohl auch französisch spricht
Er führt sich selbst ein wie er glaubt
Einem Zaubrer ist alles erlaubt

77. Vgl. zu 75. Ungedruckt.

[Mephistopheles?]
Er will nur deine Künste sehn
Und die die seinen Produciren.

78.—80. Quartbl. blaues Packpapier *g.* Unter dem
Spruch Kennst du das Spiel (Riemer oben: „Bd. 3 [*C*¹]. S 351“).
Ungedruckt.

Ist völlig eins bey Hof und in der Stadt
Ist — eins über Das ist ganz einerley

79. Vgl. zu 78. Ungedruckt.

Wer den geringſten Vorzug hat
Wird ſich des Vorzugs überheben.

80. Vgl. zu 78. Ungedruckt. Vgl. Loeper zu Hempel
22, 157.

Das Wiſſen wächſt die Unruh wächſt mit ihm.

81. Halber Bogen, Wasserzeichen: Posthorn, in 4° gebrochen, 1. S beschrieben (Geist), *g* signirt *ad* 22.

Meph.

Warum man ſich doch ängſtlich müht und plackt
Das iſt gewöhnlich abgeſchmackt.
Zum Beiſpiel unſer täglich Brot
. Das iſt nun eben nicht das feinſte
5 Auch iſt nichts abgeſchmackter als der Tod
Und grade der iſt der [das?] gemeinſte

82.83. Halber Bogen, Wasserzeichen: Sächsisches Wappen, in 4° gebrochen, 1. S beschrieben *g*, *g* signirt *ad* 22.
Vgl. zu 20. Jes. 13, 21, Werke III 1, 41.

[Mephiſtopheles]

Das haben die Propheten ſchon gewußt
Es iſt gar eine ſchlechte Luſt
Wenn Chim, ſagt die Schrift, und Zihim ſich begegnen.

Nach Spatium folgt mit Signatur *ad 24* (die auch auf
leerem Halbbogen, Wasserzeichen: Posthorn):

83. Vgl. zu 82. Ungedruckt.

[Fauſt]

Jeder Troſt iſt niederträchtig
Und Verzweiflung nur iſt Pflicht.

Nach der Helenakatastrophe? Bei der Berechnung der
Lagen sind ja grosse Lücken im fragmentarischen Gedicht
anzunehmen.

84. Ältestes zur Helena. Gelbliches Folio g^1, gebrochen, rechts beschrieben, sehr verwischt; in einem von den Enkeln zurückgekauften Bündel „Aus Friedrich Krauses Nachlass" gefunden. Ungedruckt.

Helena Egypterin Mägde

H. Mägden befiehlt eine Spartanische Fürstin Eg. Alberne Späße H. Verdrießlichkeit Eg. Weitere Reden H. Drohung

. Eg[ypterin].

Und das heilige Menschenrecht 5
Gilt dem Herren wie dem Knecht
Brauch nichts mehr nach euch zu fragen
Darf der Frau ein schnippchen schlagen
Bin dir längst nicht mehr verkauft
Ich bin Christin bin getauft 10

Neben den Versen g Schwäne Rohr Tanz Grad oder ungrad. Schöne Weiber.

H. Erstaunen Eg. Zuerst aus dem O . . . [? nicht etwa Ortus] freundl. Ort Rhein thal [a. R. Schweigende Orakel Kartenschlagen und Händedeutung] H. Jammer daß Venus sie 15 wieder belogen Klage der Schönheit Eg. Lob der Schönheit H. Bangigkeit wem sie angehöre Eg. Trost Faust gerühmt.

Faust H. Will zu den ihrigen F. alle dahin. sie selbst aus Elysium geholt. H. Dankbarkeit heidnische Lebens liebe F. Leidenschaft Antheil [über des Kriegers] H. Wiedmet sich 20 Fausten

Wie häßlich neben Schönheit ist die Häßlichkeit Der gestrichne Trimeter 8810 gleichzeitig.

85. III H^{10} nach 8802. Überschrift und Z 1.2 auf Rücks. Alles sehr verwischt g^1. Ungedruckt.

Phorkyas
Doch die es [das Recht zu drohen] einmal verscherzte nie
vermögte sie
Sichs wieder zuzueignen dem sie sonst beschied

Ohnmächtig steht sie vor den eignen Mägden da
Zerbrochen ist der goldne Scepter den sie trug
5 Dem jeder sonst sich beugte in des Königs Haus
Zerrissen ist die Schlinge drin [?da?] die holde [nach Scham]
                                          Scham
Auf ihre Stimme denck [abgebrochen]
              [Kleines Spat.]
Im Innern herrschet sie über das erworbene
Das erst durch Ordnung zur erwünschten Habe wächst
10 Von dem vorhandnen theilet sie jedermann
Nach seinem Dienste aus und hält den Sch[rein?]

86.—90. mit kleinen Spatien *g* IIH⁵. Alle ungedruckt.
Für die ersten vier Verspaare — jedenfalls nach Helenas
Abscheiden — ist Faust als Sprecher zu denken; für das
letzte (s. 63, 99) Mephisto.

So hab ich denn auf immerdar verlohren
Was mir das Herz zum letztenmal erquickt.

87. Vgl. zu 86.

Ein irdischer Verlust ist zu bejammern
Ein geistiger treibt zu Verzweiflung hin [nach an].

88. Vgl. zu 86.

Ich lernte diese Welt verachten
Nun bin ich erst sie zu erobern werth

89. Vgl. zu 86.

Der leichte Hohe Geist riß mich aus dieser Enge
Die Schönheit aus der Barbarey

90. Vgl. zu 86.

Und wenn das Leben allen Reiz verlohren
Ist der Besitz noch immer [üdZ] etwas werth.

91. Quartbl. *g*, gelbliches Conceptpapier, Wasserzeichen: sächsisches Wappen, *g* signirt *ad* 27. In allem conform

der alten Niederschrift des Lemurenliedes 92. Nach dem
Erblinden. Über dem ersten Vers steht oben links g^1 *NB.*
Taubheit. Ungedruckt.

Mephiftopheles].

Und Mitternacht bezeichnet dieser Schlag

Fauft].

Was fabelft du es ift ja hoch Mittag
Wie herrlich muß die Sonne scheinen
Sie thut so wohl den alten Beinen.
Komm mit

M.

　　　Du willft

F.

　　　　　ich forbr [aus forbre] es selbst von dir.　　5

92. Vgl. zu 91. 11531—11538, 11604—11607. *g* signirt *ad 27.*
Zur Übersicht des alten Bestandes hier aufgenommen, obwohl kein eigentliches Paralipomenon.

Lied.

Wie jung ich war und lebt und liebt
Mich däucht das war wohl süße
Wo's fröhlich klang und luftig ging
Da regten sich meine Füße.

Nun hat das schleichende Alter mich　　　　　5
Mit seiner Krücke getroffen.
Ich stolpert über Grabes Thür
Warum stand sie juft offen!

Wer hat das Haus so schlecht gebaut
Mit Schaufeln und mit Spaten?　　　　　10
Für dich, o Gaft im Leinen Gewand
Ifts gut genug gerathen!

Späte Correcturen g^1 und g 3 Wo's aus verschriebnem Waß
5 tückische über schleichende   11 hänfnen über Leinen   12 viel
zu üdZ genug (5—12 in der verbesserten Fassung auf Halbfol. von John copirt 7 stolperte)   unter 12 noch später g^1
Tir dumpfer Gast im hänfnen Gewand Jsts viel zu gut gerathen.

93.—95. Quartbl. John, lateinische Lettern, die drei
— wohl 1824 copirten — Fragmente durch Zwischenstriche
geschieden, darüber „Vor dem Pallast" Eckermann, der auch
neu interpungirt hat. Der Sprecher ist jedesmal Mephistopheles.

> Das Leben wie es eilig flieht
> Nehmt ihr genau und stets genauer
> Und wenn man es beym Licht besieht
> G'nügt euch am Ende schon die Dauer.

94. Vgl. zu 93.

> So ruhe denn an deiner Stätte.
> Sie weihen das Paradebette
> Und eh das Seelchen sich entrafft
> Sich einen neuen Körper schafft
5 > Verkünd ich oben die gewonnene Wette.
> Nun freu ich mich aufs große Fest
> Wie sich der Herr vernehmen läßt.

95. Vgl. zu 93.

> Nein diesmal gilt kein Weilen und kein Bleiben.
> Der Reichsverweser herrscht vom Thron
> Jhn und die Seinen kenn' ich schon
> Sie wissen mich, wie ich die Ratten zu vertreiben.

96. Quartbl. g, Conceptpapier, Wasserzeichen: Posthorn, g^1 signirt *ad 28*. Die *2* undeutlich, könnte auch *1*
sein, aber die Verse sind gewiss besser auf den letzten

Process, auf den Engelshof und Himmelskönig als auf die
Schranzen des 1. Actes zu beziehen; vgl. auch 206.

Meph.

Das zierlich höfische Geschlecht
ist uns nur zum Verdruß gebohren
Und hat ein armer Teufel einmal Recht,
So kommts gewiß dem König nicht zu Ohren.

97. Abkündigung (Aus dem Nachlass 15¹, 344) H^1: Streifen
Geist, g^1 signirt *ad* 30, copirt John V H^2; Goethejahrbuch 9. 5.
2 fehlt H^1 g V H^2 3 g über Wenn nicht was neues widerspricht H^1 Und] Wir H^1 g^1 vor Wir V H^2 7 aus der
Fassung H^1 Es hat wohl seinen Anfang und sein Ende corrigirt g mit irrthümlicher Weglassung von einen V H^2 6—8
auf dem zu 1. Theil 3149 beschriebnen Bogen: 6 episches

98. Abschied (Aus dem Nachlass 15¹, 344) H^1: Quartbl.
(Geist 1—13, g 14—32, signirt g^1 *ad* 30, copirt John V H^2;
Goethejahrbuch 9, 5 f. Vielleicht schon Ende 1797 gedichtet;
am 25. December schreibt Goethe an Hirt: ich bin für den
Moment Himmelweit von solchen reinen und edlen Gegenständen
[Laokoon] entfernt, indem ich meinen Faust zu endigen, mich aber
zugleich von aller nordischen Barbarey [vgl. 8] loszusagen wünsche.
Nach 14 H^1:

Dem neuen Triebe, diesem neuen Streben
Begegne neue Kunst und neues Leben.

Auf neue Scenen ist der Geist gewandt

99. Fol. gebrochen, Schuchardt. Ungedruckt.

7. Fauſt niedergelegt an einer Kirchhofsmauer. Träume. Darauf großer Monolog zwiſchen der Wahnerſcheinung von Gretchen und Helena.

8. Fauſts Leidenſchaft zu Helena bleibt unbezwinglich. Mephi⸗
⁵ ſtopheles ſucht ihn durch mancherley Zerſtreuungen zu beſchwichtigen.

9. Wagners Laboratorium. Er ſucht ein chemiſch Menſch⸗
lein hervorzubringen.

10. Verſchiedene andere Ausweichungen und Ausflüchte.

11. Antike Walpurgisnacht in Theſſalien auf der Pharſali⸗
¹⁰ ſchen Ebene.

12. Erichtho macht die Honneurs und Erichthonius zu ihr ge⸗
ſellt. Etymologiſche und ſymboliſche Verwandtſchaft beyder u. ſ. w.

13. Mephiſtopheles mit den antiken Ungeheuern und Mißge⸗
ſtalten findet ſich zu Hauſe

¹⁵ *Ad* 13. Centauren, Sphynxe Chimären, Greiſe, Sirenen,
Tritonen und Nereiden, die Gorgonen, die Graien.

⸺ ⸺ ⸺ ⸺

9. 10 auf — Ebene *g* aR   11 macht — Honneurs *g*¹ aR
11. 12 Etymologiſche — beyder *g*¹ aR   15. 16 Schuchardt aR

Auch auf einem gebrochnen Fol. John, datirt W. d.
9. Novbr. 1826. 1. 2 Träume. Darauf fehlt   2. 3 der — Helena]
Gretchens und Helenas [vor Todt] Wahnerſcheinung [*g*]   4 bleibt
unbezwinglich fehlt   4. 5 Mephiſtopheles — beſchwichtigen] Durch
Zerſtreuung des liſtigen Mephiſtopheles unterbrochen und abgeleitet.
6 Er — ein und 7 hervorzubringen fehlt   9—18 Antike — Wegen]
Sie gelangen endlich nach Theſſalien. Sie finden die häßliche Enyo
[*g*] Mephiſtopheles ſchaudert ſelbſt. Überwirft ſich mit ihr Doch
lenkt ein. wegen

14. Mephistopheles und Enyo; schaudert vor ihrer Häßlich=
keit; im Begriff sich mit ihr zu überwerfen, lenkt er ein. Wegen
ihrer hohen Ahnen und wichtigen Einflusses macht er ein Bündniß
mit ihr. Die offenbaren Bedingungen wollen nichts heißen, die 20
geheimen Artikel sind die wirksamsten.

15. Faust gelangt zu der Versammlung der Sibyllen. Wich=
tige Unterhaltung; günstiger Moment. Manto des Tiresias
Tochter.

16. Der Hades thut sich auf, Proserpina wird angegangen. 25

17. Die Beispiele von Protesilaus, Alceste und Eurydice
werden angeführt. Helena selbst hat schon einmal die Erlaubniß
gehabt ins Leben zurückzukehren, um sich mit dem Achill zu ver=
binden, mit eingeschränkter Wohnung auf die Insel Leuce.

18. So soll nun Helena auf den Boden von Sparta zurück= 30
kehren und als lebendig dort im Hause des Menelaus empfangen
werden, und dem neuen Freyer überlassen seyn, in wie fern er
auf ihren Geist und ihre empfänglichen Sinne einwirken könne.

---

23. 24 Manto — Tochter g^1 aR

Johns Blatt 19 macht er] Er macht   21 sind — wirksam=
sten] desto mehr   22 12. Sie gelangen zur Thessalischen Ursibylle
Wichtige Unterhandlung. 13. Proserpina wird angegangen. Die
Beispiele .... verbinden. Aber bestimmt auf der Insel Leuce.
Es folgt ohne Nr. der letzte Absatz.   31 als lebendig] und
in dessen Bereich als lebend   32 seyn] werden.

100. III *H* [58] Ungedruckt. Vgl. 63.

F[auſt]. Schlafend Geiſter des Ruhms der großen Ihat F[auſt]. M[ephiſtopheles]. Notiz von des Kahſers Wunſche Streit. Kahſers Hof M[ephiſtopheles] und Marſchʼalk]. Wunſch Fauſt erſcheint als Prachtmann [?] Kahſer Jr=biſches Verh[ältniß] Fauſt höheres Unmögliches Geiſter citiren Mißverſtändniß Meph. hinter Fauſt Ausgeglichen Fauſt zur Magie Meph. als *Curtisan* Erſcheinungen *Paris* die Frauen loben die Männer tabeln Helena die Frauen tabeln die Männer loben Gebärdenſpiel Schreckniß. Fauſt ohn=mächtig. Alles ein tumultuariſch Ende.

101. Halbfol. John. Ungedruckt. Zu 4889 ff.

Andeutungen auf die verborgenen Schätze. Sie gehören im ganzen Reiche dem Kaiſer Man muß ſie auf kluge Weiſe zu Tage bringen Man entgegnet aus Furcht vor Zauberey. Der luſtige [Liſtige?] reduzirt alles auf Naturkräfte. Wün=ſchelruthe und Perſönlichkeit. Andeutung auf Fauſt Fromme Vorbereitung Erſt Beendigung des Carnevals Wegen Be=dingung des Schatzhebens, Sammlung und Buße Erwünſchter Aſchermittwoch.

4. 5 giebt keinen nothwendigen Hinweis auf 18, 9. wo-nach diese Nr. und ihre Nachbarschaft umzudatiren wäre, sondern zielt direct auf die oben citirten Verse.

102. Fol. gebrochen, John. Zur Mummenſchanz *g*[1]. *g*[1] kleine ältere Tagebuchnotizen ohne Datum Albrecht Dürers Reliquien Taſchenb. [Campe 1828] usw. Ungedruckt. Zu 5088 ff.

Maskenzüge. Gärtnerinnen Blumen für alle Jahrszeit

bringend. Gärtner Gelegenheit für alle Pflanzen zu finden. Vo=
gelsteller Mit Leimruthen, Schlingen und Netzwänden. Fischer
mit Netzen, Reusen Angeln. Holzhauer. Buffone und Para=
siten Musikanten Poeten. Hofpoet, Italiäner Mythologie
Furien Parzen Mütter und Töchter Juwelier Klatschen
Klugheit auf dem Elephanten führt gefangen Hoffnung und
Furcht. Triumph des Plutus Verschwendung vor ihm wirft
aus Gefieder Grillen Farfarellen. Geiz hinter ihm Eisenkasten
mit Drachenschlössern.

103. I*H*³². Ungedruckt. Zu 5807 ff.

Plutus Ankündigend Faunenchor Tanz und Sang. An=
näherung der Kiste. Maske fällt hinein lodert auf Herold
Die Kiste schlägt zu fliegt fort. Faunen. Entzündet.
Der erste.

104. Fol. *g*; Rücks. Concept (Weller und John) an
Varnhagen 8. November 1827. Ungedruckt. Zu 5582 ff.

Knabe Flämmchen. Deutet athmendes Wachsthum derselben
Respect. Äuserlich. Das Würdige nicht zu beschreiben Doch
indirect beschrieben Talar Turban Mondgesicht Behagliches Name
Poesie Schnippchen als Geschenke Verwandlung derselben Plu=
tus Steigt ab *Avaritia* Geiz weigerung [?] Drachen holen
herab Knabe Verherrlichung des Reichthums Lorberkranz auf
dem Haupte des Plutus Knabe jagt fort Faunen kommen
an. kreisen umher Begaffen. Eröffnen der Kiste Hinein
schauen Maske fällt hinein Kahser. Faust nimmt Heroldstab
Schließt die Maskerade Hof und der Kahser Forderung der
Gestalt[en?] Versprechen Meph. schwürig. Quer aR *g*¹ 5588.
5589, darüber *g* 5628. 5629.

Und ich verkündige [über gestehs] vor allen
Mein lieber Sohn an dir hab ich gefallen

105. Gebrochnes Fol. *g*. Ungedruckt. Zu 5612 ff.

Knabe Zu Plutus Plutus Zeugniß Knabe Geistes Gaben
W[eiber] Getlatsch Gegen den Geiz Der Abgemagerte Invec=

tiven W[eiber]. Gegenklatsch Angriff Der Herold Ruhe ge=
bietend. Drachen regen die Flügel Speyen Feuer Die Weiber
entfernen sich Kiste mit dem Geiz hebt sich los. Setzt sich
nieder Plutus steigt aus Plutus Verabschiedet den Wagen
Lenker Adieu. Faunen Kommen an. Herold Verkündet und
beschreibt. Faunen. Wilder Kreis kreisend. Kiste springt auf
und flammt. Sie schauen hinein Maske fällt hinein Kiste
schlägt zu fliegt davon Der Kayser ist entdeckt Fauſt den
Heroldstab fassend Entwast [so] das Ganze Stände [?] trennen
sich Vereinigen sich fliehen, bleiben Kreis um den Kayser Plu=
tus anred[end] ajournirt [nach Kayſ] Kayser zur Unterhaltung
Geistererscheinungen Wahl. Paris und Helena Meph. wider=
setzt sich Fauſt verspricht

106. Fol. *g* (auch mit Datum *Dez.* 22 — 5 Platz machend
und durch Abschneiden verstümmelte Skizze mit Schluss
Fauſt Knieend ꝛc. LH[12]). Ungedruckt. Zu 5689 ff.

Dez. 16. Plutus Verabschiedet den Wagen. Lenker Adieu
[nach Adieu. Bleibt] Plutus dem Geiz befehlend der gern ver=
heimlicht doch auch groszthuiſch Öffnung der Kiste. Herold [nach
und vor Inhalt] Plutus [unter Andrängen der Menge] den
Stab ergreifend. Platz machend Den Kreis beschreitend Ge=
murmel [vor Beschwert sich]. Plutus [vor Ankündigung, Stab]
Faunenchor. Gemurmel Tanz und Sang [unter Faunen wilder
Kreis]. Annäherung an die Kiste. Maske fällt hinein Flammt
auf Entzündet den Faun [?] Dann die Faunen Kiste schlägt
zu fliegt fort [vor Einer verhüllt das Ge[fäß?]] Der Kayser
ist entdeckt [folgt Der Dichter]. Fauſt den Heroldst[ab] fassend
Enthüllt das Ganze.

2. 3 der — groszthuiſch aR   6. 7 Plutus — Gemurmel aR
7. 8 Flammt — Faunen aR.

107. Fol. *g* (Anfang John). Ungedruckt. Zu 5987 ff.

Noch zum ersten Acte. Fauſt Mephistopheles Kaiserl. Hof.
Beyde kniend. Verzeihung wegen des Zauberscherzes bittend.

Kayser vergnügt darüber Erzählung wie ihm zu Muthe gewesen.
Fürst von Salamandern Meph. Das bist du auch Elem[ent]
im Feuer stürze dich ins Wasser es wird Krystall gewölbe um
dich bilden Neues wünschend. Marschalck. Interesse an
Geistererscheinungen. Streit zwischen Damen und Herrn. Helena
und Paris Meph. Warnung Kayser assentirt Faust [nach
Me] verspricht.

108. I H¹⁰. Ungedruckt. Vgl. 5175.

[Gärtner?]

Grüßet mich in meiner Laube
Denn ich bin nicht gern allein
Oben drängt die reife Traube
Bricht ein Sonnen Blick herein

3 drängt über schwebt reife nach volle 4 unter Und hier
unten blinkt der Wein [geändert Und die Sonne blinkt herein]

109. 110. I H²³. Ungedruckt. Überschrieben Mum=
menschanz.

[Herold]
Dich Poesie den [über dich] Reichthum, jenen Geiz [vgl. 5573]

110. Vgl. zu 109. Ungedruckt.

Irrst du nicht hier so irrst du andrer Orten

Narren gibt es heut zu Haufen [vgl. 5196]

Doch so viele da und dorten
Auf dem Markt sich stoßen laufen
Größre giebt es wahrlich nicht
Als die sich mit Lasten schleppen

aber die Zusammengehörigkeit von 1 g und 2 ff. g^1 ist trotz
dem Reim unsicher, wie auch die Lesung von dorten.

111. I*H*ᵏ. Ungedruckt. Wohl für 5632. 5633.

[Knabe Lenker]
Auch Flämmchen spend ich dann und wann
Erwartend wo es zünden kann

112. I*H*²⁸. Ungedruckt.

Irrthum du bist gar zu schön
Könnt ich dich nur wieder finden

113. I*H*²⁹. Ungedruckt.

Er mag sich wie er will gebärden,
Er muß zuletzt ein Zaubrer werden

Plutus

Bist's, unbewußt
Ein Faunentanz [5819]   Der Herold ist ein heiliger Mann
5   Das hilft ihm daß er hexen kann
Es sieht so wild

[Plutus]

Gieb deinen Stab hier muß ich enden [5739]
Die Menge weicht [5759]
Und wie verscheucht [5760]
10   Tritt alles an die Seit

Dichter
erdreisten

Und nur der Dichter kann es leisten.

Geiz

Nur alle hundert Jahr einmal
Doch heute bin ich liberal

Ch[or]

15   Ach in den Zauberkreis gebannt
Bis auf die Knochen ausgebrannt

13—16 I*H*³¹ ohne Überschriften: 16 unter Ich fürchte schon
sie sind verbrannt   ausgebrannt] schon verbrannt —   13. 14

13*

zweimal I*H*³² (vgl. zu 5767) In hundert Jahren nur u. s. w. mit
Scenarien Geiz die Rede anhörend die Schätze anlachend und Die
Menge wirds gewahr und drängt [Herold bedrängt]　Menge an=
bringend　Herold eingeengt　Herold bedrängt.　　15. 16 unter
5814 I*H*³⁶

114. I*H*²⁹. Ungedruckt.

[Knabe Lenker]
Kann ich mich doch nicht verstecken
Leises Lißpeln lauter Schall [vgl. 5708]
Und so bin ich zu entdecken
Nirgends oder überall

Lebe wohl du wildes [?volles?] Rauschen　　　　5
Eilig mach ich mich davon

Darüber Forschet wollt ihr mich entdecken und unklar 2—4.

115. I*H*³⁰. Ungedruckt. Vgl. 5907. Zum „Faust" ge-
hörig? oder aus den böhmischen Bädern?

Seht ihr die Quelle da
Lustig sie sprudelt ja
Wie ich [nach es] noch keine sah
Kostete gern.

116. I*H*⁴². Ungedruckt. Vgl. 5959; auf der Vorders.
ist ja 5928. 5930 skizzirt.

Soll immerfort das Übermaas
Das allerherrlichste zerstören

117. I*H*⁴⁵. Ungedruckt. Zum „Faust"? Vgl. Er-
wähnung des Dichters in Nr. 104. 106. 113.

[Dichter]
Wer schildert solchen Übermuth
Wenns nicht der Dichter selber thut

Nun tret ich nothgedrungen vor
Der Dichter

118. I*H*⁴⁵. Ungedruckt. Vgl. 6184.

[Mephiſtopheles] .

Und wenn du rufſt ſie folgen Mann für Mann
Und Fraun für Frauu die Großen wie die Schönen
Die [aus Und] bringen her [über ſie] ſo Paris wie Helenen.

119. I*H*⁴⁸. Ungedruckt. Die Mütter. Vgl. 6214.

[Mephiſtopheles]

Nicht Nacht nicht Tag in ewger Dämmerung
Es war und es will ewig ſeyn

120. I*H*⁵⁰. Ungedruckt. Die Mütter. Vgl. 6293.

[Mephiſtopheles]

Am glühnden Schlüſſel führſt du ihn [den Dreifuss] gefangen
Durch Wunder nur ſind Wunder zu erlangen

121. I*H*ⁿ. Folgt — unmittelbar? — auf 6246.

[Mephiſtopheles]

Mußt [Müßet Loeper] mit Bedacht des Schlüſſels Kräfte führen
Sie anzuziehen, nicht ſie zu berühren.
Worauf du trittſt, es bleibt dir unbewußt
Es dehnt ſich nicht, es klemmt ſich nicht die Bruſt,
5 Wohin ſich auch dein Blick begierig wende,
Nicht Finſterniß — doch keine Gegenſtände
Bis endlich

abgebrochen, es folgt ſkizzenhaft Nun du endlich   Schon daß.

122. I*H*⁵⁸. Ungedruckt. Vgl. 6461. 6462, aber wohl von
einer Dame gesprochen.

Man kleid ihn ritterlich
Ihr guten Herrn von euch hält keiner Stich

———

123. Entwürfe zur Ankündigung der „Helena" in „Kunst
und Alterthum" 1827 VI 1,200—203 (diese Selbstanzeige auch
in den „Lesarten" vorn oder hier abzudrucken schien der
Mehrheit der Redactoren unstatthaft); Bericht über die
„Antecedenzien". Vgl. Eckermann[1] 1, 200.

1. H^1 vier Fol. John mit Correcturen g^1. H^2 sieben
Fol. John (4. doppelt, weil aufgeklebt) mit Correcturen g
und g^1. Dazu einige lose Skizzen und Ergänzungen, s. u.
Ungedruckt.

Helena, Zwischenspiel zu Fauſt. Ankündigung.

Fauſts Charakter, auf der Höhe wohin die neue Ausbildung
aus dem alten rohen Volksmährchen denſelben hervorgehoben hat
ſtellt einen Mann dar, welcher, in den allgemeinen Erdeſchranken
ſich ungeduldig und unbehaglich fühlend, den Beſitz des höchſten 5
Wiſſens, den Genuß der ſchönſten Güter für unzulänglich achtet
ſeine Sehnſucht auch nur im mindeſten zu befriedigen, einen Geiſt
welcher deßhalb nach allen Seiten hin ſich wendend immer un=
glücklicher zurückkehrt.

Dieſe Geſinnung iſt der modernen ſo analog daß mehrere 10
gute Köpfe die Löſung einer ſolchen Aufgabe zu unternehmen ſich
gedrängt fanden. Die Art wie ich mich dabei benommen hat ſich
Beyfall erworben; vorzügliche Männer haben darüber gedacht und
meinen Text commentirt, welches ich dankbar anerkannte. Darüber
aber mußte ich mich wundern daß diejenigen, welche eine Fort= 15

1—47 fehlt II^1 1 g^1 H^2 die nach ihn H^2 3 denſelben g
über ihn II^2 7 c. G. über und H^2 8 wendend g aus wendet H^2
11 u. g über löſen II^2

ſetzung und Ergänzung meines Fragmentes unternahmen nicht
auf den ſo nahe liegenden Gedancken gekommen ſind, man müſſe
bey Bearbeitung eines zweyten Theils ſich nothwendig aus der
bisherigen kummervollen Sphäre durchaus erheben und einen
20 ſolchen Mann, in höheren Regionen, durch würdigere Verhältniſſe
durchführen.

Wie ich nun von meiner Seite dieſes begonnen lag im
Stillen vor mir, von Zeit zu Zeit mich zu einiger Bearbeitung
aufrufend, wobey ich mein Geheimniß vor allen und jeden ſorg=
25 fältig verwahrte, immer in Hoffnung das Werck einem gewünſch=
ten Abſchluß entgegen zu führen. Jetzo aber darf ich nicht mehr
zurückhalten und bey Herausgabe meiner ſämmtlichen Beſtrebungen
kein Geheimniß mehr vor dem Publicum verbergen, vielmehr fühle
ich mich verpflichtet alles mein Bemühen auch fragmentariſch nach
30 und nach vorzulegen.

Deßhalb entſchließ ich mich zuerſt oben benanntes, in den
zweyten Theil des Fauſtes einzupaſſendes, in ſich abgeſchloſſenes
kleineres Drama bey der nächſt erſten Sendung ſogleich mitzu=
theilen.

35 Damit aber die große Kluft zwiſchen dem bekannten jammer=
vollen Abſchluß des erſten Theiles und dem Eintritt einer griechi=
ſchen Heldenfrau einigermaßen überbrückt werde, ſo nehme man
vorerſt eine Schilderung des Vorausgegangenen freundlich auf
und finde ſolche einstweilen hinreichend.

40 Die alte Legende ſagt nämlich, und das Puppenſpiel verfehlt
nicht die Scene vorzuführen: daß Fauſt in ſeinem herriſchen
Übermuth durch Mephiſtopheles den Beſitz der ſchönen Helena von
Griechenland verlangt, und ihm dieſer nach einigem Widerſtreben

---

16. 17 nicht — ſind, üdZ *g* *H*²   19 durchaus über ſich *g*¹ *H*²
25 das Werck *g*¹ über ſie *H*²   27 B. *g*¹ über Werke *H*²   28. 29
fühle — verpflichtet üdZ *g*¹ *H*²   29 B. *g*¹ aus Beſtreben *H*²   32 des
Fauſtes üdZ *g*¹ *H*²   35 ſ. nach Abſchluß *H*²   38 des *g*¹ aus der *H*²
B. über Antecedenzien *g*¹ *H*²   39 einstweilen *g* für genug=
ſam *H*²   43 und *g* über worin *H*²   nach nach auch *H*²

willfahrt habe. Ein solches bedeutendes Motiv in unserer Aus=
führung nicht zu versäumen war uns Pflicht und wie wir uns
derselben zu entledigen gesucht, welche Einleitung dazu wir schicklich
gefunden möge Nachstehendes einstweilen aufklären.

Bey einem großen Feste an des deutschen Kaisers Hof werden
Faust und Mephistopheles aufgefordert eine Geistererscheinung zu
bewirken; ungern zwar, aber gedrängt rufen sie die verlangten
Idole von Helena und Paris hervor. Paris tritt auf, die Frauen
entzücken sich gränzenlos; die Herren suchen durch einzelnen Tadel
den Enthusiasmus abzukühlen, aber vergebens. Helena tritt auf,
die Männer sind außer sich, die Frauen betrachten sie aufmerksam
und wissen spöttisch den plumpen heroischen Fuß, eine höchst wahr=
scheinlich angemahlte elfenbeinartige Gesichtsfarbe hervorzuheben,
besonders aber durch bedenkliche, freylich in der wahrhaften Ge=
schichte nur allzusehr gegründete Nachreden, auf die herrliche Per=
sönlichkeit einen verächtlichen Schein zu werfen. Faust, von dem
Erhaben=Schönen hingerissen, wagt es den zu ihrer Umarmung
sich neigenden Paris wegdrängen zu wollen; ein Donnerschlag
streckt ihn nieder, die Erscheinungen verschwinden, das Fest endet
tumultuarisch.

Faust aus einer schweren, langen Schlafsucht, während welcher
seine Träume sich vor den Augen des Zuschauers sichtbar um=

49 deutschen üdZ g^1 H^1 50 v. fehlt H^1 52 gränzenlos üdZ
g^1 H^1 52. 53 suchen — abzukühlen über schelten g^1 H^1 53 a. v.
fehlt H^1 *54—59 betrachten — werfen] wissen durch Mißreden
die herrliche Persönlichkeit verächtlich zu machen g^1 über ergehen
sich in Schmähungen H^{1*} 55—57 sp. — aber angeklebt g H^2
e. aus Elfenbeinerne H^2 57. 58 G. — allzusehr üdZ g H^2
59. 60 dem Erhaben=Schönen g über der Gestalt der Helena (H^1) H^2
60. 61 zu — neigenden fehlt H^1 g üdZ H^2 61 Paris vor der sie
eben umarmen will (H^1) H^2 *64—66 aus — hervor] schwer ins
Leben zurückgerufen tritt auf, exaltirt und paralisirt vom An=
schauen der Helena H^{1*} 64 während welcher g über indessen
sich H^2 65 sich üdZ g H^2 sichtbar üdZ g H^2

ſtändlich begeben, ins Leben zurückgerufen, tritt exaltirt hervor und
fordert von dem höchſten Anſchauen ganz durchdrungen ben Beſitz
heftig von Mephiſtopheles. Dieſer, ber nicht bekennen mag, daß
er im klaſſiſchen Hades nichts zu ſagen habe, auch bort nicht ein=
70 mal gern geſehen ſey, bebient ſich ſeines früheren probaten Mittels
ſeinen Gebieter nach allen Seiten hin und her zu ſprengen. Hier
gelangen wir zu gar vielen Aufmerkſamkeit fordernden Mannig=
faltigkeiten und zuletzt noch bie wachſende Ungebuld des Herrn zu
beſchwichtigen berebet er ihn, gleichſam im Vorbeygehen auf dem
75 Weg zum Ziele ben acabemiſch=angeſtellten Doctor und Profeſſor
Wagner zu beſuchen ben ſie in ſeinem Laboratorium finden hoch
gloriirend daß eben ein chemiſch Menſchlein zu Stande gekommen ſey.

Dieſes zerſprengt Augenblicks ben leuchtenden Glaskolben und
tritt als bewegliches wohlgebildetes Zwerglein auf. Das Recept
80 zu ſeinem Entſtehen wird myſtiſch angebeutet, von ſeinen Eigen=
ſchaften legt es Proben ab, beſonders zeigt ſich daß in ihm ein
allgemeiner hiſtoriſcher Weltkalender enthalten ſey, er wiſſe näm=
lich in jedem Augenblick anzugeben was ſeit Adams Bildung bey
gleicher Sonn= Mond= Erd= und Planetenſtellung unter Menſchen

66 exaltirt nach auf H^2 hervor üdZ g H^2 *67. 68
von — heftig] ihren Beſitz bringend H^{1*} 67 fordert üdZ
g H^2 höchſten üdZ g H^2 ganz nach der Helena H^2 ben
über fordert er ihren g H^2 69 habe g^1 aus hat H^1 69. 70 auch)
— ſey fehlt H^1 70 probaten üdZ g^1 H^1 71 ſeinen — ſprengen]
und zerſtreut Fauſten auf die mannigfaltigſte Weiſe H^1 und
nach auf H^2 her über ab g H^2 71—74 Hier — beſchwich=
tigen] Hier werden gar manche Schubladen [tiroirs udZ g^1] auf=
gezogen, genugſame Aufmerkſamkeit fordernb; endlich da Fauſts
Ungebuld nicht mehr halten will H^1 74 gleichſam] noch H^1
74. 75 auf — Z. fehlt H^1 75 ac.=ang. fehlt H^1 üdZ g H^2
76 hoch] ſehr H^1 78 A. über eben H^1 leuchtenden fehlt H^1
79. 80 Das — ſeinem] Sein H^1 81 es g^1 aus er H^1 Z. ſ.] tritt her=
vor H^1 82 hiſt. fehlt H^1 82. 83 er — anzugeben] er weiß jeden Augen=
blick aR g^1 H^1 aus daß er nämlich jeden Augenblick anzugeben wiſſe H^2

vorgegangen sey. Wie er denn auch zur Probe sogleich verkündet daß
die gegenwärtige Nacht gerade mit der Stunde zusammentreffe wo die
pharsalische Schlacht vorbereitet worden und welche sowohl Caesar
als Pompejus schlaflos zugebracht. Hierüber kommt er mit Me=
phistopheles in Streit, welcher, nach Angabe der Benedictiner, den
Eintritt jener großen Weltbegebenheit zu dieser Stunde nicht will.
gelten lassen, sondern denselben einige Tage weiter hinausschiebt.
Man macht ihm die Einwendung, der Teufel dürfe sich nicht auf
Mönche berufen. Da er aber hartnäckig auf diesem Rechte be=
steht, so würde sich der Streit in eine unentscheidbare chrono=
logische Controvers verlieren, wenn das chemische Männlein nicht
eine andere Probe seines tiefen historisch=mythischen Naturells ab=
legte und zu bemerken gäbe: daß zu gleicher Zeit das Fest der
klassischen Walpurgisnacht hereintrete das seit Anbeginn der my=
thischen Welt immer in Thessalien gehalten worden und, nach dem
gründlichen durch Epochen bestimmten Zusammenhang der Welt=
geschichte, eigentlich Ursach an jenem Unglück gewesen. Alle vier

85 Wie — sogleich] daher er er denn den Zusammenhang der
Weltgeschichte gründlich ableitet und zugleich H^1 87. 88 pharsalische
— zugebracht g H^2 87 vorbereitet] geliefert H^1 *87—97 und —
gäbe fehlt H^1 88—97 Hierüber — daß Schuchardt aufgeklebt
auf pharsalische Schlacht vorbereitet worden (erhalten auch auf
einem Schuchardtschen Streifen H^{2a} wo 89—92 g welcher den
Benedictinern beypflichtend den ... lassen. und g Man entgegnet
ihm für worin auch die übrigen ihm beystimmen. Man behauptet
nämlich)*   92 dürfe undeutlich aus würde H^{2a} g über würde H^2
95 der Streit sich ins Weite verlieren [g über ziehen] H^{2a} 96 andre
Zusatz g H^{2a} tiefen historisch=mythischen aus historischen H^{2a}
97 zu — daß] versicherte H^{2a} daß] wie denn auch H^1 g vor
wie denn auch H^2 nach Zeit g^1 aber trete üdZ H^2 98 her=
eintrete] eintrete H^1 g aus eintrete H^2 98—101 das — ge=
wesen fehlt H^1 aber Zeichen und auf Quartbl. g^1 Die seit
dem tiefsten Alterthum gefeyert eigentlich Ursache an jenem Un=
glück gewesen

entschließen sich dorthin zu wandern und Wagner bey aller Eil=
fertigkeit vergißt nicht eine reine Phiole mitzunehmen um, wenn
es glückte, hie und da die zu einem chemischen Weiblein nöthigen
Elemente zusammenzufinden. Er steckt das Glas in die linke Brust=
tasche, das chemische Männlein in die rechte, und so vertrauen sie
sich dem Eilmantel. Ein gränzenloses Geschwirre geographisch
historischer Notizen auf die Gegenden worüber sie hinstreifen be=
züglich, aus dem Munde des eingesackten Männleins läßt sie bey
der Pfeilschnelle des Flugwercks unterwegs nicht zu sich selbst
kommen, bis sie endlich beim Lichte des klaren obschon abnehmen=
den Mondes zur Fläche Thessaliens gelangen. Hier auf der Haide
treffen sie zuerst mit Erichto zusammen, welche den untilgbaren
Modergeruch dieser Felder begierig einzieht. Zu ihr hat sich
Erichtonius [vgl. den Verweis auf Hederich¹ 839, an Schiller⁴
1. 324] gesellt und nun wird beyder nahe Verwandtschaft, von der
das Alterthum nichts weiß, etymologisch bewiesen; leider muß sie
ihn da er nicht gut zu Fuße ist, öfters auf dem Arme tragen
und sogar, als das Wunderkind eine seltsame Leidenschaft zu dem
chemischen Männlein darthut diesen auch auf den anderen Arm
nehmen, wobey Mephistopheles seine bösartigen Glossen keineswegs
zurückhält.

102 sich] sich nun H^1 w. g^1 aus wandeln H^2 *102—112 und
— Haide] welches denn auch durch vereinte übernatürliche Kräfte
leicht zu bewirken ist. Sie kommen an und H^{1*} 105—113 Er —
zuerst angeklebt H^2 108 Gegenden g aus Gegend H^2 110 des
[Fuhr und] Flugwercks aR g H^2 113 sie fehlt H^1 m. E.¹ auf
Erichto H^1 aus auf Erichto g nach Sie kommen an (üdZ zur
Fläche Thessaliens) und treffen (üdZ auf der Heide g) zuerst
zuf. fehlt H^1 g üdZ H^2 116 b. u.] ihre H^1 über ihre H^2
118 den Armen H^1 aus den Armen H^2 119 und — 122 fehlt H^1
aber Zeichen und auf dem Quartbl. g^1 Eine seltsame Leidenschaft
aber ergreift diesen Wunderknaben zu dem Chemischen Männlein
so starck daß Erichto ihn auch auf den Arm nehmen muß. Mephist
hinten seine Glossen keineswegs verbergen kann. 119 das g über
dieses H^2 120 diesen üdZ g H^2

Fauſt hat ſich ins Geſpräch mit einer, auf den Hinterfüßen ruhenden Sphynx eingelaſſen, wo die abſtruſeſten Fragen durch gleich räthſelhafte Antworten ins Unendliche geſpielt werden. Ein daneben, in gleicher Stellung aufpaſſender Greif, der goldhütenden einer ſpricht dazwiſchen ohne das Mindeſte deshalb aufzuklären. Eine koloſſale, gleichfalls goldſcharrende Ameiſe welche ſich hinzu= geſellt, macht die Unterhaltung noch verwirrter.

Nun aber da der Verſtand im Zwieſpalt verzweifelt ſollen auch die Sinne ſich nicht mehr trauen. Empuſa tritt hervor die dem heutigen Feſt zu Ehren einen Eſelskopf aufgeſetzt hat, und, ſich immer umgeſtaltend, zwar die übrigen verſchiedenen Gebilde nicht zur Verwandlung aber doch zu unſteter Ungeduld aufregt.

Nun erſcheinen unzählbar vermehrt Sphynxe, Greiſe und Ameiſen, ſich gleichſam aus ſich ſelbſt entwickelnd. Hin und her ſchwärmen übrigens und rennen die ſämmtlichen Ungethüme des Alterthums, Chimären, Tragelaphe, Gryllen, dazwiſchen vielköpfige Schlangen in Unzahl. Harpyen flattern und ſchwanken feder=

123 ins g^1 aus in ein H^1 123. 124 a. — r. fehlt H^1 124 abſt.] wichtigſten H^1 126 gleicher] gleichſitzender H^1 aufpaſſender g^1 üdZ H^1 126. 127 der — einer] einer der Goldhüthenden g^1 aus ein Goldhüthender H^1 127 dazwiſchen] mit ein H^1 das Mindeſte fehlt H^1 128. 129 fehlt H^1 aber Zeichen und auf dem Quartbl. g^1 coloſſale Ameiſen, Goldhüter, welche ſich hinzu geſellen, machen uſw. 130 — 134 fehlt H^1 beſonderes Quartbl. John (Emp. — hervor g^3 üdZ) mit Zeichen (Rücks. Schuchardt Anfang der „Nachleſe zu Ariſtoteles Poetik") zu H^2 135 Nun — Sphynxe] Nun aber [üdZ g] vermehren ſich Sphynxen H^1 auf dem Quartbl. zu H^2 für Nun aber vermehrt [aus vermehren] (ſich) erſcheinen [üdZ g] Sphynxe H^2 Greiſe] und Greifen H^1 aus Greiſen H^2 und fehlt H^1 Zuſatz g H^2 Ameiſen fehlt H^1 136 aus — ſelbſt] auseinander H^1 136. 137 Hin — ſchwärmen üdZ g^1 H^1 137 übrigens] ferner üdZ g^1 H^1 und rennen fehlt H^1 ſämmt= lichen] übrigen H^1 138 Tragelaphe — dazwiſchen fehlt H^1 139—143 Unzahl — vorbey] Unzahl [ſchwärmen hin und her], ver=

maußartig in unsichern Kreisen; der Drache Python selbst erscheint
im Plural und die stymphalischen Raubvögel, scharf geschnabelt
mit Schwimmfüßen schnurren einzeln pfeilschnell hintereinander
vorbey. Auf einmal jedoch über allen schwebt wolkenartig ein
singender und klingender Zug von Sirenen, sie stürzen in den
Peneus und baden rauschend und pfeifend, dann baumen sie auf
im Gehölze zunächst des Flusses, singen die lieblichsten Lieder.
Allererst nun Entschuldigung der Nereiden und Tritonen, welche
durch ihre Conformation, ohngeachtet der Nähe des Meeres, diesem
Feste beyzuwohnen gehindert werden. Dann aber laden sie die
ganze Gesellschaft aufs dringendste sich in den mannigfaltigen
Meeren und Golfen, auch Inseln und Küsten der Nachbarschaft ins
gesammt zu ergötzen; ein Theil der Menge folgt der lockenden
Einladung und stürzt meerwärts.

Unsere Reisenden aber, an solchen Geisterspuk mehr oder
weniger gewöhnt, lassen das alles fast unbemerkt um sich her
summen. Das chemische Menschlein, an der Erde hinschleichend,
klaubt aus dem Humus eine Menge phosphorescirender Atome
auf, deren einige blaues, andere purpurnes Feuer von sich strahlen.
Er vertraut sie gewissenhaft Wagnern in die Phiole, zweifelnd
jedoch ob daraus künftig ein chemisch Weiblein zu bilden sey.

---

folgt von Harpyen auch Python erscheint im Plural und die stym=
phalischen Vögel schnurren hin= und wieder. Das Unterbl.
Fol. 4 *H²* ist Abschrift aus *H¹* mit Correcturen und Rand-
notiz Raubvögel mit Schwimmfüßen *g¹*, das geklebte Octavbl.
Reinschrift. 143 Auf — 153 fehlt *H¹* 149 geh. w. *g* üdZ *H²*
D. a. *g¹* über Dagegen *H²* 151 der — ins *g g¹* über sich *H²*
154 aber fehlt *H¹* 154. 155 mehr — weniger fehlt *H¹* 155 s. u.]
wenig bemerkt *H¹* 156 an — h. fehlt *H¹* 157 aus] indessen aus *H¹*
158 deren — str.] die eine Blaues, die andern Scharlachfeuer von
sich strahlend *H¹* 159 vertraut] giebt *H¹* 159 gewissenhaft]
fleißig *H¹* über fleißig *H²* 159. 160 zweifelnd — sey] freylich
nicht um ein chemisch Weiblein künftig daraus zu bilden *H¹*
159 zweifelnd jedoch *g* aus welcher zweifelt *H²*

Als aber Wagner um sie näher zu betrachten sie stark schüttelt
erscheinen, zu Kohorten gedrängt, Pompejaner und Cäsareaner,
um zu legitimer Auferstehung sich die Bestandtheile ihrer In=
dividualitäten stürmisch vielleicht wieder zuzueignen. Beynahe ge=
länge es ihnen sich dieser ausgegeisteten Körperlichkeiten zu be= 16:
mächtigen, doch nehmen die vier Winde, welche diese Nacht unab=
lässig gegen einander wehen, den gegenwärtigen Besitzer in Schutz
und die Gespenster müssen sich gefallen lassen von allen Seiten
her zu vernehmen: daß die Bestandtheile ihres römischen Groß=
thums längst durch alle Lüfte zerstoben, durch Millionen Bildungs= 17(
folgen aufgenommen und verarbeitet worden.

Der Tumult wird dadurch nicht geringer, allein gewisser=
maßen auf einen Augenblick beschwichtigt, indem die Aufmerksam=
keit zu der Mitte der breit und weiten Ebene gerichtet wird. Dort
bebt die Erde zuerst, bläht sich auf und ein Gebirgsreihen bildet 175
sich aufwärts bis Scotusa abwärts bis an den Penens be=
drohlich sogar den Fluß zu hemmen. Haupt und Schultern des
Encelabus wühlen sich hervor, der nicht ermangelte, unter Meer
und Land heranschleichend, die wichtige Stunde zu verherrlichen.

------

162 zu — gedrängt] Kohortenweis *H¹* 164 stürmisch vielleicht
fehlt *H¹* üdZ *g H²* *164 Beynahe — 171 Als Geistern gelingt
ihnen beynah sich diese Körperlichkeiten zuzueignen, doch nehmen sich
die vier Winde, welche diese Nacht gegeneinander unablässig wehen,
des gegenwärtigen Besitzers an, und die Gespenster überzeugen sich,
daß die Bestandtheile Ihres Heldenthums längst durch alle Lüfte zer=
stoben [*g¹* üdZ von [*g¹* über durch] Millionen Bildungen aufge=
nommen worden. *H¹** 168. 169 m. — v. *g* aus lassen sich einreden *H²*
174 zu der [z. d. *g* aus auf die *H²*] — wird.] auf die Gegend bey
Stotusa hingerichtet wird *H¹* *174 Dort — 179 wo die Erde
bebt, sich aufbläht und berstend [aus berstet und] Haupt und
Schultern des Encelabus sehen läßt, der nicht ermangelte unter
Land und Meer heranreisend den wichtigen Tag zu verherrlichen. *H¹**
175—177 bildet — hemmen *g* aus von Scotusa bis an den Penens
scheint sich abstufend zu bilden *H²*

Aus mehreren Klüften lecken flüchtige Flammen; Naturphilosophen die bey dieser Gelegenheit auch nicht ausbleiben konnten, Thales und Anaxagoras gerathen über das Phänomen heftig in Streit, jener dem Wasser wie dem Feuchten alles zuschreibend, dieser über= all geschmolzene, schmelzende Massen erblickend, peroriren ihre Solos zu dem übrigen Chor=Gesänge, beide führen den Homer an und jeder ruft Vergangenheit und Gegenwart zu Zeugen. Thales beruft sich vergebens auf Spring= und Sündfluthen mit didaktisch wogendem Selbstbehagen; Anaxagoras, wild wie das Element das ihn beherrscht, führt eine leidenschaftlichere Sprache, er weissagt einen Steinregen, der denn auch alsobald aus dem Monde herunter= fällt. Die Menge preist ihn als einen Halbgott, und sein Gegner muß sich nach dem Meeresufer zurückziehen.

Noch aber haben sich Gebirgsschluchten und Gipfel nicht be= festigt und bestätigt, so bemächtigen sich schon aus weit umher=

180—200 Die Klüfte [g^1 nach Grüfte] fahren fort zu flam= men, die Naturphilosophen die bey dieser Gelegenheit auch nicht fehlen, Thales und Anaxagoras kommen in Streit; jener dem Wasser alles zu schreibend, dieser überall feurige geschmolzne [üdZ g^1], schmelzende [üdZ g^1] Massen erblickend, sie [üdZ g^1] machen bis=putirend Chorus mit den übrigen [g^1] Hexen und Teufelslärm, doch kaum haben sich die Gluten einigermaßen entfernt so bemächtigen sich schon die Pygmäen, die aus weit umherklaffenden Schlünden hervorwim= meln, der Oberarme und Schultern des noch gebeugten Riesen und bedienen sich deren als Tanz= und Tummelplatz, indessen ein unzähl= bares Heer von Kranichen dessen [üdZ g^1] Haupt und Haar als [g^1] wärens [g^1 über gleich] undurchdringliche[n] Wälder[n] umschwärmt und dem wichtigen Feste zum Schluß ein ergötzliches Kampfspiel ankündigt. H^1 181 ausbleiben konnten g über fehlen sollten H^2 183 wie — Feuchten üdZ g H^2 184. 185 peroriren — Ch.=G. g aus machen Chorus im übrigen Gesänge H^2 186—192 angeklebt Schuchardt H^2 187. 188 Spr. — Selbstb. g aus Springfluthen und Diluvien mit sanfter [darüber pathetisch] wogender Stimme H^2 189 l. g aus leidenschaftliche H^2 192 nach nach zurückziehen H^2 194 sich üdZ g H^2

klaffenden Schlünden hervorwimmelnde Pygmäen der Oberarme und 195
Schultern des noch gebeugt aufgestemmten Riesen und bedienen sich
deren als Tanz= und Tummelplatz [Nil im Vatican], inzwischen un=
zählbare Heere von Kranichen Gipfelhaupt und Haare, als wären es
undurchdringliche Wälder [Gulliver], kreischend umziehen und, vor
Schluß des allgemeinen Festes, ein ergötzliches Kampfspiel ankündigen. 200
So vieles und noch mehr denke sich wem es gelingt als
gleichzeitig wie es sich ergiebt. Mephistopheles hat indessen mit
Enyo Bekanntschaft gemacht, deren grandiose Häßlichkeit ihn bey=
nahe aus der Fassung gebracht und zu unhöflichen beleidigenden
Interjectionen aufgeschreckt hätte. Doch nimmt er sich zusammen 205
und in Betracht ihrer hohen Ahnen und bedeutenden Einflusses
sucht er ihre Gunst zu erwerben. Er versteht sich mit ihr und
schließt ein Bündniß ab, dessen offenkundige Bedingungen nicht
viel heißen wollen, die geheimen aber desto merkwürdiger und
folgereicher sind. Faust an seinem Theile ist zum Chiron ge= 210
treten, der als benachbarter Gebirgsbewohner seine gewöhnliche
Runde macht. Ein ernst pädagogisches Gespräch mit diesem Urhof=
meister wird, wo nicht unterbrochen doch gestört durch einen Kreis

---

196 aufgestemmten g aus sich aufstemmenden H^2 197. 198 u. H.
aus ein unzählbares Heer g H^2 198 Gipfelhaupt g über dessen
Haupt H^2 199 u. aus umzieht H^2 200 a. aus ankündigt g H^2
201—202 ergiebt fehlt H^1 201 wem — gelingt g über wer kann H^2
203—207 deren — erwerben] vor deren antiken Häßlichkeit er allen
Respect hat H^1 angeklebt Schuchardt für deren antike Häßlichkeit
ihm allen Respect einflößt; H^2 207. 208 Er — offenkundige] sich
auch mit ihr wohl versteht und ein Bündniß abschließt, wovon
die offenbaren H^1 209 geheimen] geheimen Artikel H^1 vgl. 99, 21.
209. 210 desto — folgereicher] die merkwürdigsten und folgereichsten
[u. f. üdZ g^1] H^1 210 an — Theile] indessen H^1 zum] an den H^1
211 seine] hier seine H^1 212 . Ein — 234] ; ernstes Gespräch
mit diesem Ur=Hofmeister der ersten und größten Helden. Dieser
[g^1 über der] fragt [g^1 aR] ihn zuletzt um seine Absichten und Ge=
schäfte [fragt], das große Unternehmen billigt sich der Helena

von Lamien, die sich zwischen Chiron und Fauſt unabläſſig durch
215 bewegen; Reizendes aller Art, blond, braun, groß, klein, zierlich
und ſtark von Gliedern, jedes ſpricht oder ſingt, ſchreitet oder
tanzt, eilt oder geſtikulirt, ſo daß wenn Fauſt nicht das höchſte
Gebild der Schönheit in ſich ſelbſt aufgenommen hätte er noth=
wendig verführt werden müßte. Auch Chiron indeſſen, der Alte
220 unerſchütterliche, will dem neuen ſinnigen Bekannten die Maximen
klar machen wornach er ſeine ſchätzbaren Helden gebildet, da denn
die Argonauten hererzählt werden und Achill den Schluß macht.
Wenn aber der Pädagog auf das Reſultat ſeiner Bemühungen
gelangen will; ſo ergiebt ſich wenig Erfreuliches; denn ſie leben
225 und handeln gerade fort als wenn ſie nicht erzogen wären.

Als nun Chiron das Begehren und die Abſicht von Fauſt
erfährt, erfreut er ſich doch auch wieder einmal einen Mann zu
ſehen der das Unmögliche verlange, wie er denn immer an ſeinen
Zöglingen dergleichen gebilligt. Zugleich bietet er dem modernen
230 Helden Förderung und Leitung an, trägt ihn auf breitem Rücken
kreuzweis hinüber herüber durch alle Furthen und Kieſe des
Peneus, läßt Lariſſa zur rechten und zeigt ſeinem Reuter nur hie
und da die Stelle wo der unglückliche König von Macedonien
Perſeus auf der bänglichſten Flucht wenige Minuten verſchnaufte.
235 So gelangen ſie abwärts bis an den Fuß des Olympus; hier
ſtoßen ſie auf eine lange Prozeſſion von Sibyllen, an Zahl weit

— — — — — — —

nochmals zu bemächtigen. Habe er doch immer auch an ſeinen
Zöglingen ſolchen Unternehmungsgeiſt gebilligt und bietet dem
modernen Helden ſeine Dienſte an, nimmt ihn auf den Rücken
und führt ihn durch Furthen, [und] Krümmungen und Kies=
ſtrecken H^1 •

214 durch g üdZ H^2 219 werden müßte g aus worden war H^2
220 die Maximen g üdZ H^1 227 zu nach wieder H^2 229
dem g^1 aus den H^2 231 hinüber herüber g^1 üdZ H^2 234
der bänglichſten g aus ſeiner bänglichen H^2 235 So — ſie] ſo
[g^1] gehts [g^1] den [g^1 aus dem] Peneus H^1 Olymps H^1
236 an — 237 zwölfe] weit [g^1 über viel] mehr als Zwölfen H^1

mehr als zwölfe. Chiron schildert die ersten vorüberziehenden als
alte Bekannte und empfiehlt seinen Schützling der sinnigen, wohl=
denkenden Tochter des Tiresias, Manto.

Diese eröffnet ihm daß der Weg zum Orkus sich so eben auf= 240
thuen werde, gegen die Stunde wo ehmals, um so viele große
Seelen hinabzulassen, der Berg klaffen müssen. Es ereignet sich
wirklich und, von dem horoskopischen Augenblick begünstigt steigen
sie sämmtlich schweigend hinunter. Auf einmal deckt Manto ihren
Beschützten mit dem Schleyer und drängt ihn vom Wege ab gegen 245
die Felsenwände, so daß er zu ersticken und zu vergehen fürchtet.
Dem bald darauf wieder enthüllten erklärt sie diese Vorsicht, das
Gorgonenhaupt nämlich sey ihnen die Schlucht herauf entgegen
gezogen, seit Jahrhunderten immer größer und breiter werdend;
Proserpina halte es gern von der Festebene zurück weil die ver= 250
sammelten Gespenster und Ungethüme durch sein Erscheinen aus
aller Fassung gebracht sich alsobald zerstreuten. Sie Manto selbst
als hochbegabte wage nicht es anzuschauen, hätte Faust darauf
geblicket so wär er gleich vernichtet worden, so daß weder von
Leib noch Geist im Universum jemals wieder etwas von ihm wäre 255
zu finden gewesen. Sie gelangen endlich zu dem unabsehbaren,
von Gestalt um Gestalt überdrängten Hoflager der Proserpina;
hier giebt es zu gränzenlosen Incidenzien Gelegenheit, bis der

237 schildert g^1 über recenzirt H^1 vorüberz.] vorbeyz. H^1
239 Tochter — Manto] Manto, des Tiresias Tochter H^1 240.241
aufthun H^1 241 gegen bie] zur H^1 um fehlt H^1 242 hinab=
zulassen] hinabgestiegen H^1 der — müssen fehlt H^1 243 wirk=
lich fehlt H^1 begünstigt vor von H^1 244 schweigend fehlt
H^1 hinunter g^1 aus hinab H^1 *244—258 Auf — es] und
treten vor Proserpinas Thron. Dieser Abstieg [g^1 aus Hinab=
weg], so wie das große Bild des ewigen Hoflagers giebt H^{1*}
247 Gorgonen g über Medusen H^2 250 gern — Festebene g
üdZ H^1 250—252 corrigirt g Johnsches Anakoluth (fehlt g. —
F. und w. d.   bringend und zerstreut) H^2 252 Manto g üdZ H^2
256 zu dem g über in die H^2 258 bis] so wie H^1 g über so wie
H^2 258.259 der präsentirte g^1 aus die Präsentation des H^1

präsentirte Fauſt als zweyter Orpheus gut aufgenommen, seine
260 Bitte aber doch einigermaßen seltsam gefunden wird. Die Rede
der Manto als Vertreterin muß bedeutend seyn, sie beruft sich zuerſt auf die Kraft der Beyspiele, führt die Begünstigung des Pro-
tesilans, der Alceste und Euridice umständlich vor. Hat doch
Helena selbſt schon einmal die Erlaubniß gehabt ins Leben zurück-
265 zukehren, um sich mit dem frühgeliebten Achill zu verbinden! Von
dem übrigen Gang und Fluß der Rede dürfen wir nichts verrathen, am wenigſten von der Peroration, durch welche die bis
zu Thränen gerührte Königin ihr Jawort ertheilt [vgl. Eckermann[1] 1, 201, 15. Jan. 1827] und die Bittenden an die drey
270 Richter verweist, in deren ehrenes Gedächtniß sich alles einsenkt
was in dem Letheſtrome zu ihren Füßen vorüberrollend zu verschwinden scheint.

Hier findet sich nun, daß Helenen das vorigemal die Rückkehr
ins Leben vergönnt worden, unter der Bedingung eingeschränkten

– –

259 zweiter aus eines zweiten g^1 H^1 seine] Vortrag und H^1
260 doch einigermaßen] etwas H^1 seltsam nach etwas H^2
261 als — seyn] ist hier von Bedeutung H^1 261. 262 zuerst fehlt
H^1 262 Kraft] Macht H^1 *263—275 Hat — ebenmäßig]
Helena selbſt hat schon einmal die Erlaubniß gehabt ins Leben
zurück zu kehren, um sich mit dem Achill zu verbinden, und zwar
[u. z. g^1 üdZ] mit eingeschränkter Wohnung auf die Insel
Leuce [Zeichen, auf dem Nachtragsblatt 4° g^1 es steht zu er-
warten inwiefern sie sich hier als Meiſtrin der Redekunſt erweisen
wird] Nach manchem Hin- und Widerreden, wobey denn auch die
drey ernſten Richter laconische [g^1 über ein] Worte [g^1 aus Wort]
mitsprechen, wird endlich zugegeben: daß Helena H^{1*} 265 Von
nach und zwar unter der Bedingung eingeschränkten Wohnens
und Bleibens auf der Insel Leuce H^2 266 Gang g über Lauf
H^2 267 bis nach Königin H^2 268 gerührte Königin g aus
gerührt H^2 270—272 in — scheint Zusatz g H^2 273—276
ebenmäßig angeklebt Schuchardt für Hier wird nun bestimmt
daß Helena H^2

Wohnens und Bleibens auf der Insel Leuce. Nun soll sie eben= 275
mäßig auf den Boden von Sparta zurückkehren, um, als wahr=
haft lebendig, dort in einem vorgebildeten Hause des Menelas auf=
zutreten, wo denn dem neuen Werber überlassen bleibe inwiefern
er auf ihren beweglichen Geist und empfänglichen Sinn einwirken
und sich ihre Gunst erwerben könne.   280

Hier tritt nun das angekündigte Zwischenspiel ein, zwar mit
dem Gange der Haupthandlung genugsam verbunden, aus Ursachen
aber, die sich in der Folge entwickeln werden, als isolirt für dies=
mal mitgetheilt.

Dieses kurze Schema sollte freylich mit allen Vortheilen der 285
Dicht= und Redekunst ausgeführt und ausgeschmückt dem Publicum
übergeben werden, wie es aber da liegt, diene es einsweilen die
Antecedenzien bekannt zu machen welche der angekündigten Helena,
einem klassisch=romantisch=phantasmagorischen Zwischenspiel zu
Faust als vorausgehend genau gekannt und gründlich überdacht 290
werden sollten.

W. d. 17. Decbr. 1826.

276 um] solle, um H¹   276. 277 wahrhaft g¹ üdZ H¹
277 einem vorgebildeten g¹ über dem H¹   278 wo — bleibe]
dem neuen Werber [g¹ über Fremdling] jedoch [g¹ über aber]
solle überlassen seyn H¹   279 beweglichen fehlt H¹   und] und
ihren H¹   281—284 fehlt H¹ Zettel Schuchardt zu H²   285
sollte freylich] wäre H¹ g über wäre H²   286. 287 ausgeführt —
werden] auszuschmücken H¹ g¹ aus auszuführen und auszu=
schmücken H²   dem — werden Zusatz g H²   289 einem — 291
einer klassischromantischen Phantasmagorie, als Zwischenspiel zu
Faust, voraus gekannt und gedacht seyn müßten. H¹   290 als
vorausgehend g üdZ H²   292 W. den 15. Decbr. 1826. H¹

2. Zwei frühere gebrochene Fol. Schuchardt mit Correcturen und Titel *g* und *g*³. Ungedruckt.

Helena, klassisch = romantische Phantasmagorie, Zwischenspiel
zu Faust.

Dem alten, auf die ältere von Faust umgehende Fabel gegrün=
deten Puppenspiel gemäß, sollte im zweiten Theil meiner Tragödie
5 gleichfalls die Verwegenheit Faust's dargestellt werden, womit er die
schönste Frau, von der uns die Überlieferung meldet, die schöne
Helena aus Griechenland in die Arme begehrt. Dieses war nun
nicht durch Blocksbergs Genossen, ebensowenig durch die häßliche,
nordischen Hexen und Vampyren nahverwandte Ennyo zu erreichen,
10 sondern, wie in dem zweiten Theile alles auf einer höhern und
edlern Stufe gefunden wird, in den Bergklüften Thessaliens un=
mittelbar bei dämonischen Sibyllen zu suchen, welche durch merk=
würdige Verhandlungen es zuletzt dahin vermittelten, daß Perse=
phone der Helena erlaubte, wieder in die Wirklichkeit zu treten,
15 mit dem Beding, daß sie sich nirgends als auf dem eigentlichen
Boden von Sparta des Lebens wieder erfreuen solle; nicht weniger,
mit fernerer Bedingung, daß alles Übrige, sowie das Gewinnen
ihrer Liebe, auf menschlichem Wege zugehen müsse; Mit phan=
tastischen Einleitungen solle es so streng nicht genommen werden.
20 Das Stück beginnt also vor dem Pallaste des Menelaus zu
Sparta, wo Helena, begleitet von einem Chor trojanischer Frauen
als eben gelandet auftritt, wie sie in den ersten Worten sogleich
zu verstehen giebt: [folgt 8489—8496, dazu u. s. w.]
Mehr aber dürfen wir von dem Gang und Inhalt des
25 Stücks nicht verrathen.
Dieses Zwischenspiel war gleich bey der ersten Conception des
Ganzen ohne Weiteres bestimmt und von Zeit zu Zeit an die

---

8. 9 ebensowenig — erreichen *g* aR für zu erlangen   9 nahv.
nach allz[u]   11 in nach sogar mit Vernachlässigung der häßlichen,
nordischen Hexen allzuverwandten Ennyo   11 Bergklüften *g* über
Grüften   12 suchen] aR *g* Mitwirkung gesucht werden

Entwickelung und Ausführung gedacht, worüber ich jedoch kaum
Rechenschaft geben könnte. Nur bemerke ich, daß in der Schiller=
schen Correspondenz vom Jahr 1800 dieser Arbeit als einer 30
ernstlich vorgenommenen Erwähnung geschieht [4. A. 2, 253 f.];
wobey ich mich denn gar wohl erinnere, daß von Zeit zu Zeit,
auf des Freundes Betrieb, wieder Hand angelegt wurde, auch die
lange Zeit her, wie gar manches Andere, was ich früher unter=
nommen, wieder ins Gedächtniß gerufen ward. 35
Bey der Unternehmung der vollständigen Ausgabe meiner
Werke ward auch dieses wohlverwahrte Manuscript wieder vor=
genommen und mit neu belebtem Muthe dieses Zwischenspiel zu
Ende geführt, und um so mehr mit anhaltender Sorgfalt behan=
delt, als es auch einzeln für sich bestehen kann und in dem 40
4. Bande der neuen Ausgabe, unter der Rubrick: Dramatisches,
mitgetheilt werden soll.
Weimar den 10. Juny 1826.

3. Zu der Anzeige in „Über Kunst und Alterthum"
liegen noch eine Schuchardtsche und eine Johnsche Handschrift und ein Zettel vor, aber ohne sachliche Abweichungen,
weshalb die Varianten einem späteren Bande vorbehalten
bleiben. Dafür folgt hier zur Vervollständigung der Selbst-
bekenntnisse die auf „Faust" bezügliche Fortsetzung aus der
Johnschen Hs., einer ungedruckten Recension für „Kunst
und Alterthum" über Hinrichs, Das Wesen der antiken
Tragödie 1827:
So sprechen wir den Wunsch aus: er möge sich des von uns
dargestellten Verhältnisses von Faust zu Helena gleichmäßig
annehmen; ein Verhältniß, das in freyerer Kunst=Region hervor=
tritt und auf höhere Ansichten hindeutet, als jenes frühere, das

─────────

41 der Rubrick *g³* aus dem Titel

3, 3 ein — freyerer Riemer aus welches nun in einer
freyeren

5 in dem Wuſt mißverſtandener Wiſſenſchaft, bürgerlicher Be-
ſchränktheit, ſittlicher Verwirrung, abergläubiſchen Wahns zu
Grunde ging, und nur durch einen Hauch von oben, der ſich zu
dem natürlichen Gefühl des Guten und Rechten geſellte, für die
Ewigkeit gerettet werden konnte.

᾽

124. Gebrochnes Fol. John, links Zuſätze g^1, die ich
hier in eckigen Klammern bringe. Ungedruckt. Zu 7005 ff.

Schema.

[Pharſaliſche Ebene Mond und Sternhelle Nacht   Erichto
Zelte   Bivouak der beyden Heere als Nachgeſicht] Erichto
Erichtonius   Der jüngere Pompejus.   Die Luftwandler.   Fauſt
5 auf klaſſiſchem[n *II*] Boden   Sie trennen ſich   Mephiſtoph. um-
herwandelnd   Kommt zu den Greifen und Sphynxen   Ameiſen
und Arimaspen treten auf   Mephiſt. die Sphynxe und Greife,
Fortſetzung.   Die Sirenen   Fauſt, in Betrachtung der Geſtalten   Hinweiſung auf Chiron   Die Stymphaliden   Köpfe
10 der Lernäa   Meph. und Lamien   [Fauſt am Peneus   Rohr
und Schilf Weidengeflüſter und Pappelzweige, vgl. zu 7249]   Fauſt
und Chiron   Sirenen ſich badend   Erderſchütterung [Seismos]
Flucht nach dem Meere eingeleitet.   Beſchreibung des Berg-
wachſens.   Sphynxe zum Entſtehen des Berges.   [Steinregen
15 Thales Anaxagoras]   Ameiſen   Greife   Pygmäen   Kraniche
Wettſtreit   Daktyle ſonſt Däumchen genannt   Mephiſt. von
Lamien zurückkehrend.   Motiv ſeiner weitern Forſchung.   Meeres-
geſtade   Sirenen flötend und ſingend.   Mond im Gewäſſer
Najaden [nach Vorher]   Tritone   Drachen und Meerpferde
20 Der Muſchelwagen der Venus   Telchinen [Telchinen — Creta
vor Najaden 18, aber durch Ziffern 2 1 g^1 nach Venus ver-
wieſen] von Rhodus   Kabiren von Samothrace   Kureten und
Korybanten von Creta   Fauſt mit Chiron und Manto   Ex-
poſition des Sibyllenzuges   Zug ſelbſt   Unterirdiſch Reich [reich *H*]
Verhandlung   Rede der Manto   Abſchluß die drey Richter.

125. Fol. John mit Correcturen *g*; kleine Tagebuch-
skizze Stadelmanns (Januar 1830?) Ottilie Revision des Trauer-
blattes vorlegend usw. Ungedruckt. Zu 7005 ff.

Schema den 6. Febr. 1830.

Pharsalische Ebene   Links der Peneus   Rechts das Gebirg   Erichto   Zelte, Bivouac der beiden Heere   Wachfeuer
röthlich flammend [W. — fl. Zusatz *g*]   Das Ganze als Nachgesicht.   Erichto [über Erichtonius, das Sätzchen neu *g*] führt   5
sich ein, commentirt die Er[s]cheinung]   Der jüngere Pompejus
     Die Zelten verschwinden   Die Feuer brennen fort bläulich   Auf-
gang des Mondes.   Anrede der Er[ichto]   Die Luftwandler senken
sich   Faust auf klassischem [n John wie 124, 5] Boden   An-
frage und Unterh[altung]   Sie trennen sich.   10

     Faust am Peneus   Rohr und Schilfgeflüster   Weiden-
busch und Pappelzweig Gesäusel   Faust u. Chiron sich entfernend.
     Sirenen sich badend   Erderschütterung   Flucht nach dem
Meere eingeleitet   Sphynxe incomodirt.   Anaxagoras Steinregen veranlassend   Thales den Homunkulus zum Meere ein-   15
ladend   Mephist. u. Dryas   [Derselbe die Phorkyaden Abschluß dieser Unterhaltung.] Begegnen Schlangen   Findet die
Sphynxe wieder   Verwandelt sich in ihrer Gegenwart.   Ab-
scheu und Abschluß   Heißer Wind und Sandwirbel   Der Berg
scheint zu versinken.   Mephist. schlichtet.   20

     Buchten des ägäischen Meers   Sirenen   Thales u. Ho-
munkulus.   Nereus und Proteus   Najaden   Tritonen   Drachen
und Meerpferde   Muschelwagen der Venus   Telchinen von Rhodus.   Kabiren v. Samothrace   Kureten und Korybanten von
Kreta.   25

Neben dem gestrichenen Schluss aus 124, 23 Fauft — 25
steht *g* Chiron über Manto sprechend   Fausten bey ihr ein-
führend. Übereinkunft.   Geheimer Gang   Medusenhaupt   Proserpina verhüllt   Manto ihre Schönheit rühmend   Vortrag
Zugeständniß. Melodisch unverneh[mlich]   Manto erklärt.

126. Quartbl. *g*¹. Ungedruckt. Zu 8034 ff.

Interloc[ution]. Sirenen (Chorus) Nereus Proteus
Thales Homunkul[us]

127. II*H*². Ungedruckt. 1. Act? Zu Wagner? Auf
Helena bezüglich?

[Mephiſtopheles]

Das muß dich nicht verdrießen
Wer kuppelt nicht einmal um ſelber zu genießen

128. II*H*². Ungedruckt. Auf den Baccalaureus bezüglich? Oder zum 1. Act gehörig?

[Mephiſtopheles]

Von dem was ſie verſtehn
Woll'n ſie nichts weiter wiſſen.

129. II*H*². Ungedruckt.

[Mephiſtopheles]

Und wenns der Teufel ernſtlich meint
So ſind es wahrlich keine Späße

130. II*H*⁴. Ungedruckt.

[Mephiſtopheles]

Das hätt er dencken ſollen
Das Böſe [für Übel zur Auswahl] kommt ſo wenig vor

131. II*H*ᵃ. Ungedruckt.

[Mephiſtopheles]

Das Böſe das Gute
Ich weis es nicht doch iſt mir ſchlecht zu Muthe

132. II*H*ᵃ. Ungedruckt.

[Mephistopheles]

Indessen wir in'ᵇ Fänstchen lachen
So brüsten sie sich ohne Scheu,
Sie dencken weil sie'ᵇ anderᵇ machen
Eᵇ [aus eᵇ nach So dencken sie] wäre neu!

Diese Ordnung durch Ziffern 3 4 1 2 aR hergestellt.

133. II*H*ᵉ*H*¹⁵. Ungedruckt.

[Seismoᵇ]

Ohne gräßlicheᵇ Gepolter
Konnte keine Welt entstehn

2 durfte II*H*¹⁵   Darunter Nur durch plutonischeᵇ Gepolter
konnt eine schöne Welt entstehn, es folgt 7559—7565 II*H*¹⁵

134. II*H*ᵉ. Ungedruckt. Vgl. 7550 ff., 10081 f.

[Seismoᵇ]

Alᵇ ich einstmal starck gehustet
Wußt ich nicht wie mir geschah
Hatt ich sie herauᵇ gepustet
Und sie stehn alᵇ Berge da

Doppelt. Oben 2 W. i. gar nicht waᵇ geschah   3 Hab   4 wie
Götter [unten Berge über Götter]

135. II*H*ᵉ. Ungedruckt. Vgl. 7560.

[Seismoᵇ?]

Und man sagt mir die Titanen
Hatten alleᵇ daᵇ gestürmt
Und zu unerstiegnen Bahnen
Daᵇ Gebirgᵇ werck aufgethürmt

136. II*H*⁶. Ungedruckt. Vgl. auch 1008₄.

[Seismos]

Diese schöne glatte Flur
Und es ist das Gas sylvestre
Daß mir einst im Schlaf entfuhr

2 undeutlich, doch ist meine Lesung sicher (Gas Sylvestre
alter Name der Kohlensäure).

137. II*H*⁶. Ungedruckt.

[Seismos]

So bin ich der Gott der Winde
All das alte dumme Zeug
Nord und Süd und West gesinde
Höhen alle Meer und Reich [?]
5   Steigt durch los gelaßne Kräfte
Himmelan . . .
. . . . . .
Pluto hat es mir vermacht

138. II*H*⁶. Ungedruckt. Zwischen 134. und 135.
Vielleicht auf Wagner, nach dem älteren Plan, bezüglich.

Reden mag man noch so griechisch
Hörts ein Teutscher, der verstehts

139. II*H*⁶. Ungedruckt.

[Mephistopheles]

Wer's mit der Welt nicht lustig nehmen will
Der mag nur [gleich] sein Bündel schnüren

140.—146. Halbfol. *g* und *g*¹; Rücks. John Ew. Excellenz
verpflichten mich aufs neue durch die so schleunig mitgetheilte
günstige Nachricht an K. W. v. Fritsch 27. März 1825.

Du schärfe deiner Augen Licht
In diesen Gauen scheints zu blöde.
Von Teufeln ist die Frage [über Rede] nicht
Von Göttern ist allhier die Rede

Auch III*H*⁷ Bl. 6 *g*¹.

141. Vgl. zu 140. Ungedruckt.

[Fauſt?]

An deinem Gürtelkreis Natur
Auf Urberühmter Felsen Spur

142. Vgl. zu 140. Ungedruckt.

Wenn er [Seismos] mit ſeinem Weibe koſt
Dann ſprüht der Erdkreis von Vulkanen
Und Alpen ſteigen ſpizzig auf

143. Vgl. zu 140. Ungedruckt.

[Fauſt?]

Ich kenne dich genau
Da wo du biſt iſt mir der Himmel blau
Du biſt des Lebens eignes [?] gerne
Ich ſehe dich nicht gern in den   Lichten Höhlen

3 das Lebens agens wäre doch zu prosaisch conjicirt.

144. Vgl. zu 140. Ungedruckt.

Haſcht nach dem nächtgen Wetterleuchten.

145. Vgl. zu 140. Ungedruckt.

[Seismos?]

Das ſind Gewitter
Von denen Jupiter nichts weis

unter *quidquid non creditur ars est.   tonat coelum ignaro Iore.*

146. Vgl. zu 140. Ungedruckt.

Nicht so direct doch wohl im Kreise
Führ ich sie deinem Thron heran
Verführen will ich dir sie duzzendweise
Doch sie zu schlachten geht nicht an.

147. Streifen g^1. Nachträglich gefunden. Zu 7181 f.

F[aust]

Wie wunderbar der Anblick thut dem Herzen
[Spatium]   der [?] große tüchtige Zug

148. Octavbl. g^1, Rücks. Namen weimarischer Bekannter. Unleserliche Skizze, unter Faustpapieren gefunden, aber nicht sicher einzubeziehen; an Armida in der viel älteren Rinaldo-Cantate erinnernd. Ungedruckt.

Auch die Gesunden
Will ich den Todten gleich
Wüthender Streich
Gräßlich zu nennen
5   Will ich verwunden

149. Streifen g, oben 17. 10. Ungedruckt. Vgl. 7848, 7858, 8133, 8246; besonders aber 8260, 8315.

[Thales zu Homunculus]

Wenn du entstehn willst thut du immer besser
Du wirfst dich ins ursprüngliche Gewässer.
Es ist zu klar

2 Du — ins g^1 in gelassnem Spatium.

150. IIH^{74}. Zwischen 7083 und 7084, besser nach 7085.

[Mephistopheles]

Das Auge fordert seinen Zoll.
Was hat man an den nackten Heiden?
Ich liebe mir was auszukleiden,
Wenn man doch einmal lieben soll.

151. II*H*⁴⁶. Ungedruckt. Unleserlich; die beiden Reim-
paare haben vielleicht gar keinen Zusammenhang.

Der wirds wer unserm Ziele bringt [?]
Der sich so gar hernieder zwingt
Jetzt [über Am] im [üdZ] mitten [Himmel] stille stehn
Zu [vor Und] unsre [u aus b] heiligen Festen sehn.

152. II*H*⁴⁸. Ungedruckt. Das Auge der Phorkyaden.

M[ephistopheles]
Zum edlen Zweck es abzutreten frey

153. II*H*⁴⁹. Ungedruckt. Vielleicht Skizze zu 7865.
Vgl. 123. 1, 176.

[Anaxagoras]
Hier von Scotusa bis zum Peneus dort
Wo

154. II*H*⁶⁵. Ungedruckt. Nach 8093 mit Spatium,
wohl Entwurf zu 8106 ff.

[Nereus]
In eurem Irrthum euch entfalten
Die Welt durch mich [? euch? doch auch?] nicht kann be..
Im Eigensinn bedächtig
Stets Rath bedürftig [oder bedürfend] keinen Rath im Ohr

[Spatium]
Und in Verzweiflung doch zuletzt
Wenn Übermaaß sich selbst ein Ziel gesetzt
Kaum zugehörig auf der Rückseite S[phinx? Sirenen? Seis-
mos?] Du bist ein Gast das kann ich leiden, dazu eine verwischte
Zeile Du mußt ...

155. II*H*⁵⁵ nach 8332. Spruch? Ungedruckt.

[Proteus]
Kennte der Jüngling die Welt genau
Er würde im ersten Jahre grau.

156. II*H*⁵⁶. Ungedruckt. Vgl. auf demselben Bl.
8122. 8123.

[Nereus]

Statt daß Ulyß sich binden ließ
Laß einmahl [oder unsern] guten Rath dich binden
Kannst du der Großen Chöre finden
Erfährst [aus Erhältst] du was ich dir [?] verhieß

3. Act.

Vorspiel.

Goethe schwankte, ob er den Gang zu Proserpina als
Schluss des 2. Actes oder als Prolog zur „Helena" behandeln
sollte. Als zu Eckermanns Freude Mitte Januar 1827 beschlossen war, die Skizze zur Claſſiſchen Walpurgisnacht (123, 1)
nicht drucken zu lassen, sondern die dichterische Ausführung
abzuwarten, gedachte Goethe der Orcusscene als einer un-
geschriebenen; das Wie sei noch nicht gefunden: Und dann
bedenken Sie nur was alles in jener tollen Nacht zur Sprache
kommt! Fauſts [Manto's?] Rede an die Proſerpina, um dieſe zu
bewegen, daß ſie die Helena herausgibt, was muß das nicht für
eine Rede ſein, da die Proſerpina ſelbſt zu Thränen davon gerührt
wird! Dieſes alles iſt nicht leicht zu machen und hängt ſehr viel
vom Glück ab, ja faſt ganz von der Stimmung und Kraft des
Augenblicks.

Vgl. 99, 25 ff. 123. 1, 240 ff. 123. 2, 12 ff. 124, 24 f. 125, 25 ff.

157. Fol. John, rechts beschrieben, links Datum. Ungedruckt.

Prolog des dritten Acts.

Geheimer Gang   Manto und Fauſt   Einleitung des Fol=
genden   Meduſenhaupt   Fernerer Fortſchritt.   Proſerpina ver=
hüllt.   Manto trägt vor   Die Königin an ihr Erdeleben erinnernd.

Unterhaltung von der verhüllten Seite, melodiſch artikulirt ſchei=
nend aber unvernehmlich.   Fauſt wünſcht ſie entſchleyert zu ſehen.

Vorhergehende Entzückung   Manto führt ihn ſchnell zurück.

Erklärt das Reſultat   Ehre den Antecedenzien   Die Helena

war schon einmal auf die Insel Leuce beschränkt. Jetzt auf
Spartanischem Gebiet soll sie sich lebendig erweisen. Der Freyer
suche ihre Gunst zu erwerben. Manto ist die Einleitung über=
lassen.

W. d. 18. Juni 30.

158. III*H*⁴⁹. Später als der übrige Inhalt; Fausts Rede
steht verkehrt zu 9393 ff., Mantos zu 9629 ff. Offenbar eine
halbhumoristische Anleitung zur neuen Formsprache des
altgriechischen Trimeters. Ungedruckt.

Faust

Das wohlgedachte glaub ich spricht sich ebenso
In solchen ernsten langgeschwänzten Zeilen aus
Und ist es die Bedingung jene göttliche
Zu sehn, zu sprechen, ihr zu nahn von Hauch zu Hauch
So wage sonst noch andres Babylonische
Mir zuzumuthen, schülerhaft gehorch ich dir.
Mich reizt es schon von Dingen sonst [über die] mit kurzem Wort
Leicht abgethan [aus abzuthun sind] mich zu ergehen redehaft
Damit ich unverweilt [unter schon dereinst]

M[anto]

Verspare dies bis zur aller ältesten kommst
Die Lust giebt lange Weile die man zwingen [?] muß
Die Frauen liebens allermeist die Tragische[n?]
Da spricht ein jeder sinnig [üdZ] mit verblümtem Wort
Weitläufig aus was ohn gefähr ein jeder weis.
Doch still hievon [vor Tritt an die] gesammelt [?] steh zur
Seite schn[ell]
Man spaße nicht wenn sich der Orkus öffnen will [vgl. 123. 1, 240]
B [abgebrochen]

159. Streifen *g*¹. Ungedruckt.

[Manto]

Nur wandle den Weg hier ungestört
Ein jeder stutzt [nach der] der Unbegreiflich[s] hört

160. Streifen g^1, sehr verwischt. Ungedruckt. Auf das nahende Gorgonenhaupt bezüglich.

[Fauſt]

Sieh hier die Tiefe dieſes Ganges
Es deckt ſie uns ein düſtrer Flor
Mich däucht was Rieſenhaftes langes
Tritt aus der Finſterniß hervor

161. Streifen g^1. Ungedruckt. Auf die Begegnung mit Gorgo bezüglich. Vgl. 123. 1. 245.

Fauſt

Was hüllſt du mich in beinen Mantel ein?
Was drängſt du mich gewaltſam an die Seite

Manto

Ich wahre dich vor größrer Pein,
Verehre weisliches Geleite.

162. III*H*³. Ungedruckt. Nicht etwa alt. Zu 8488 ff.

Helena von dem Schiffe Chor   Uralte Mythologie   Säu=
berung und Weihen   Übergang zur Schönheit Lacedämon   Tyn=
darens und Leda   Entspringen der Schönheit   Helena Clyt[äm=
nestra] Cast[or] Pollur Ewige Jugend Anmuth   Helena aus dem
5 Pallast   Chor scheltend das Ungeth[üm]   Phorkyas dazu In=
crepatio   Helena und Dienerinnen ..   Phorkyas schmeichelt sich
ein Erscheint nicht so häslich   Übergang ins magische   Unheim=
liches Ring [vgl. 63, 75, 95. 165. 17] Versuch[ung?] Chor fühlt
mit [aR Gefühl des Orkus Chor fühlts mit]   Phorkyas Kuppelei
10 Faust.   Anstoß an der Kleidung pp   Phorkyas fortgesetzte
Kuppelei   Chor Erinnerung an die vielen Liebhaber und Zufälle
Auch Localitäten Ergezl. Nachgiebigkeit   Schloß Mittelalter
Ahnung großer Entfernung der Zeit und des Raumes

**163. Quartbl. *g*¹ (Billet des Kanzler Müller mit der Bitte
um Gagerns Schrift, ein Blatt für Mademoiselle Cuvier
(1825) usw.). Ungedruckt. Zu 8843 ff.**

Helena   Kind Theseus   Gefreyt Patroklus   .. Menelaus
.. Paris   1. Wittwe Deiphobus. 2. Wittwe Menelaus.   Geist
Egypten   Geist Achilleus   Nichtigkeits Gefühl   Vermehrt
Menelaus Rache Deiphobus Opferfurcht.   Menelaus wieder
5 Pirate   Bestimmung [?] bis [?] zu seiner Rückkehr Ihr sey sie
zu hüten gegeben Bis zu jenem traurigen Geschick   Mitleiden
Cr[eterin?]

164. III*H*⁶ *g*¹. Ungedruckt. Zu 8857 ff.

Tadel des *Run away* des Piraten schweifens   H[elena].
Ausweichend *Vigilantibus iura scripta sunt* [vgl. Dig. 42. 8]

15*

Nördlicher Einfall der Gallier   Anachronism   Anbau   Nach=
bar   Vorſch[lag? abgebrochen]

· H[elena]. Ablehnen Ob dann · auch.   Ph[orkyas]. Wirckung   5
der Eiferſucht Ruhm der Schönheit   Chor Belobt.   H. Zaubert
Phork. Mit Opfer Apparat Beil und Strick

Rückſeite: Zuſage [9074]   Magie   Luſterſcheinungen   Ana=
päſte [9152 ff.]

165. Gebrochnes Fol. John und Rücks. g^1, Varnhagens
(Maltitzs) Nachlass Kgl. Bibliothek Berlin, v. Loeper, Goethe-
Jahrbuch 4, 345 f.   Zu 9010 ff.

Burg von außen   Beſitzer   Deſſen Art und Weiſe.   Groß=
müthige Protektorſchaft.   Burg inwendig.   Lüſterne Beſchreibung.
Widerſtreben der Helena.   Trompeten von Ferne.   Phorkyas
geht zum Pallaſte   Kommt mit verhüllten Zwergen zurück, welche
die ſämtlichen Opfergeräthſchaften bringen.   Phorkyas will ſich   5
mit ihnen entfernen.   Aufgehalten durch den Chor dem er die
Stricke vorzeigte.   Endliche Einſtimmung [g^1 über Bejahung]
der Helena mitzugehen Verſagen des ja [m. — ja g^1 aR]   Wolken=
züge alles verdeckend   Sich endlich aufklärend.   Sie befinden
ſich in dem Hofe einer Ritterburg.   Ohne Phorkyas [O. Ph. g^1]   10

g^1 aR:

Alte geh vorau [9077]
Bewegen wir den Fuß [9078] oder nicht zu dem
Erwünſchten Ziel
Nebel hüllet die Giebel [? Glieder?]
Hüllet die Säulen ſchon   15

Rücks. g^1 verwiſcht:

Allein die Frauen   Betrachtende Beſchreibung   Helena Mo=
nolog   Geſez des Rings [Spur des Urentwurfs? oder Ver-
lobung? s. 166, 2]   Gefühle   Knappen Ritter   Fauſt   Zor=
n[iger] Empfang   Ohne Anmeldung und Einführung   Schutz
geſucht   Ritterlich beantwortet   Gegeneinan[der] angewieſen   20
[Plätze]   Handkuß   Verwunderung   Kniet widmet ſich zum

Ritter   Schärpe   Versprechen der Regierung des Peloponnes
Anweisung zur Seite   Geht ab die Ritter gehen ab   Helena
Monolog.   Phorchas nachricht von Menelas Abreise   B[e]=
rauschung Sparta   Nachricht von der Reise   Einladung auf den
Thu[rn]   Nicht Belagerer

166. III *H*[43] (o. r. 19. 94). Ungedruckt. Zu 9356 ff.

H[elena]. zu sich einladend   F[aust]. Gegenkompl[iment].
[aR Ring (*NB*) Handkuß Schärpe]   Thorwächter mit Geschencken
.... Werth   H. Frage nach dem Reim   F. Einklang .Ratio=
nalität   Anklang der Entfernung von Ort .und Zeit   Ph[or=
kyas]. Heftige Nachricht von Menelas Anrücken [aR Aus der
grossen Leere Bedürfniß des Eingreifens, vgl. 162, 13]   H. Schutz
verlangend   Faust ... versp[richt]. des Pr. [? vgl. 166, 22] Vor=
überziehenden.   Vorst[ellung] ..... [aR mit Haken Schicksal
Menelas. Seeräuber., darüber Germane Corint   Gothen Argos
Franken Elis   Sachsen Messene   Normannen Mantinea
Sparta Siz der K[önigin].]   Siegerchor [?]   Im Geschüz (Ex=
plosion)   H Furchtsam sich anschmiegend (Zelt statt des Throns
hinweggeholt)   Chor Wer verdächt es unserer Königin [9385].
Tanz oben   Phorkyas interloquirt   Chor zu d. Phorkyas
schilt   Nachricht der Entbindung   Nennst du ein Wunder das?
Faust Helena Euphorion   Kunststücke und Todt

167. Fol. *g*[1] (s. zu 172.). Ungedruckt. Zu 9127 ff., 9574 ff.

Als Rittersfrau [?]   Leere   Annäherung an Faust   Lieb=
schaft *Hymenae*[a]   Chor sich zu unterhalten Geschichten [vgl.
auch 8972] Entstehung Freyer Beklagen die Helden die sie nicht
gekannt den Herkules rc Wahl des Menelas Flucht mit Paris
Duft beyder   Halbchor   Trojanischer Krieg   Wiederkehr von
Menelas   [drei ganz ausgewischte Halbzeilen]   Der Schönen
geht es überall wohl
aR Schwangerschaft Phorkyas hinweg [?] zu wachen   Phor=
kyas Nachricht Entbindung Sohn   Chor Geburt des Merkur

168. Fol. John. Ungedruckt. Zu 9446 ff.

Abzug der Fürsten. Beschreibung des Friedens Fernes Donnern. Freudenschießen. Anschmiegen. Zelt statt des Throns. Chor schläft ein. Phorkyas erweckend. Nachricht von der Entbindung. Chor: Nennst du ein Wunder das [9629] Helena. Faust Euphorion. Kunststücke. Freudige Eitelkeit 5 Tod. Aufgehobener Zauber.

169. III *H* ⁵³. Ungedruckt. Notizen für Arkadien; wohl aus der Erinnerung an Dodwell, Class. und topogr. Reise durch Griechenland 1821 I 1, 53. I 2, 314 etc.

Hohes Gebirg Gebirgsweiden unzugänglich Schaafe [9533] und Ziegen [9529] nur Weiden. Ufer Plätze den Pferden ge-widmet Hügel und Thäler [9531] Oelbäume Castanien Bienen Honig [9549] Flöz erhöhtes Land Feldbau Weizen Gerste Baumwolle Weinberge Feigen Maulbeeren Quitten Garten [aR] 5 Wälder [vgl. 9542 ff.] Eichen Tannen Ahorn Cypressen Lorbeer Myrthe MastixStrauch BalsamKraut Bienen Honig

170. Quartbl. *g*¹. Ungedruckt. Zu 9411 ff.

S. [fehlt Folioziffer des Satyroms *H*²] Wechselrede Faust, Phorkyas, Helena. [28 Chor Lob des Tapfern] 28ª Helena? 30ª Phorkyas Erzählung von den Wunderbedingungen des Daseyns 33 Helena, Faust, Euphorion, Chor Hauptscene 36ª Chorführerinn zum Aufbruch 5

Polytheismus und Heroismus ganz edel Mytholog[isch] An-klang vom Wunderlichen Wunderbaren Mährchenhaften Folge Ritterthum Galanterie natürlich rührendes natürlich schab-l[? onenhaft? schalkh.?]. Ideale Rettung, Faßung [?] in der Mythologie. Pantheismus. 10

171. III *H*³. Ungedruckt.

[Phorkyas]
O das ist unter allem verwünschten das verwünschteste

Chor
sag es an du Häßliche

Phorkyas

Ihr Schönen! denn so belobt man wechselweise sich
Gesang blos giebt [?] so

5 Der Herr verpflichtet sich dem Diener wie dem Herrn
Der Diener sich.
Der Herr verpflichtet wie dem Herrn der Diener sich
Über 1 Scansionszeichen.

172. III *H*[12] unter Paralip. Nr. 52. (hier aber schon in
der Fassung *Q* I 1, 132 Die schönen Frauen). Ungedruckt.

So wird die Schönheit köstlicher als alles Gold
Geachtet von den Menschen, bringt sie doch
[Kleines Spat.]
Denn sie erreget wüthender Begier Gewalt
Das Alter und die Jugend regt sie [Spat.] auf
[Kleines Spat.]

[Helena?]
5 O daß die Götter Sterblichen zu heißer Quaal!

Darunter Verblendung durch das Schwerdter Blitzen. *Mulieres
Bohemae magae Bohemiennes* vielleicht auf die ältesten Pläne:
Tod des Sohnes, Mephisto als Zigeunerin, zurückdeutend.

1—5 auch auf Fol. Nr. 167. (2 und sie bringt   3 erregt
der wüthenden   4 ruft)

173. III *H*[13]*H*[14]. Ungedruckt. Phorkyasrede usw. als
Fortsetzung zu 8845.

1. *H*[13]:

Du schön geborne schöner noch gewachsene
Ganz früh begehrter bald entführter Blütenzweig [aus G. f. be=
gehrte b. entführte zarte Frucht]
Umworben dann von Helden ungezählt [vgl. 8853]
[Dem Gatten bald vertraute, Männerwechselnde]
Dem Gatten durch des Vaters wählen anvertraut [aR, vgl. 8856]
5 Du schädlicher als schädlich, allen doch begehrt [aus begehrteste].

H[elena]

Mir scheinen deine Worte nicht beruhigend
Du regest schlimmer Übel als das Schelten auf.

Ph[orkyas].

Wer Schaden heilen möchte muß erst schädigen
Siehst du zurück du siehst nur unbegreiflich[es]
Undenckbar, unvereinbar, wechselnd [über freudig] unanschau=
                    lich[?]   10
Erinnerst auch des einzelnen [abgebrochen]
Umschauend lösen, immer [männer?] wechselnde

2. H[14]:

Du schön gebohren, schöner noch erwachsen drauf [nach auf].
So früh begehrter bald entführter Blütenzweig
Umworben dann von Helden=Jugend ohne Zahl,
Dem Gatten von des Vaters Wählen angetraut [aus anvertraut],
Halb Wittwe dann, umsichtig [aus umschauend] männer=
                    wechselnd oft,   5
Du schädlicher als schädlich, allen doch begehrt.

H[elena]

Mir scheinen deine Worte nicht beruhigend
Du regest schlimmer Übel als im Schelten auf.

Ph[orkyas]

Wer Schaden heilen möchte, schädige vorher [m. — v. über
                    will muß erst beschädigen]
Und unerwartet fällt [unter folgt] sodann der [aus die] Heilung
                    Loos [nach drauf].   10
Siehst du zurück, nur unbegreifliches tritt hervor [u. — h. aus
                    unbegreiflich scheints alsdann]
Undenckbar, unvereinbar, alles räthselhaft,
So Schmerz als Freude [Kommen, Scheiden] Fliehen oder
                    Wiederkehr.

174. III*H*¹⁴. Ungedruckt. Nach 8879. 8880.

Ph[orkyas]

Wenn Wahres Traum ist kann der Traum das Wahre seyn
Du träumest hier   [Strich]

H[elena]

Ich kehre wieder ich erkenne mich alzu [üdZ] wohl
An diese Pforte, diese [über altbewegte darunter mächtig
          ehe[rne?;] Angeln mächtiglich [nach hier]
An dieser Säulen riesenhaften festen Bau
Wie [Wo?] Tyndareus mein Vater [vgl. 8497]
       ich war ein Kind

[Phorkyas]

Und schon als Kind verwirrtest du der Männer Sinn

[Helena]

Nicht meine Schuld ists Cypris hat allein die Schuld

175. III*H*³⁶. Ungedruckt. Vgl. 165, 22.

[Fauſt]

Peloponnes den ganzen unterwerf ich dir

[Helena]

Was nennst du mir ein völlig unbekanntes Land

[Fauſt]

Du wirst es kennen wenn es dein gehört

[Helena]

So sage liegt es fern von hier

[Fauſt]

Mit nichten du geleitst [? abgebrochen]

176. Grosser Querstreifen Doppelfol. *g*¹ beiderseitig beschrieben. 1—6 Streifen John, abgeschnitten von III*H*ᶠ, er-
gänzend. 22—24 auf einem Couvertfragment *g*¹. 7—24 III*H*ᶠ

John (danach G.Weisstein, Die Gegenwart 1878 Nr. 29.). Rede
des Mephisto an's Parterre nach 9579. Folgt die Johnsche
Fassung (mit Correctur von Miſtiſicationen, etḥmologiſch):

Denn Liebespaaren zeigtet ihr euch ſtets geneigt
Euch ſelbſt ertappend gleichfalls in dem Labyrinth
Doch werdet ihr dieſelben alsbald wieder ſehn
Durch eines Knaben Schönheit elterlich vereint
Sie nennen ihn Euphorion ſo hieß einmal   5
Sein Stief= Stiefbruder, fraget hier nicht weiter nach.
Genug, ihr ſeht ihn, ob es gleich viel ſchlimmer iſt
Als auf der brittiſchen Bühne wo ein kleines Kind
Sich nach und nach heraus zum Helden wächſt.
Hier iſts noch toller kaum iſt er gezeugt ſo iſt er auch geboren 10
Er ſpringt, und tanzt und ficht ſchon tadeln viele das
So denken andere dies ſey nicht ſo grad
Und gröblich zu verſtehen, dahinter ſtecke was
Man wittert wohl Myſterien, vielleicht wohl gar
Myſtiſicationen, indiſches und auch   15
Aegyptiſches, und wer das recht zuſammenkneipt
Zuſammenbraut, etymologiſch hin und her
Sich zu bewegen Luſt hat iſt der rechte Mann.

Wir ſagens auch und unſeres tiefen Sinnes wird
Der neueren Symbolik treuer Schüler ſeyn.   20
Ich aber bin nichts nütze mehr an dieſem Platz.
Geſpenſtiſch ſpinnt der Dichtung Faden ſich immer fort
Und reißt am Ende tragiſch! alle ſeyd gegrüßt
Wo ihr mich wieder findet, werd es euch zur Luſt.

3 ſehen John   10 durch skizzenhafte Änderung gesprengt.
kaum — gezeugt g^1 üdZ   11 Er g^1 ſpringt g^1 aus Spricht
üdZ (Wort udZ) g^1 zum Ersatz für und ficht ſchon, das aber
nicht gestrichen, skizzirt und ſpricht [ein] ziemlich [oder zier=
lich] Wort   18 iſt über ſey   19. 20 unklar, zu Sinnes er=
wartet man ein Wort wie Ausleger.   22 ſich g^1 üdZ

Varianten des grossen Streifens g^1: 2 gl. — dem] auf dem Weg zum 3 b. — f.] sogleich dieselben sehn 4 T. — Sch.] Durch [nach Mit] einen Knaben 7 ihn über und viel fehlt 9 herauf 10. 11 Hier ists noch toller. Tadeln viele das 12 andre 13 verstehn 16 zusammen faßt 17 Zusammen nach Recht hin nach dann [?] 18 Sich — hat aus Sich dann es zu studiren wiße ist] sey 19 unsers tiefen üdZ 21—24

Dergleichen viele ganz gewiß zugegen sind.

Ich aber bin nichts [nach alhier] nütze mehr an biesem Plaz
Wo ihr mich wieder findet auch gewiß verjagt

Daran schliesst sich der kleine Streifen: undeutlich 22 (spinnt nach läuft) — 24 (werd — V.] seys zu Eurer Lust)

177. IIIH^{66}. Auf derselben S. wo die Anfangsworte von 10030 ff. Ungedruckt.

Alle

So vertheilen wir uns Schwestern nicht zum scheiden zum Be=
gegnen
Ewig auf und Nieder steigend, suchen[d?] dieses Landes Raum.
Darunter Schlussschnörkel.

4. Act.

178. IV H²². Ungedruckt. Zu 10039 ff.

Fauſt aus der Wolke im Hochgebirg. Siebenmeilen Stiefeln.
Mephiſto ſteigt aus. Sagt Fauſt habe nun die Reiche der
Welt und ihre Herrlichkeit geſehen. Ob er ſich etwas ausgeſucht
habe. Fauſt läßt den Schein der Welt am Sonnentage gelten.
Jener ſchildert die Zuſtände der beſitzenden Menſchen. Fauſt 5
hat immer etwas Widerwärtiges. Meph. ſchildert ein Sardana=
paliſches Leben. Fauſt entgegnet durch Schilderung der Revolte.
Beneidenswerth ſind ihm die Anwohner des Meeresufers, das
ſie der Fluth abgewinnen wollen. Zu dieſen will er ſich ge=
ſellen. Erſt bilden und ſchaffen. Vorzüge der menſchlichen Ge= 10
ſellſchaft in ihren Anfängen. Mephiſt. läßts gelten, zeigt die
Gelegenheit dazu. Trommeln u. kriegeriſche Muſik im Rücken
der Zuſchauer fern von der rechten Seite her. Mephiſt. macht
das Bedrängniß des Kaiſers anſchaulich. Die Verwirrung des
Reichs pp. Fauſt aus alter Neigung wünſcht dem Monarchen 15
zu helfen. Vorſchlag die Bergvölker aufzuregen. Mephiſt.
macht ſie lächerlich. Offerirt höhern Beyſtand. Und präſentirt
die drey Rüſtigen. Des Kaiſers Zelt wird aufgeſchlagen. Ge=
fährliche Lage. Der Kaiſer tritt auf mit ſeinen Getreuen.
Trommeln im Rücken der Zuſchauer von der linken Seite. 20
Nachricht daß der gehoffte Succurs ſich zum Feinde geſchlagen
habe. Alles in Beängſtigung. [aR Gegen Kayſer Ausfoderung g]
Fauſt tritt auf geharniſcht. Erklärung und Warnung. Die
Stellung der Kaiſerl. Armee wird gebilligt. Mephiſt. tritt
auf mit den drey Tüchtigen. Halteſeſt zur Linken Habebald 25
zur Mitte geſellt Eilebeute die Marketenderin iſt bereit. Die

Eigenschaften eines jeden werden gepriesen.   Trompeten u.
Freudengeschrei im feindl. Lager.   Der Gegenkaiser sey erwählt
u. angekommen.   Der rechte Kaiser fordert ihn zum Zweykampfe.
30 Faust zeigt das Nutzlose.   Die verneinende Antwort kommt.
Das Gebirg glänzt von Helmen, Panzern, Spießen, Schwerdtern
und Fahnen.   Trompeten von jener Seite verklingen im Winde
Fürchterliche Posaunenzinken Töne von diesseits.   Das Gefecht
bricht los.   Die drey Bursche thun Wunder.   Völlige Nieder=
35 lage der Feinde.   Scherzhafte Fälle bey dieser Gelegenheit.
Faust u. Mephist. vom Kaiser als frühere Diener anerkannt.
Die treuen Fürsten werden in ihre Besitzthümer eingesetzt.
Haben auch schon Ansprüche auf die confiscirten.   Faust bringt
seine Ansprüche vor an die unfruchtbaren Meeresufer.   Man ist
40 zufrieden ihn so leicht abzufinden.   Er wird damit beliehen und
geht um davon Besitz zu nehmen.

          d. 16. May 1831   *G*
     Daneben ein paar scenarische Notizen *g*, vgl. 181.
Plateau auf dem Vorgebirge man übersieht das Thal [und darin
das Heer] Trommeln kriegerische Musik.   Das Heer in Schlacht=
45 ordnung.   Des Kaysers Zelt wird aufgeschlagen Kayser Ober=
general [Kriegsleute] Leibwache *OG*.

179. Fol. *g*¹ und Rücks. John. Ungedruckt. Zu 10039 ff.
     Paralogus Im Proscenium Faust Wolcke Helena Gretchen
     Meph. Confusion im Reich) Thöriger Kayser Schilderung
fortgesetzt jener Hof Scenen   Weiser Fürst der sie auf dem
Thron sehn wolle   Meph. hofft ihn zu bethören   Faust soll
5 sich rüsten Die Bergvölcker aufrufen Drey Bursche · Weiser
Fürst Deputation Ablehnung Rath des Mephist zu Wahl [be=
sonderes Fol. *g* Der weise Fürst   Deputation der Stände
     Meph. als Sprecher   Ablehnung der Kayserwürde   Andeutung
des rechten.]
10   Mephistopheles im rauhen Gebirge mit siebenmeilen Stiefeln
der Wolke nachschreitend. . Faust läßt sich nieder [aR Sie
sinckt nieder Dolmetsch zum zweyten mal deshalb sprechend *g³*]

Die Wolke steigt als Helena doch verhüllt in die Höhe Abschied
von dieser Vision [geändert *g*³ Die Wolke steigt halb als Helena
nach Süd Osten halb als Gretchen nach Nordwesten.] Erwachen. 15
Mephistopheles und Faust. Umwendung zum Besitz. Auf=
regung der Bergvölker Mephistofeles als Werber. Die drey
Hauptfiguren treten auf. Chorgesang zur That aufregend [auf=
tretend *II*]. Wäre mit dem Kriegerschritt von Pandora und He=
lena zu rivalisiren. Folgen zwei Verse *g*¹ 20
　　Die Masken sind von Stahl und Eisen
　　Ihr Thyrsus [?] blinkt als [aus das] schärsste[s] Schwerdt

180. Fol. *g*. Ungedruckt. Zu 10039 ff.

　Vierter Act. Starres Gebirg Faust sich niedersenkend
Wolke nach zwey Seiten Monolog Meph. Freude über die
Verwirrung des Reichs auffordernd zu Kriegsthaten Ruhm
und Mittel gemein Die drey Bursche Werbung, Trommeln.

181. Fol. John. Ungedruckt. Zu 10345 ff. Vgl. zu 178.

　Plateau auf dem Vorgebirge Man übersieht das Thal
Trommeln kriegerische Musik von unten auf. Das Heer in
Schlachtordnung Des Kaisers Zelt wird aufgeschlagen.

　Kaiser Obergeneral Leibwache Hier übersiehst du
Das Heer bedächtig aufgestellt Der Boden ungleich abhängig 5
Zum Angriff schwer Den Feinden Zum Vertheidigen auch
wohl zum Angriff stark diesseits

　　Und ganz natürlich finden wir bewährt
　　Wie es die Kriegskunst nur begehrt [vgl. 10352].

Die Reiterey ist ihnen unnütz Unser Fußvolk tüchtig Unser 10
rechter Flügel die Muthigsten Streitbegierigsten Der Phalanx
in der Mitte Kräftig und unerschütterlich Die linke Flanke
eigens fest Auf Felsenhorsten unersteiglich. Nicht zu umgehen
nicht zu vermeiden. {Geschoß und Steinwurf zu Beschädigung
des Feindes. So hast du es so haben es die Deinigen angeord= 15
net Dem Glück ist wenig überlassen

Das Größte was man ausgedacht
Durch anderer Kraft vollführt zu sehen
Des Kaisers Unmuth gegen die Menge [aR Der Vortrab des
20 Feindes Massen mit Picken Das ist die Menge Vorstadt
Später auch in Menge Hauptstadt ein g[1]] Hoffnung auf die
Getreuen wird festgehalten Ein Spion wird eingeführt Nach-
richt vom Abfall der Bessern Gegenkaiser Kaiser Erhöhter
Sinn [aR Nur wenn ich falle steht er fest. g[1]] Aufforderung
25 Die Herolde gehen ab Faust, Mephisto und die drey Ge-
waltigen

182. IVH[20]. Ungedruckt. Schliesst sich unmittelbar
an 181. an. Zu 10489 ff.

Vorstellung derselben. [Zusatz g[1] Zweykampf Faustsche
Rede dagegen Haupt das von den Gliedern vertheidigt wird]
Die Aufforderung ward verworfen. Eilige Schlacht Ver-
theilung der drey Gewaltigen Posaunenton Erschütterung des
5 feindlichen Heeres. Blanke Rüstungen, Waffen Speere Fahnen
u. dergl. Lassen sich zwischen den Felsen sehen. Posaunen
wiederholt 10555. 10556. 10561. 10562 [Furchtbarer g[1]] Posaunen
Schall von oben. Die Schlacht geht fort Wird von den Zu-
schauern im Einzelnen beschrieben. Der Feind flieht. [Zelt des
10 Gegenkaysers Habebald Eilebeute g[1]] Die Getreuen versammeln
sich um den Kaiser. Belohnungen. Beleihungen. Zuletzt mit
dem Meeresstrande.

183. IVH[12]. Rücks. rechts g 10345 ff. Ungedruckt.

Kayser Obergeneral ObG. Legt die Stellung des Heeres
aus Vortheile. Hofnungen Erster Kundschafter Hie und da
Abfall Im Ganzen Läßigkeit [aR Kayser] Wenig Trost. Zweyter
Kundschafter Gegen Kayser Aufregung Aufforderung Herolde
5 ab [Spatium]

Kaysers vorerst ablehnende Antwort an Faust Schlacht.
Motive der beyden Flügel Und der Mitte.

184. IV*H*⁶. Ungedruckt. Zu 10931 ff.

Erzbischoff (tritt ein) Der Kayser meldet ihm wie er Haus und Hof bestellt. Präsentirt ihm die vier Erzfürsten. Der allgemein gültigen Form wegen erklärt er ihn zum Erzkanzler. Sowohl das Innere als das Äußere durch die nöthigen Formen zu bekräftigen Hohe Bedeutung der Fünfe Sollen mächtige 5 Fürsten seyn Ihre Länder werden Ihnen verliehen Ver= mehrung hinzugethan Weitere Erwerbungen erlaubt Große Gerechtsame innerhalb dieser Länder. Bestellung zu Churfürsten Wahl und Krönung durch sie entschieden Glückwunsch und Dank Der Erzbischoff wünscht als Beichtiger den Kaiser allein 10 zu sprechen.

185. IV*H*⁶. Unter 10159 nach Spatium. Ungedruckt.

[Mephistopheles]
Das Menschengeschlecht es quält sich eben
Im Besondern und Allgemeinen.

186. IV*H*⁶. Eingeklammert. Ungedruckt.

[Kaiser]
Bin ich denn nicht der Kayser mehr

[Herold]
Der Gegen Kayser rückt heran
O Herr das ist geschwind gethan

187. IV*H*⁵. Isolirt. Ungedruckt.

[Mephistopheles? Habebald?]
Das dauert mir zu lange
Ich nehme lieber als empfange

188. Fol. *g*¹ und IV*H*⁵. Ungedruckt. Vgl. 178, 8 und 10198 ff.

[Faust]
Von ferne schwillt der Kamm. Es klafft
Mit tausend Rachen, schon hinweg gerafft

Vom mächtigen Drängen, sachten Schieben
Dann wie wann Sturm unsinnig angetrieben
5 Rollts bäumt sich wogt
Mit diesem Ungeheuer möcht ich kämpfen
Mit Menschengeist die Elemente dämpfen

1 Es schwillt der Kamm, das Ungeheuer klafft [nach strebt?]
IV*H*⁵ über dieser gestrichnen Lesart *H*¹ 2 schon hinweg|
alle weg IV*H*⁵ 4 wann] vom IV*H*⁵ 6 Änderung Dieses
wieder getilgt *H*¹ Ungeheuer] Wuthigen? IV*H*⁵ 7 Den
scharfen Zahn getrauter Wellen dämpfen IV*H*⁵ die Elemente
aus das Element zu *H*¹

189. IV*H*⁵. Ungedruckt. Zu 188. gehörig? Vgl.
10212, 10217, 10223, 10225, aber auch 197.

Unsichtbar kams, unsichtbar weichts zurück
Und daß es ja unsichtbar bleib[e]

Ein Hügelchen [?], ein Erd Streif hält es auf
Ich glaub man hemmte seinen Lauf
5 Mit einer Reihe Maulwurfshaufen

190. Octavbl. *g*¹. Ungedruckt. Unter Doppel Brandung
Gefährlichkeit der Landung

Doppelt schreckliches der Brandung
Flaches Ufer, Todt und Landung
In der Welle fern von Klippen
Alte Wrack [?], entblößte Rippen
5 Wie [Wer?] uns auch das Arge schreckt [schickt?]
Manches Wachsthum mancher Rasen [?]

191. „Aus dem Nachlass" 15¹, 341. IV*H*¹² an Stelle
von 10407—10422. IV*H*¹⁹ früher, corrigirt, doch sind ältere
Lesarten nicht zu erkennen. Unter 11 Scenar *g*¹. Ungedruckt. Vgl. 178,29. 5 Drückt'] drückt

192. IV*H*¹². Rücks. quer *g*¹. Ungedruckt. Vgl. 10247.

Der Herr ist jung man merckts ihm an.

193. „Aus dem Nachlass" 15¹, 342. IV*H*ᶜ Brockhaus.
Erster Druck v. Loeper, Zwei Inedita von Goethe. Berlin
1869. Vgl. 178,40. 182,11. Die spätere Ausarbeitung des
Schlusses in Alexandrinern liess diesen wichtigen Entwurf
leider unbenutzt. Bei der Aufnahme in den Text war
folgende Normirung geboten: vor 1 Canzler] Kanzler lies't.]
(liest) 6 glückt's] glückts Kräfte] Kräffte 10 empfang']
empfang 10 Faust (kniet [undeutlich ob kniet oder knient]
Kayser. ihn] ih hin!] kein Ausrufungszeichen 11 Duld']
Duld

194. Halbfol. John. Ungedruckt. Zu 11384 ff.

Vier graue Weiber. Fauſt und Sorge. Mephiſt. und Le=
muren. Fauſt Zufriedenheit Vorbey. Leiche. Lemuren
begrabend. Entfernt. Satane und Höllenrachen. Verweſung
erwartend. Weil die Seele ſpäter als ſonſt entflieht. Sataniſche
5 Poſituren ſie zu erhaſchen. Engel Himmelsglorie Schweben
heran Mephiſt. Widerſetzen Engel ſtreuen Roſen. Die ver=
welken auf den Hauch der Satane. Verwandelt in Liebesflammen
Satane fliehen Mephiſt. Liebespein. Engel entſchweben.
Mephiſt. zur Appellation.

195. Fol. *g*[1]; enthält ferner Notizen Groſſe Vorzüge des
alten Adels Stifter Klöſter Churfürſtenthum Erzbisth. Bisthum
bis herab zu gefürſteten Abten Adel geſchäftig geſchäftslos (zu
„Dichtung und Wahrheit" 17. Buch Hempel 23, 42, eine
auch für unſern 4. Act wichtige Stelle) und Rücks. John
dem Triebe nicht widerſtehen ſie anzuziehen und was eigne Er=
fahrung was Nachdenken verlieh ſogleich mit anzuſchließen ......
zur allgemeinen Aufklärung freundlich mitzutheilen. Ungedruckt.
Zu 11604 ff.

Leiche   Lemuren legen ihn ins Grab   Ziehn ſich zurück
Satane Verweſung Seele entflieht Später Satane in Angst
zu erhaſchen Geſang fern Meph Ärgerlich Engel nah Wort
Streit   Die Engel ſtreun Roſen   Die Satane hauchen   Sie
5 welken   Die Roſen in Flammen verwandelt flammen auf   Gegen
die Satane   Dieſe entfliehen   Meph. hält aus. Liebespein.
Engel ſchaaren Satane drohn Meph. ab zur Appellation.
Da Capo. Himmel Chriſtus Mutter Evangeliſten und
alle Heiligen   Gericht über Fauſt.

196. Fol. *g*¹: Spruch Die Natur bekümmert sich nicht um
Irrthümer, sie selbst machts immer recht, und fragt nicht, was
daraus erfolgen kann. Rücks. Briefconcepte Stellen Sie mein
Theuerster dies unschuldige Kunstwerck und Beykommendes artige .
Kunstwerck ist Ew. Wohlgeb. Ungedruckt. Zu 12032 ff.

Chor der Büßerinnen   Maria Magdalena   Die Sama=
riterin   Chor   Gretchen   Seel. Knaben   Gretchen   *Mater
gloriosa*   *Doctor Marianus*   *Chorus in Excelsis*

Chor der Büßerinnen⸍ *Magna Peccatrix*   zu drey   *Mu-
lier Samaritana*   zu drey   *Maria Egyptiaca*   zu drey   Gret= 5
chen   Seel. Knaben Fortsetzung   Gretchen   *Mater Gloriosa*
Doctor Marianus   *Chorus in Excelsis*.

197. IV*H*ᵇ. Vgl. auch 188.—190. Ungedruckt.

Fauſt Halteſeſt

Sie [die Welle] flieht, da [aus das] liegt ein weites Land vor mir
Sie kehrt zurück und insultirt mich hier

H. F.

Mit jedem Tag wird man gescheidter!
Du bist nun hundert Jahr, ich bin schon etwas weiter,
Wir [aus Du] haben Lust und guten Blick. 5
Gedacht, gethan das Meer es muß zurück.
Die längsten Graben sollen nieder gehn
Die höchsten Dämme stolz entgegen stehn.
Wir halten fest recht weit in's Meer hinaus.
Wie braust Neptun! Tyrannen [über Den Herrscher] lacht 10
man aus.

Fauſt

Nur frisch ans Werck [abgebrochne, fast erloschne Z *g*¹]
Zur Überschrift vgl. zu 10782.

198. V*H*¹. Isolirt über 11402—11422. Ungedruckt.

[Mephiſtopheles]

Er hat die Händel angefangen
Laß mich davon den Vorteil ziehn.

199. V*H*²³. Ungedruckt.

[Mephiſtopheles?]

Willſt bu zu beinem Zweck gelangen
Mußt bir nicht ſelbſt im Wege ſtehn,
Die Griechen mußten wir zu fangen
Wir machten uns auf eine Weile ſchön.

² unter ſo muß bir nichts im W[ege ſtehn]

200. V*H*²³. Ungedruckt.

[Mephiſtopheles]

Wir ſind noch keineswegs geſchieden
Der Narr wird noch zuletzt zufrieden
Da läuft er willig mir ins Garn

201. V*H*²³. Ungedruckt.

[Fauſt]
Muß befehlen
S[orge].
Das hilft bir nichts bu wirſt uns doch nicht los.
Grad im Befehlen wird die Sorge groß.

202. V*H*²³. Vgl. zu 11717. Ungedruckt.

[Mephiſtopheles]
Gethan geſchehn ſogleich)
Verbumpft verſchrumpft unb wie bie Leiche bleich)

203. „Aus dem Nachlass“ 15¹, 343. V*H*³¹ V*H*² Fol. *k*²
(wo noch die drei zu 11729 angemerkten Verse) so dass nach
Goethes Geheiss, Fol. *l* und *m* Abfündigung und Abſchieb
wegzulassen, dieser Chor, der auf 11824 (*H*³¹ folgt 11825) oder
11831 zu folgen hätte, leicht aus Versehen Johns entfallen
sein könnte; doch scheint das Scenar nach 11824 ein Ersatz.
Ungedruckt. vor ₁ indeſſen entſchwebend fehlt *H*² indeſſen *g*¹

*H*³¹   6 Fielen Plural, weil Flor collectiv gefasst?   7 Irbi=
scher *g*¹ aus Irbisches *H*³¹

204. Streifen *g*. Ungedruckt. Vgl. 11753?

[Mephiſtopheles]
Mir grillts im Kopf kan ichs erreichen
Der liſtigſte von meinen Streichen

205. V*H*²⁴. Ungedruckt. Zwischen 11684 und 11753, wohl
Skizze zu 11685, vgl. auch 11772 und die alte Nr. 96.

[Mephiſtopheles]
Du kamſt [kämſt] mir eben recht
Langweilig [zwei ausgewischte Worte] weich Geſchlecht

206. V*H*²³. Ungedruckt. Zwischen 11782 und 11735.

[Mephiſtopheles]
Es war genau in unſerm Pakt beſtimmt
Ich will doch ſehn wer mir den nimmt

207. V*H*²³. Ungedruckt.

Zart ſchwebend aufnehmend
Das oberſte zu unterſt kehrend
2 aus unterſte zu oberſt

208. V*H*c*H*ᵈ. Vgl. 12003. 208. 209. Hempel 13, 270.

[*Doctor Marianus?*]
In heiliger Liebes Luſt [Liebesbrand? *H*ᵈ]
Was männlich in der Bruſt
Zu dir zu wenden

209. V*H*c.

In den allerreinſten Quellen
Badet der Beſtaubte ja

und aR quer

Badet in der reinften Quelle
Der beftaubte Wandrer fich

*H*ª bietet

In der allerreinften Quelle
Der beftaubte Wandrer fich.

Berichtigungen
zu den Lesarten des 14. Bandes.

Einige Varianten von *U* sind ausgefallen oder zu berichtigen. 367 Doctors 405 (Ein] Mit 530 so fehlt S 261 316 drum 2749 den fehlt 2793 Feiertage] Feyertag 2805 Liebe] Lieb 2818 Schnuffelt] Schnüffelt S 273 u. nach Überschrift allein fehlt 2913 denn] dann Verlange] Neugierde 3061 keine 3138 stand] stund 3483 (lies mag) zu streichen 3496 nur fehlt S 278 Z 1 lies: 3646—3649, 3660—3775 fehlt *U*; wonach S 253 zu ergänzen. 3779 im 3787 Seel

3835—3870 gelbliches Quartbl., Geist mit Correcturen und Zusätzen *g*, zu der 14, 279 beschriebenen Hs. als Anfang gehörig, mir am 4. November 1888 vorgelegt durch den Besitzer Herrn Dr. F. Jonas Berlin (aus dem Nachlass von Eckermanns Freund Dr. Umbreit). vor 3835 Walpurgisnacht Geist, das Übrige *g* Gegend von Schirke und Elende oben nachgetragen Mephistopheles nur das erste Mal ausgeschrieben, dann Meph. 3855 Erlaub Geist oder *g* aus Erlaubt 3863 denkt's den] denkt die 3855 Flacker= *g* unter kurzes 3867 —3870 *g* am Ende der mit 3852 beginnenden 2. S. Keine Apostrophe, geringe Abweichungen der Orthographie und Interpunction, die Aussprache und Sinn nicht berühren.

Zu Band 15¹.

8542 mustere 8771 Königes

Zu Band 15².

S 37 *H*⁵: 6363. 6364 S 70 *H*⁴⁹ enthält auch 9629 9644 Beide Versehen treffen nur die vorangestellten Listen, nicht die Lesarten.

——— — — —

Weimar. Hof-Buchdruckerei.